100% EXOS

2de

SVT

Jean-Marc Coulais
Professeur agrégé, La Rochelle

Hélène Hervé
Professeur agrégée au lycée Dumont-d'Urville de Maurepas

Nadège Jeannin
Professeur agrégée au lycée Dumont-d'Urville de Maurepas

Hatier

Maquette de principe : Marie-Astrid Bailly-Maître
Mise en pages : Jouve
Édition : Sara Maurer
Schémas : Bernard Sullerot
Iconographie : Hatier Illustration

 978-2-218-98156-2

Avant-propos

Votre ouvrage 100 % exos

■ Conforme au nouveau programme de SVT de 2de entré en vigueur à la rentrée 2010, ce « 100 % exos » vous propose une **méthode de travail** complète et un **entraînement intensif** sur mesure tout au long de l'année.

■ Pour chaque thème du programme vous trouverez un **cours** structuré, les **savoir-faire** qu'il faut maîtriser, des **exercices** progressifs et leurs **corrigés** détaillés.

■ Assortis d'**indications de solution**, de **commentaires** et de **conseils** des auteurs, tous les exercices corrigés vous permettent :
- de **comprendre** les notions essentielles et de **maîtriser** le cours ;
- de **progresser** et de vous **entraîner** à votre rythme ;
- de vous **évaluer** et de **réussir** vos contrôles ;
- de vous **préparer** à la Première.

Sur le site www.annabac.com

■ L'achat de cet ouvrage vous permet de bénéficier d'un **ACCÈS GRATUIT** aux ressources d'annabac.com : fiches de cours, podcasts, quiz, exercices et sujets corrigés…

■ Pour profiter de cette offre, rendez-vous sur **www.annabac.com**, dans la rubrique « Vous avez acheté un ouvrage Hatier ? »*

* La saisie d'un mot-clé du livre (lors de votre première visite) vous permettra de créer un compte personnel.

Sommaire

LA TERRE DANS L'UNIVERS, LA VIE ET L'ÉVOLUTION DU VIVANT

Sommaire

ENJEUX PLANÉTAIRES CONTEMPORAINS

CORPS HUMAIN ET SANTÉ

ANNEXES

La Terre dans l'Univers, la vie et l'évolution du vivant

II LES CONDITIONS PROPICES À LA VIE

1. L'importance de la masse et de la position de la planète

■ La présence d'une atmosphère, avec des gaz nécessaires aux êtres vivants, et d'une température moyenne, sont des conditions nécessaires à la vie.

■ L'**épaisseur de l'atmosphère** d'une planète dépend de la masse de la planète et de sa distance par rapport à l'étoile autour de laquelle elle gravite (doc. 4) :

– Les planètes exercent une **force d'attraction** sur la matière ou **force de gravité**. Cette force, qui permet de retenir les gaz, est proportionnelle à la masse de la planète. Les grosses planètes retiennent donc plus de gaz que les petites.

– Dans des conditions de température élevée, l'agitation des molécules des gaz est importante, ce qui les disperse dans l'espace. Plus une planète est proche de son étoile, plus les gaz sont perdus.

Ainsi, l'atmosphère d'une planète est d'autant plus épaisse que cette planète est éloignée de son étoile et que sa masse est élevée.

■ La **température moyenne** à la surface d'une planète dépend de deux paramètres, la distance planète-étoile et la présence de gaz à effet de serre :

– Plus une planète est éloignée de son étoile, plus la température diminue.

– L'**effet de serre** est provoqué par certains gaz de l'atmosphère comme le dioxyde de carbone, le méthane et la vapeur d'eau. Ces gaz absorbent les rayons infrarouges produits par la surface de la planète, ce qui se traduit par une augmentation de la température. Plus ces gaz sont présents, plus l'effet de serre est important.

2. Une vie est-elle possible ailleurs ?

On connaît maintenant de nombreuses exoplanètes appartenant à des systèmes d'autres étoiles que le Soleil. Pour abriter des formes de vie, elles doivent répondre à des caractéristiques de taille et de distance par rapport à leur étoile :

– La planète doit être dans la **zone d'habitabilité** (doc. 5) qui est l'espace autour de l'étoile où la température est compatible avec la présence d'eau liquide. Cette zone est principalement déterminée par la distance à l'étoile.

– La planète doit avoir une **masse suffisante** pour retenir les gaz et donc avoir une atmosphère.

Ce qu'il faut savoir	Exercices pour s'entraîner
Le lien entre la présence de la vie, la masse et la position d'une planète, et si la vie est possible ailleurs	10 et 15

Doc. 4. Les forces appliquées sur les gaz de l'atmosphère

Mercure a perdu son atmosphère car la force due à l'agitation thermique (flèche bleue) est plus importante que la force de gravité (flèche grise). La Terre a une masse plus élevée que celle de Mercure et la température est beaucoup plus faible. La force d'attraction est plus élevée que la force associée à l'agitation thermique : l'atmosphère est retenue par la Terre.

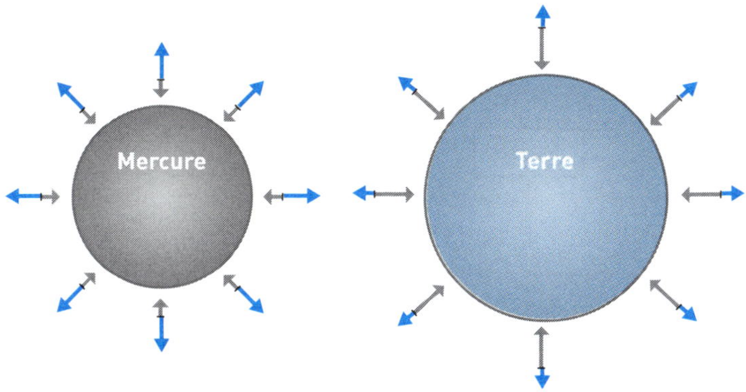

Doc. 5. Zone d'habitabilité

Seule la Terre est dans la zone d'habitabilité autour du Soleil et peut avoir de l'eau à l'état liquide. Vénus est trop près, la température y est trop élevée et l'eau n'est qu'à l'état de gaz, Mars est trop éloignée et n'a de l'eau qu'à l'état de glace ou de gaz.

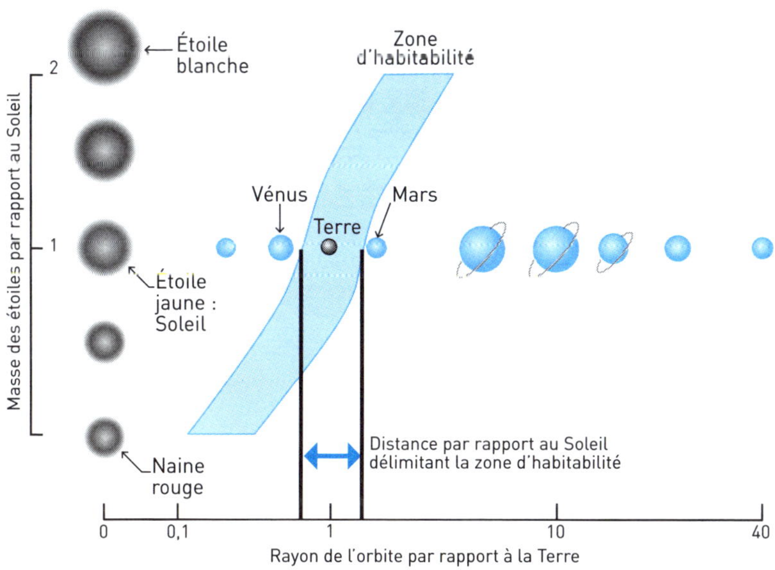

BILAN

Doc. 6. Les conditions nécessaires à la vie sur une planète

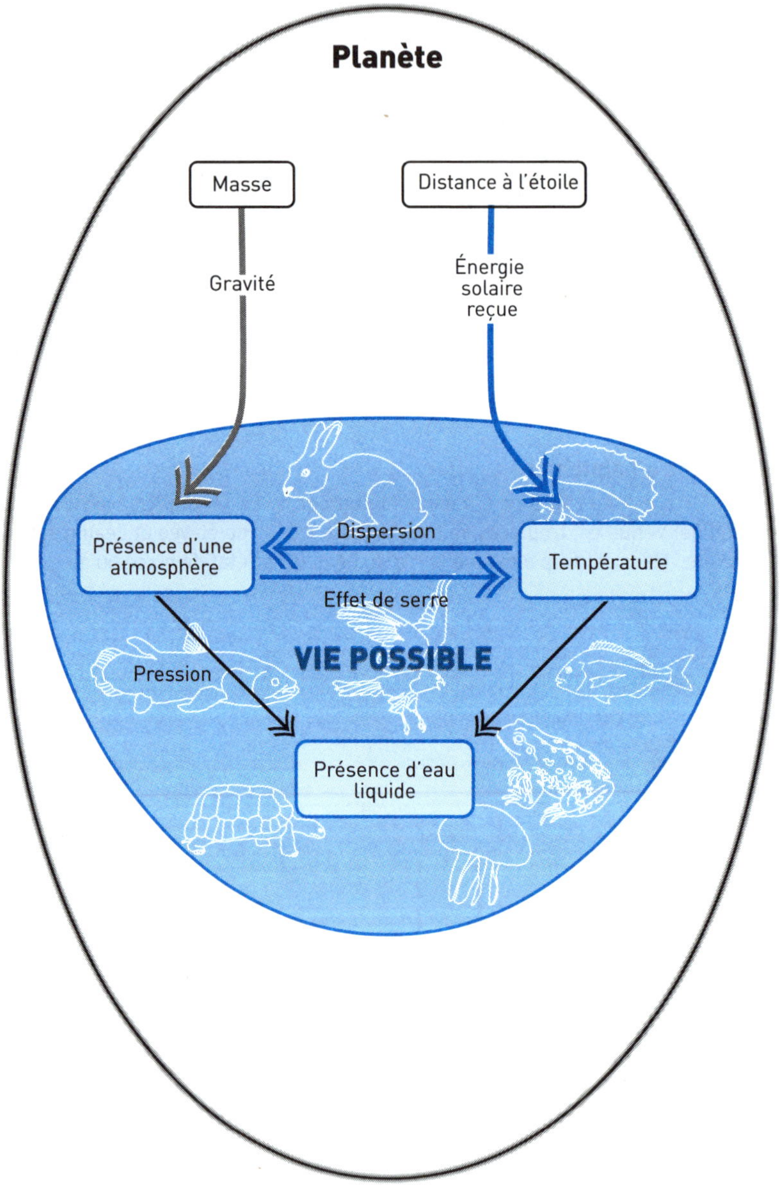

SAVOIR-FAIRE

1. Lire un diagramme pression-température

Quel est l'état de l'eau pour une température de – 200 °C et une pression de 10 atm ?

Repérer la valeur de – 200 °C sur l'axe des températures et tracer des pointillés parallèles à l'axe des ordonnées représentant cette température quelle que soit la pression.

Repérer la valeur de 10 atm sur l'axe des pressions et tracer des pointillés parallèles à l'axe des abscisses représentant cette pression quelle que soit la température.

L'intersection des pointillés donne pour – 200 °C et 10 atm une eau à l'état solide (glace).

Doc. 7. Diagramme annoté : *P* = 10 atm ; *T* = – 200 °C

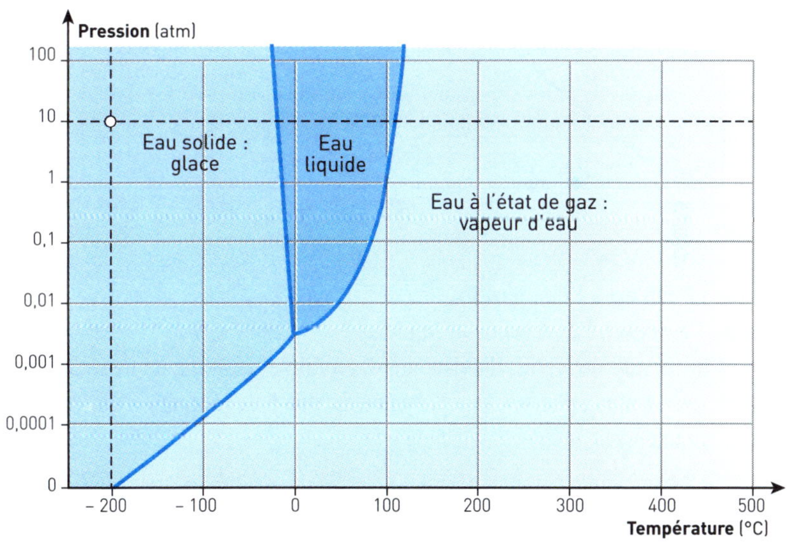

Exercices 8 et 12

2. Utiliser un diagramme pression-température

Comment déterminer graphiquement les états de l'eau théoriquement possibles sur Vénus et la Terre ?

Reporter sur la graphique les valeurs de température et de pression pour chacune des planètes présentées dans le doc. 2. Lire ensuite le ou les états possibles.

Doc. 8. Diagramme annoté : états de l'eau sur la Terre et Vénus

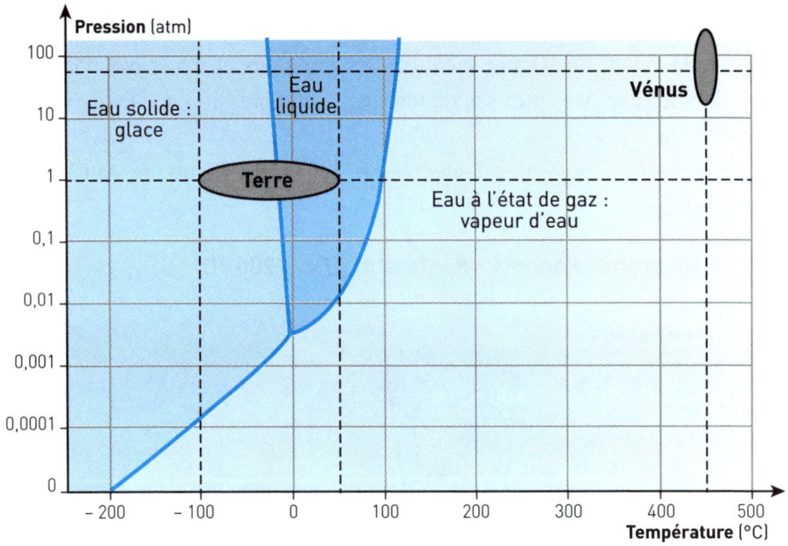

Vénus : l'eau est à l'état gazeux.

Terre : l'eau est à l'état solide et liquide.

Il est à noter que sur Terre, il existe aussi, en faible quantité, de l'eau à l'état gazeux dans l'atmosphère. Cette présence est due à l'évaporation qui dépend d'autres facteurs.

Exercices 8 et 12

3. Comprendre la notion de zone d'habitabilité ou zone habitable

Comment définir une zone d'habitabilité ?

C'est une portion de l'espace autour d'une étoile où l'énergie reçue permet une température entre 0 °C et 100 °C sur une planète, compatible avec la présence d'eau liquide et donc de la vie.

De quoi dépend la zone d'habitabilité d'une étoile ?

Autour du Soleil, qui est une étoile de taille moyenne aussi appelée étoile jaune, seule la Terre est à la bonne distance pour avoir de l'eau liquide. Vénus est trop proche et trop chaude, Mars trop éloignée et trop froide.

Autour d'une étoile blanche plus volumineuse et produisant plus d'énergie, ce qui donne la couleur blanche, la zone d'habitabilité est plus éloignée qu'autour du Soleil.

Au contraire, une planète est dans la zone d'habitabilité autour d'une petite étoile (comme une naine rouge), qui produit moins d'énergie.

Doc. 9. Zone d'habitabilité et type d'étoile

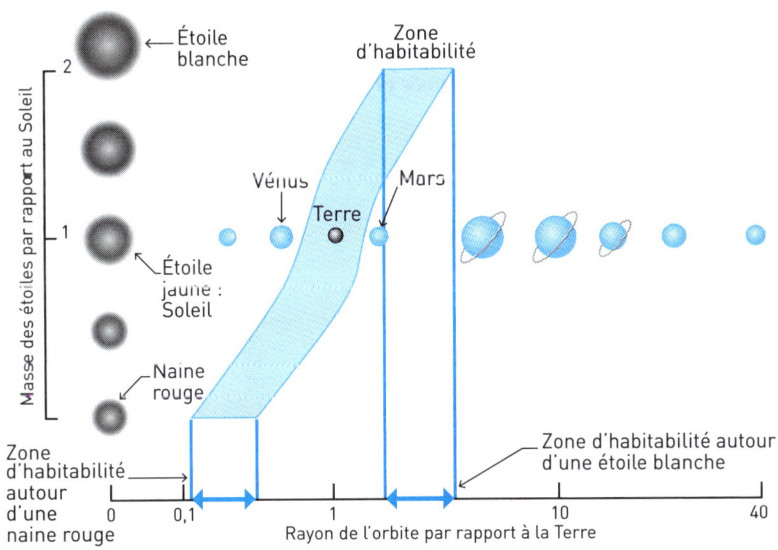

Être dans la zone d'habitabilité d'une étoile signifie-t-il abriter la vie ?

Si une planète est dans la zone d'habitabilité d'une étoile, cela ne suffit pas pour qu'elle abrite la vie. L'eau est nécessaire à la vie mais il faut aussi la présence des gaz échangés par les êtres vivants et donc d'une atmosphère.

Pour cela, la planète doit avoir une masse suffisante pour contrer la dissipation des gaz et les conserver, et ainsi avoir une atmosphère.

Exercices 10 et 15

EXERCICES D'APPLICATION

1 QUELQUES MOTS-CLÉS | ★ | 5 min | ▸ P. 26

Associer les mots de la liste ci-dessous à une définition.

Température – planète – astéroïde – météorite – satellite – étoile – pression.

a. Corps rocheux de taille réduite et de formes variées gravitant autour d'une étoile.
b. Astre sphérique qui produit de la lumière.
c. Corps céleste qui peut entrer en collision avec un autre corps céleste.
d. Corps céleste en mouvement autour d'une planète.
e. Corps céleste sphérique gravitant autour d'une étoile.
f. Paramètres dont dépend l'état de l'eau.

2 L'ÉTOILE DU BERGER | ★ | 5 min | ▸ P. 26

Vénus est aussi appelée l'étoile du Berger. C'est l'astre le plus brillant après le Soleil et la Lune. Elle apparait toujours la première dans le ciel du soir à l'ouest et disparait la dernière dans le ciel du matin à l'est, avant le lever du soleil. C'est pour cela qu'elle était très utile aux bergers pour s'orienter de nuit et qu'elle porte le nom d'étoile du Berger.

D'après le vocabulaire appris dans ce chapitre, pourquoi ce nom n'est-il pas approprié ?

3 LES PLANÈTES DU SYSTÈME SOLAIRE | ★ | 5 min | ▸ P. 26

Identifier la ou les réponses exactes.

1. Les planètes du système solaire :
a. sont huit planètes rocheuses.
b. tournent autour d'une étoile.
c. ont toutes une atmosphère.

2. La Terre :
a. est la seule planète rocheuse du système solaire.
b. est la planète la plus proche du Soleil.
c. est le seul lieu dans le système solaire où l'eau existe à l'état liquide.
d. est la seule planète à avoir du dioxyde de carbone dans son atmosphère.

4 LA COMPOSITION DE L'ATMOSPHÈRE TERRESTRE | ★ | 5 min | ▸ P. 26

Choisir dans la liste ci-dessous les trois principaux gaz de l'atmosphère terrestre et leur attribuer une proportion.

Gaz : hélium, diazote, dihydrogène, dioxyde de carbone, dioxygène.

Proportions : 79 %, 21 %, 0,04 %.

5 LES PARAMÈTRES QUI DÉTERMINENT LA PRÉSENCE D'UNE ATMOSPHÈRE | ★ | 5 min | ▸ P. 26

Identifier la ou les réponses exactes.

L'atmosphère terrestre :

a. exerce une pression à la surface de la planète.

b. est constituée exclusivement de dioxygène et de dioxyde de carbone.

c. est maintenue autour de la planète grâce à l'énergie solaire qu'elle reçoit.

6 LE RÔLE DE L'ATMOSPHÈRE | ★ | 10 min | ▸ P. 26

Associer une explication de la liste ci-dessous à une étape numérotée du doc. 10 qui montre les relations entre le rayonnement solaire (RS), le rayonnement infrarouge (IR), l'atmosphère et le sol.

a. Le sol absorbe la lumière solaire, s'échauffe et produit des rayons infrarouges.

b. L'atmosphère terrestre absorbe les rayons ultraviolets.

c. Effet de serre : l'atmosphère absorbe les rayons infrarouges et s'échauffe.

Doc. 10. Les rayonnements à la surface de la terre

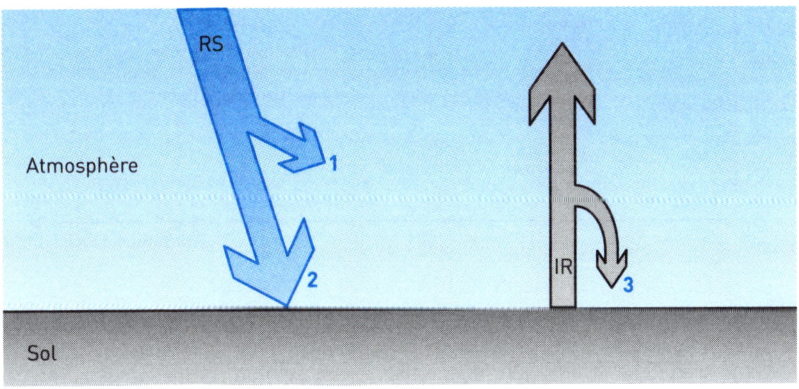

7 LES PARAMÈTRES QUI DÉTERMINENT L'ÉTAT DE L'EAU | ★ | 5 min | ▸ P. 26

Identifier la ou les réponses exactes.

L'état de l'eau sur une planète :

a. dépend uniquement de la distance par rapport à l'étoile.

b. est le même pour toutes les planètes rocheuses.

c. dépend de la pression et de la température au sol.

EXERCICES D'ENTRAÎNEMENT

8 L'ÉTAT DE L'EAU SUR UNE PLANÈTE HYPOTHÉTIQUE

★★ | 15 min | ▸ P. 27

Sur une planète hypothétique, la température varie entre 50 et 100 °C et la pression est de 10^3 Pascals.

a. Reporter ces conditions sur le graphique du **doc. 11** pour déterminer sous quel(s) état(s) se trouve l'eau sur cette planète.

b. Retrouver les températures d'ébullition de l'eau au niveau de la mer et au sommet de l'Everest. (Ébullition : passage de l'état liquide à l'état gazeux).

En cas de difficulté de lecture du diagramme, voir les savoir-faire pages 15 et 16.

Doc. 11. Diagramme de température et pression, états de l'eau sur Terre

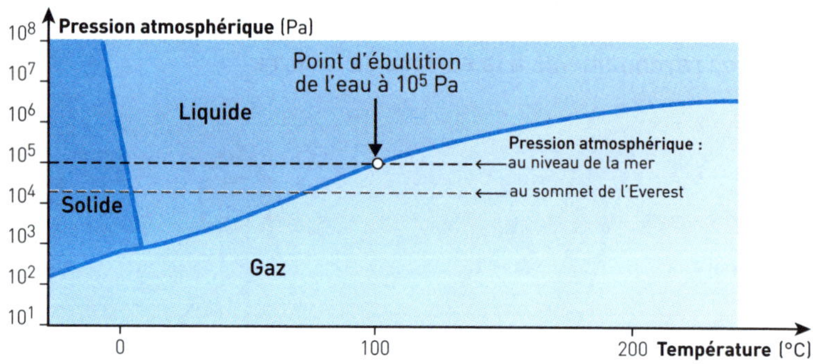

9 L'ANOMALIE DE TEMPÉRATURE DE VÉNUS

★★ | 15 min | ▸ P. 27

Vénus possède une atmosphère très dense. Les températures mesurées au niveau de cette atmosphère sont les plus élevées des planètes du système solaire (**doc. 12**).

a. Utiliser certaines données fournies par le tableau pour justifier l'affirmation « l'anomalie de température » de Vénus.

b. Mettre en relation d'autres données du tableau et des connaissances pour proposer une explication.

Doc. 12. Comparaison de données physico-chimiques de planètes

Planètes	Distance au soleil (10^6 km)	Température moyenne (°C)	Composition de l'atmosphère	
			Dioxyde de carbone	Diazote
Mercure	58	170	absence	
Vénus	108	477	96 %	4 %
Terre	150	15	0,04 %	79 %

EXERCICES D'APPROFONDISSEMENT

10 ZONE D'HABITABILITÉ

★★★ 30 min ▸ P. 28

Pour qu'une planète possède de l'eau liquide, sa distance à l'étoile doit être telle que la température soit comprise entre 0 °C et 100 °C, elle doit aussi être suffisamment massive pour empêcher les gaz de s'échapper. Cette distance critique définit la zone d'habitabilité de l'étoile.

a. D'après le texte d'introduction, qu'est-ce qu'une zone d'habitabilité ?

b. Délimiter sur le graphique du **doc. 13** la zone d'habitabilité correspondant aux deux étoiles étudiées.

> Il faut trouver les zones d'habitabilité et donc les distances à l'étoile qui permettent la vie, soit une température entre 0 et 100 °C. Pour chaque courbe, déterminer les distances correspondant à ces températures.

c. À quelle distance autour de leur étoile une planète doit-elle se trouver pour que la vie soit possible ?

d. La présence d'une planète dans cette zone implique-t-elle l'existence de la vie à sa surface ? Justifier la réponse.

Doc. 13. Relation entre température et distance à l'étoile

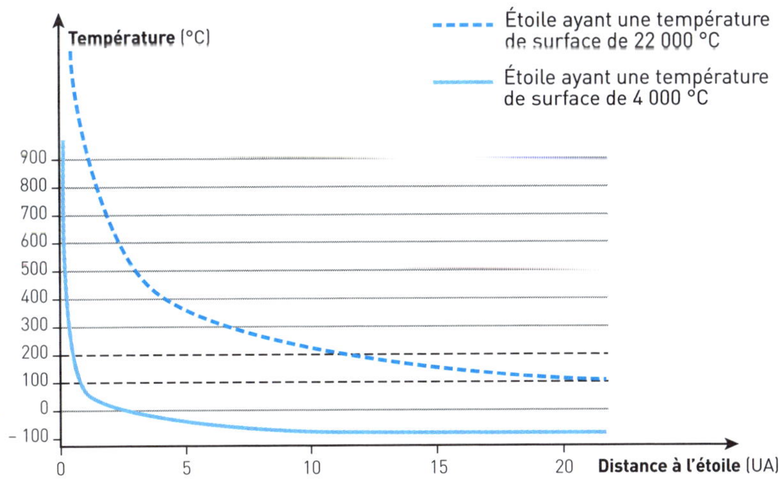

11 IMPORTANCE DES GAZ ATMOSPHÉRIQUES | ★★ | 25 min | ▸ P. 28

a. À l'aide du **doc. 14**, expliquer en quoi la composition de l'atmosphère terrestre actuelle joue un rôle clé pour la vie.

b. Quelles sont les particularités des êtres vivants des sources hydrothermales océaniques ?

c. Identifier les arguments qui montrent que le dioxygène n'est pas un paramètre fondamental lorsque l'on recherche de la vie sur une planète.

Il faut lire les documents et chercher les informations intéressantes. Vous pouvez les souligner ou les surligner. Pour la première question, il ne faut utiliser que le **doc. 14**, pour la seconde et la troisième, les informations sont dans le **doc. 15**.

Doc. 14. Atmosphère et UV

La respiration (oxydation des nutriments par le dioxygène) est le moyen le plus répandu chez les êtres vivants pour produire leur énergie. Par ailleurs, le dioxygène, en se transformant en ozone dans la haute atmosphère (20 à 30 km d'altitude), permet de créer une couche protectrice face aux ultraviolets des rayons solaires (UV-B et UV-C) qui provoquent brûlures et cancers. Lorsque la vie est apparue dans les océans, ces derniers étaient pauvres en dioxygène et la couche d'ozone n'existait pas.

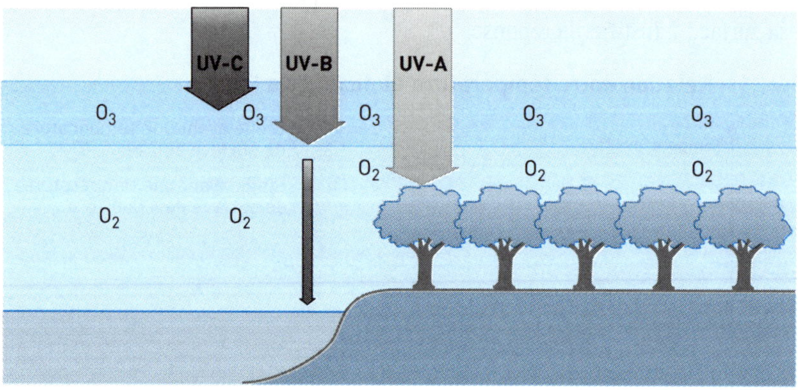

Doc. 15. La vie étrange des fonds océaniques

À 2 500 mètres de profondeur, au niveau des dorsales sous-marines, dans l'obscurité des océans, là où règne une pression 300 fois supérieure à celle de la surface et où le dioxygène est rare, existe un écosystème unique où la vie est abondante. De nombreuses bactéries utilisent l'énergie fournie par l'oxydation des sulfures présents dans des fluides chauds sortant des roches volcaniques pour produire leur matière. Elles sont le point de départ de chaînes alimentaires variées comme le sont les végétaux (qui utilisent l'énergie de la lumière pour produire leur matière) dans les écosystèmes terrestres. Une partie des chercheurs pense que les premières formes de vie se sont créées autour de ces sources hydrothermales. Leurs constituants ne sont pas très nombreux : principalement du sulfure d'hydrogène (H_2S), de l'ammoniac (NH_3) et du dioxyde de carbone (CO_2). En effet, il est plus facile de construire des molécules organiques à partir d'un mélange simple qu'à partir d'un mélange complexe.

12 DE L'EAU SUR MARS ? ★★★ 30 min ▸ P. 29

a. À l'aide des **doc. 16 et 17** et du diagramme du **doc. 3** page 11, expliquer pourquoi les chercheurs pensent qu'il y a eu de l'eau liquide sur Mars. Pourquoi cette présence n'est plus possible actuellement ?

b. Quelles devaient être les conditions sur Mars jadis ? Comment expliquer la disparition de l'eau liquide ?

Doc. 16. La planète Mars

Mars est la quatrième planète en orbite autour du Soleil à une distance de 206 à 250 millions de km. C'est une planète rocheuse entourée d'une atmosphère moins dense que celle de la Terre. Au sol, la température moyenne est de – 60 °C (elle varie entre + 10 °C et – 120 °C, la pression est de 0,06 atm ou 6×10^2 Pa). Jadis, un liquide a coulé sur la planète Mars, peut-être de l'eau ! Peut-être pleuvait-il sur Mars et les océans et les rivières étaient remplis d'êtres vivants ! Différentes sondes nord-américaines, puis une sonde européenne, ont été mises en orbite dans les années 2000 autour de Mars pour en étudier la surface et analyser de multiples paramètres. Des robots comme *Curiosity* (aout 2012) ont même atterri, font des prélèvements et nous envoient des images de la surface. Les images prises par les sondes martiennes nous intriguent et nous interrogent sur la présence ancienne de l'eau sur Mars.

Doc. 17. Images de Mars prises par la sonde *Mars Global Surveyor*

Pôle nord de Mars. La calotte de glace est constituée de 15 % de glace d'eau et le reste de glace de dioxyde de carbone.

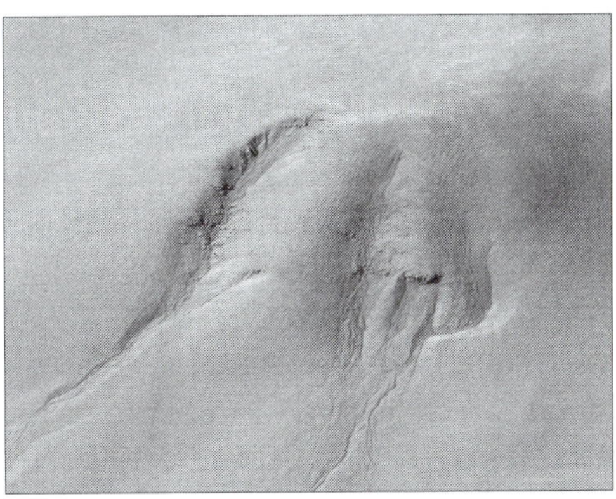

Image de la surface martienne.

CONTRÔLE

13 CONNAISSANCE DU SYSTÈME SOLAIRE | ★★ | 15 min | ▸ P. 30

Annoter le schéma du système solaire suivant, en distinguant planète, étoile, satellite et astéroïde.

Doc. 18. Le système solaire

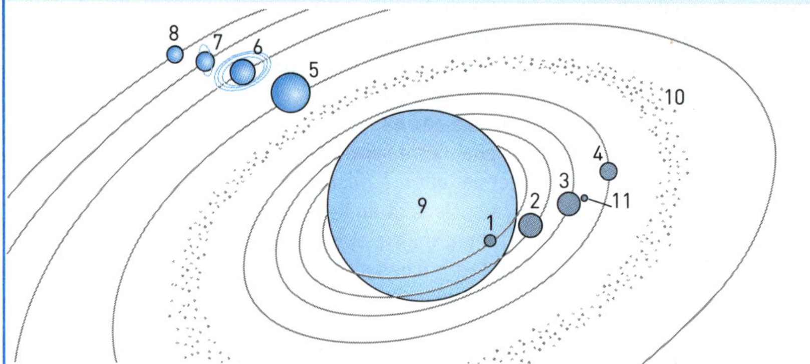

14 POURQUOI UNE ATMOSPHÈRE ? | ★★ | 15 min | ▸ P. 30

a. Exposer, en une dizaine de lignes, les facteurs qui déterminent la présence d'une atmosphère sur une planète.

b. Expliquer ensuite pourquoi la planète Mercure est maintenant dépourvue d'atmosphère.

Les caractéristiques de Mercure sont :

– Distance avec le Soleil : 58 millions de km ; c'est la planète la plus proche de l'étoile.

– Température au sol : – 170 °C à + 480 °C.

– Masse : 3×10^{23} kg ; c'est la plus faible masse pour une planète du système solaire

15 GLIESE : UNE EXOPLANÈTE HABITABLE ? | ★★ | 30 min | ▸ P. 30

Tournant autour de l'étoile naine rouge Gliese 581, Gliese 581d pourrait devenir la première planète potentiellement habitable jamais découverte. Cette exoplanète, environ 7 fois plus massive que la Terre, est située à vingt années-lumière (1 année-lumière = 9 460 milliards de km).

Vraisemblablement rocheuse, Gliese 581d, dans le cas où elle aurait une atmosphère dense de dioxyde de carbone (un scénario très probable), pourrait bénéficier d'un effet de serre lui offrant un climat chaud au point de permettre la formation d'océans, de nuages et de pluie constitués d'eau liquide, précise le CNRS.

Doc. 19. Position des planètes du système Gliese par rapport à leur étoile

La zone « habitable » autour d'une étoile est une zone qui peut permettre le développement de la vie. Une unité astronomique correspond à la distance Terre-Soleil.

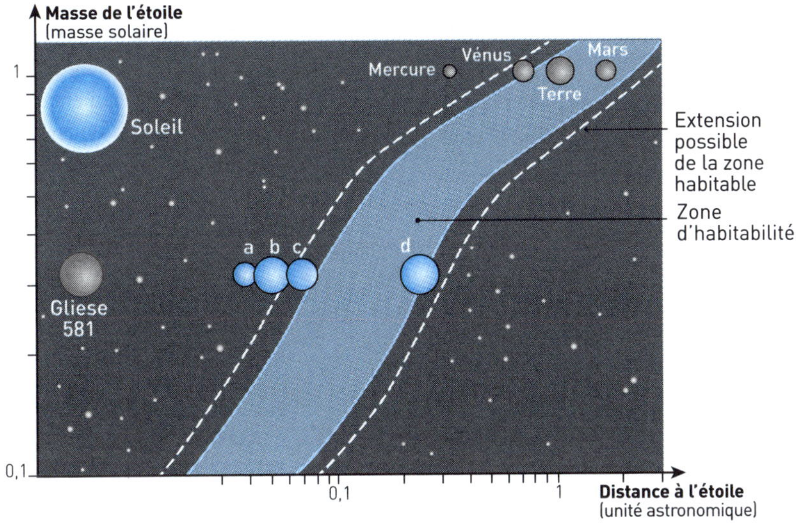

a. Comment expliquer le fait que la zone d'habitabilité du système Gliese 581 soit plus proche de son étoile que celle de notre système solaire ?

Voir le savoir-faire 3 page 17.

b. Pourquoi pense-t-on que la planète Gliese 581d pourrait posséder les conditions favorables à la vie ?

Se souvenir des conditions qui, sur Terre, permettent le développement de la vie dans la zone d'habitabilité. Puis utiliser ces données et le **doc. 19** pour produire une réponse argumentée.

CORRIGÉS

1 QUELQUES MOTS-CLÉS

a. Un astéroïde gravite autour d'une étoile, il n'est pas sphérique comme une planète. b. Une étoile produit de la lumière, les autres corps célestes ne font que la réfléchir. c. Une météorite n'est pas en orbite autour de l'étoile, elle peut donc croiser la trajectoire d'autres corps célestes et les percuter. d. Un satellite gravite autour d'une planète, comme la Lune autour de la Terre. e. Une planète est sphérique et en orbite autour d'une étoile. f. L'état de l'eau dépend des conditions de température et de pression (voir le doc 3. du cours).

2 L'ÉTOILE DU BERGER

Une étoile est un corps céleste constitué de gaz très chauds et émettant de la lumière. Vénus n'est pas une étoile, mais une planète rocheuse qui ne produit pas de lumière propre. Elle est visible dans le ciel nocturne parce qu'elle réfléchit la lumière du Soleil, grâce à sa place entre cette étoile et la Terre.

3 LES PLANÈTES DU SYSTÈME SOLAIRE

1. b est vrai : les planètes du système solaire tournent autour d'une étoile qui est le Soleil. a et c sont faux : les huit planètes du système solaire sont rocheuses ou gazeuses et Mercure n'à pas d'atmosphère.

2. c est vrai : la Terre est le seul lieu dans le système solaire où l'eau existe à l'état liquide. a, b et d sont faux : il y a quatre planètes rocheuses dans le système solaire. Mercure est la plus proche du Soleil et ne possède pas d'atmosphère. Vénus et Mars ont également du dioxyde de carbone dans leur atmosphère.

4 LA COMPOSITION DE L'ATMOSPHÈRE TERRESTRE

Principaux gaz de l'atmosphère terrestre : diazote à 79 %, dioxygène à 21 % et dioxyde de carbone à 0,04 %.

5 LES PARAMÈTRES QUI DÉTERMINENT LA PRÉSENCE D'UNE ATMOSPHÈRE

a est vrai : l'atmosphère terrestre exerce une pression à la surface de la planète.

b et c sont faux. L'atmosphère est surtout composée de diazote (et un peu de dioxyde de carbone et de dioxygène). Elle est dispersée autour de la planète à cause de l'énergie solaire qu'elle reçoit.

6 LE RÔLE DE L'ATMOSPHÈRE

1. b. L'atmosphère terrestre absorbe une partie des rayons ultraviolets solaires grâce à l'ozone.

2. a. Le sol absorbe la lumière solaire, s'échauffe et produit des rayons infrarouges.

3. c. Effet de serre : l'atmosphère absorbe les rayons infrarouges et s'échauffe.

7 LES PARAMÈTRES QUI DÉTERMINENT L'ÉTAT DE L'EAU

c est vrai : l'état de l'eau sur une planète dépend de la pression et de la température au sol.

a et b sont faux : elle dépend également de sa masse, de la pression et de la température du sol ; ces derniers paramètres variant d'une planète à l'autre.

8 L'ÉTAT DE L'EAU SUR UNE PLANÈTE HYPOTHÉTIQUE

a. Sur cette planète hypothétique, la température varie entre 50 et 100 °C, il faut noter ces valeurs sur le graphique sur l'axe des abscisses. Même chose pour la pression de 10^3 Pa sur l'axe des ordonnées. Ces valeurs déterminent un domaine où l'eau ne peut être qu'à l'état de gaz.

b. La température d'ébullition est celle où l'eau passe de l'état liquide à l'état gazeux. Sur le graphique, pour une pression de 10^5 Pa au niveau de la mer, on lit 100 °C.
Au sommet de l'Everest, la pression est plus faible car il y a moins de gaz dans l'atmosphère ; elle est proche de 10^4 Pa. D'après le graphique, la température d'ébullition est alors d'environ 75 °C.

C'est pour cela qu'il est impossible de faire cuire des pâtes à cette altitude ! L'eau s'évapore avant d'avoir atteint la température nécessaire à la cuisson.

Doc. 20. Diagramme de température et pression corrigé

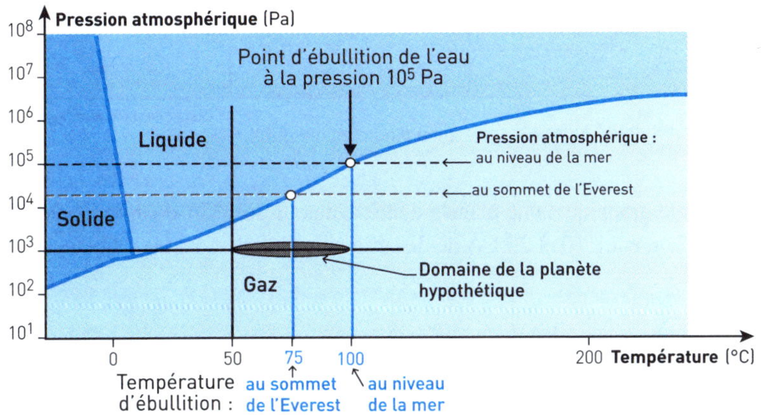

9 L'ANOMALIE DE TEMPÉRATURE DE VÉNUS

a. Le **doc. 12** montre que la température moyenne la plus élevée n'est pas celle de la planète la plus proche de l'étoile, Mercure, mais celle de Vénus située à une distance deux fois plus élevée du soleil que Mercure. La température de Vénus est « anormalement » chaude.

La température d'une planète dépend de la distance qui la sépare de son étoile : plus on s'éloigne de l'étoile, plus sa température diminue.

b. Le tableau montre que Vénus possède une atmosphère très dense, constituée à 96 % de CO_2. Or, le CO_2 est un gaz à effet de serre.
L'anomalie de température de Vénus peut être expliquée par l'effet de serre provoqué par le CO_2 présent dans son atmosphère très dense.

La température d'une planète dépend aussi de l'effet de serre provoqué par les gaz de l'atmosphère.

10 ZONE D'HABITABILITÉ

a. Une zone d'habitabilité est une zone théorique autour d'une étoile où la distance avec celle-ci permet une température entre 0 °C et 100 °C. Cet intervalle de température est compatible avec la présence d'eau liquide d'après le doc. 3. page 11. Cette présence d'eau à l'état liquide est la première condition nécessaire à la vie.
La zone d'habitabilité d'une étoile est donc une zone autour de cette source de chaleur où la vie est possible car il peut y avoir de l'eau liquide.

b. Doc. 21. **Diagramme corrigé**

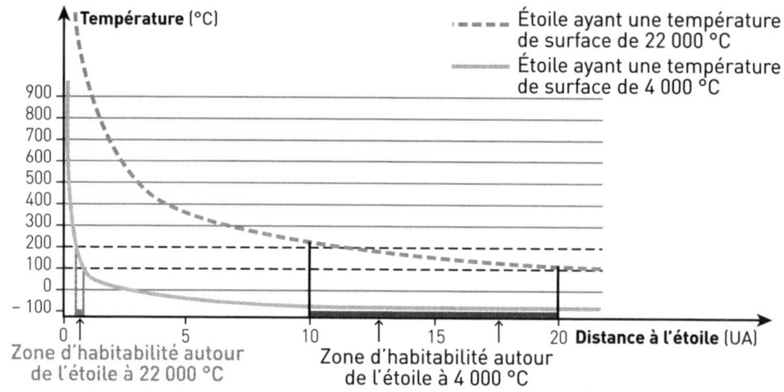

c. D'après le graphique, une planète doit être autour de 1 UA de distance de l'étoile à 4 000 °C ou entre 10 et 20 UA de distance pour l'étoile à 22 000 °C.

Une planète doit se trouver dans la zone d'habitabilité pour que la vie y soit possible, la température doit être entre 0 et 100 °C. Il faut donc, pour chaque courbe, noter les distances à l'étoile compatibles avec ces températures.

d. La présence d'une planète dans cette zone permet mais n'implique pas l'existence de la vie à sa surface. En effet, la température est compatible avec la présence d'eau liquide, mais il faut aussi une atmosphère avec les gaz nécessaires à la vie.

11 IMPORTANCE DES GAZ ATMOSPHÉRIQUES

a. Le dioxygène permet la respiration (production d'énergie nécessaire à la vie) de la plupart des êtres vivants. Sa présence dans l'atmosphère actuelle terrestre permet donc le développement de la vie.
L'ozone produit à partir du dioxygène dans l'atmosphère permet de stopper une grande partie des ultraviolets (UV) qui sont nocifs pour les êtres vivants. En évitant les brûlures et les cancers, il protège la vie.

b. Les êtres vivants des sources hydrothermales océaniques vivent dans l'obscurité, à une pression et une température très élevées. Les bactéries ne pratiquent pas la respiration et obtiennent leur énergie du soufre.

c. La vie est possible sans dioxygène ; la preuve dans les abysses où l'on trouve des bactéries capables de produire leur énergie avec du soufre, sans respiration et donc sans dioxygène. La vie est d'ailleurs apparue sur Terre avant le dioxygène ! Ce sont des êtres vivants qui l'ont produit par photosynthèse.

12 DE L'EAU SUR MARS ?

a. Des marques d'érosion faites par des courants de fluides sont visibles sur l'image satellite de la surface martienne, il est vraisemblable qu'elles aient été produites par des rivières ou fleuves constitués d'eau liquide. Il y a donc eu de l'eau à l'état liquide sur Mars.

L'image satellite du pôle nord de Mars montre la présence d'une calotte glaciaire. Il est noté qu'elle est constituée à 15 % d'eau à l'état solide. L'atmosphère martienne contient de la vapeur d'eau. Il y a donc actuellement de l'eau sur Mars à l'état solide et gazeux.

D'après le diagramme du **doc. 3.** page 11, actuellement les conditions de température de + 10 à – 120 °C et de pression de 0,06 atm permettent la présence d'eau à l'état solide et gazeux uniquement. La présence d'eau liquide n'est donc pas possible actuellement.

b. La pression actuelle n'est pas suffisante pour être dans le domaine de l'état liquide quelle que soit la température. Jadis, la pression était donc supérieure pour que l'eau liquide soit présente. Il y a eu depuis une baisse de la pression atmosphérique.

Cette pression au sol est fonction de la quantité de gaz dans l'atmosphère ; si des gaz sont perdus, la pression diminue. Il est noté dans les documents que l'atmosphère martienne est plus fine que celle de la Terre. On peut émettre l'hypothèse que la planète Mars a perdu des gaz, ce qui a entraîné une baisse de la pression et des conditions ne permettant plus la présence d'eau liquide.

Bilan. La pression atmosphérique sur Mars était jadis plus importante et permettait la présence d'eau liquide. La perte de gaz et la diminution de la pression qui en découle a modifié les conditions martiennes et entraîné la disparition de l'état liquide de l'eau.

Doc. 22. Diagramme pression-température

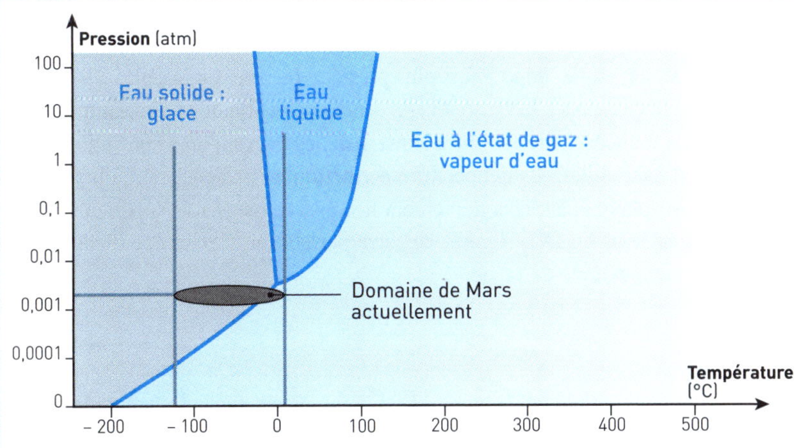

13 CONNAISSANCE DU SYSTÈME SOLAIRE

Les planètes : 1. Mercure ; 2. Vénus ; 3. Terre ; 4. Mars ; 5. Jupiter ; 6. Saturne ; 7. Uranus ; 8. Neptune.
L'étoile : 9. Soleil.
Le satellite : 11. Lune.
La ceinture d'astéroïdes : 10.

14 POURQUOI UNE ATMOSPHÈRE ?

a. Il existe deux forces contraires appliquées sur les molécules gazeuses :
– L'attraction de la planète qui est d'autant plus grande que la planète est massive ; elle permet de retenir les gaz.
– La dissipation qui dépend de l'agitation des molécules et donc de la température. Plus une planète est proche de son étoile, plus la température est élevée et plus les gaz sont dissipés, et donc perdus.
Une planète conserve ses gaz si sa taille est suffisante pour les retenir et sa position par rapport à l'étoile assez grande pour qu'il n'y ait pas trop de dissipation. Si l'attraction est supérieure à la dissipation, l'atmosphère est conservée.

La présence d'une atmosphère autour d'une planète dépend de la production de gaz et surtout de leur maintien.

b. Dans le cas de Mercure, la planète est de petite taille, ce qui entraîne une attraction faible et les gaz sont peu retenus. De plus, la position très proche du Soleil entraîne une forte dissipation. Les gaz ont donc été perdus et l'atmosphère est absente.

15 GLIESE : UNE EXOPLANÈTE HABITABLE ?

a. Gliese 581 est une étoile naine qui émet moins de lumière donc moins de chaleur que le Soleil. Pour que la température d'une planète permette la présence d'eau liquide, cette planète doit donc se trouver plus proche de cette étoile que les planètes de la zone d'habitabilité du système solaire ne le sont du Soleil. Gliese 581d n'est qu'à 0,3 UA de son étoile, donc 3 fois plus près que la Terre du Soleil.
b. Les facteurs nécessaires à la vie sont la présence d'eau liquide et d'une atmosphère. Gliese 581d est rocheuse, elle est située à une distance par rapport à son étoile incluse dans la zone d'habitabilité. La température permettrait la présence d'eau liquide.
Elle a une atmosphère épaisse, certainement liée à sa masse 7 fois supérieure à celle de la Terre, très riche en CO_2. L'effet de serre permettrait l'existence d'eau liquide (océans et pluies), et donc de la vie.

2 La nature du vivant

Les êtres vivants sont très divers et variés : une bactérie, un champignon, un Homme, une algue, une méduse, un arbre...
Mais sont-ils constitués des mêmes éléments et fonctionnent-ils tous de la même manière ?

L'ESSENTIEL

La définition du vivant sur le plan biologique est basée sur deux critères essentiels : est vivant tout ce qui peut se constituer en **construisant sa propre matière vivante** et qui est **capable de se reproduire**. La vie se transmet, à l'opposé du monde minéral qui ne se reproduit pas.

I L'ORGANISATION DU VIVANT

■ Tous les êtres vivants sont composés des mêmes **molécules minérales** et **organiques** mais dans des proportions variables.
Cette **unité chimique** oppose les êtres vivants au monde inerte, c'est aussi un indice de **parenté** entre tous les êtres vivants.

II LA CELLULE, UNITÉ STRUCTURALE ET FONCTIONNELLE

■ **Unité structurale.** Tout être vivant est composé de **cellules**. Les cellules sont notamment constituées d'une membrane, d'un cytoplasme et d'un noyau. Les êtres vivants ont donc une **unité de structure cellulaire**.
■ **Unité fonctionnelle.** Une cellule puise dans son environnement extracellulaire la matière et l'énergie nécessaires à l'ensemble des réactions chimiques de son **métabolisme**. Elles produisent de l'énergie par respiration et parfois par fermentation.
■ L'unité structurale et fonctionnelle des êtres vivants est un autre indice de leur **parenté**.

Les mots-clés du lexique
Cellule eucaryote, cellule procaryote, fermentation, matière minérale, matière organique, métabolisme, organite, respiration cellulaire.

LE COURS

I L'ORGANISATION DU VIVANT

1. La cellule, unité d'organisation des êtres vivants

■ Tout être vivant est soit une cellule isolée, c'est-à-dire un organisme **unicellulaire**, soit une association de plusieurs cellules ou organisme **pluricellulaire**. La taille d'une cellule est de l'ordre de la dizaine de micromètres, il faut un microscope pour les observer.

2. Matière organique et matière minérale

■ La **matière minérale** est une **matière inerte** qui constitue planètes et étoiles. Sur Terre, elle est constituée de petites molécules comme l'eau (H_2O), le dioxyde de carbone (CO_2), le dioxygène (O_2)…

■ Les êtres vivants sont riches en **eau** (65 % de la masse chez l'Homme) mais également en **matière organique**, constituée de **molécules organiques**.

■ Les molécules organiques sont de « grosses » molécules principalement constituées par quatre éléments chimiques : carbone, hydrogène, oxygène, azote. On distingue quatre catégories de **molécules organiques** :

– les **glucides** (sucres, amidon) ;
– les **protides** (protéines) ;
– les **lipides** (graisses) ;
– les **acides organiques** (ADN).

■ La **matière vivante** est donc composée de matière minérale (eau et sels minéraux) et de matière organique (glucides, lipides et protides), ce qui l'oppose à la matière inerte qui n'est composée que de matière minérale.

■ La matière vivante contient surtout des atomes de carbone et d'hydrogène que la matière inerte n'a pas **(doc. 1.a.)**.

■ Les cellules des animaux comme celles des végétaux sont composées de matière minérale et de matière organique. Les proportions varient peu, les cellules végétales sont plus riches en eau **(doc. 1.b.)**.

Ce qu'il faut savoir	Exercices pour s'entraîner
La distinction entre matière minérale et matière organique	8
La distinction entre matière vivante et matière inerte	5

Doc. 1. Compositions chimiques des matières vivante et inerte

a. Comparaison des matières vivante et inerte

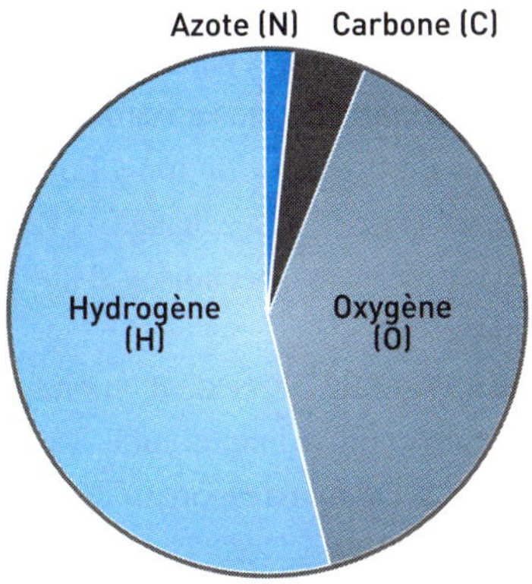

Composition de la biosphère (ensemble des êtres vivants) **= matière vivante**

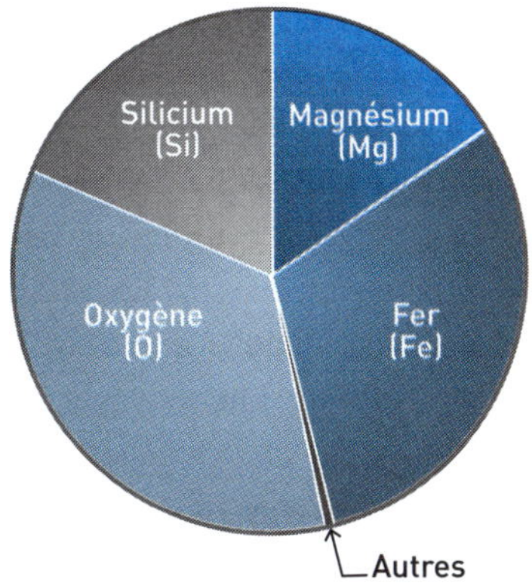

Composition chimique du globe terrestre **= matière inerte**

b. Comparaison de la matière vivante végétale et animale

Constituants (en % de la masse cellulaire totale)	Cellule de champignon	Cellule de mammifère
Eau	83	70
Ions inorganiques (Na^+, K^-, Mg^{2+}, Ca^{2+}, Cl^-...)	0,5	1
Protides	6	18
Lipides	2	5
Glucides	2,5	2
Autres molécules	6	4

Les cases à fond gris correspondent à des molécules minérales.
Les cases à fond blanc correspondent à des molécules organiques.

II LA CELLULE, UNITÉ STRUCTURALE ET FONCTIONNELLE

1. La cellule, unité structurale

■ Les êtres **pluricellulaires** possèdent des cellules spécialisées dans une fonction donnée, ce qui entraîne des adaptations de forme et de taille de ces cellules. Ces cellules sont des cellules **eucaryotes** et ont la même organisation fonctionnelle : la **membrane plasmique** délimite la cellule et permet des échanges avec le milieu extérieur. Le **cytoplasme** contient des **organites** spécialisés dans une fonction. Le **noyau** contient le matériel génétique.

■ Par rapport aux **cellules animales**, les **cellules végétales** possèdent en plus une **paroi squelettique** qui recouvre la membrane cytoplasmique, une vacuole (réserve d'eau) dans le cytoplasme, et parfois des **chloroplastes**, organites contenant de la chlorophylle (doc. 2).

■ Les **bactéries** n'ont pas de compartiments cellulaires, donc pas de noyau. Leur matériel génétique et tous leurs organites se trouvent dans le cytoplasme : ce sont des cellules **procaryotes**.

2. La cellule, unité fonctionnelle

■ Une cellule effectue un ensemble de réactions chimiques appelé **métabolisme**. Les cellules doivent produire de la matière carbonée pour se développer, se diviser, remplacer les éléments abîmés… à partir de matière prélevée dans le milieu extracellulaire.

■ Les cellules ont aussi besoin d'énergie pour fonctionner.
Deux réactions du métabolisme sont destinées à la production d'énergie indispensable à la réalisation de toutes les autres réactions du métabolisme :
– La **respiration cellulaire** se produit dans les **mitochondries**. Elle nécessite de la matière organique et du dioxygène prélevés à l'extérieur de la cellule. Elle produit du dioxyde de carbone en déchet.
– La **fermentation** est utilisée par certaines cellules comme les levures ou nos cellules musculaires pour produire de l'énergie en absence de dioxygène.

■ Le métabolisme dépend des éléments présents dans le milieu de vie et du matériel génétique de la cellule qui lui confère ses caractéristiques et capacités (doc. 3).

Ce qu'il faut savoir	Exercices pour s'entraîner
Les caractéristiques d'une cellule	3, 4, 6, 7, 9, 13
Reconnaître les cellules végétales et animales, procaryotes et eucaryotes	1, 9, 13
Définir le métabolisme	1
Distinguer respiration et fermentation	14
Lire un diagramme montrant les échanges gazeux	10, 11, 12, 14

Doc. 2. Organisation d'une cellule eucaryote

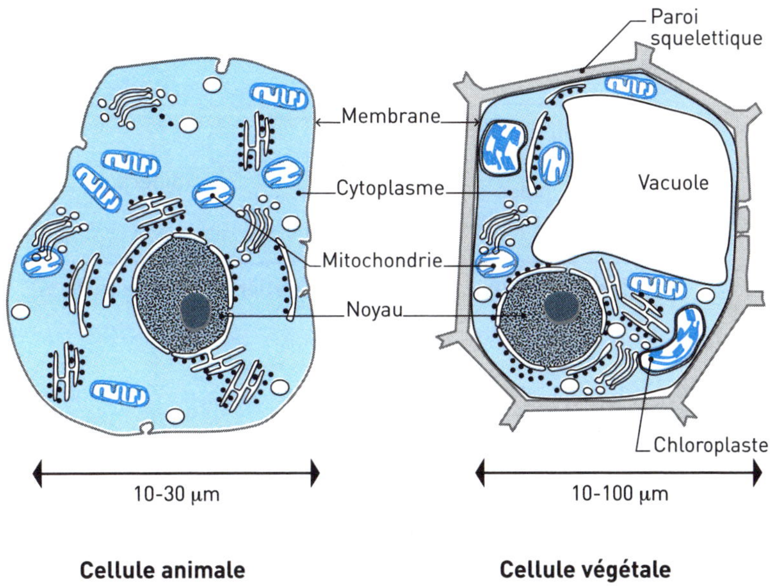

Doc. 3. Le métabolisme cellulaire : production de matière et d'énergie à partir de la matière absorbée

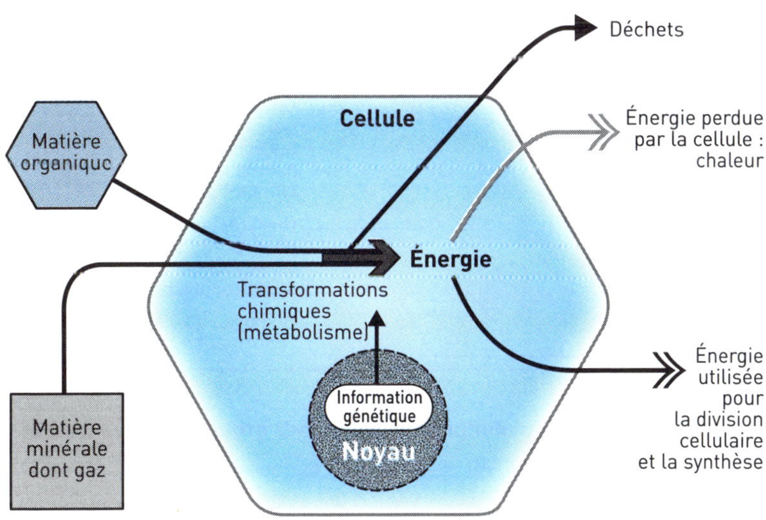

BILAN

Doc. 4. L'unité du vivant

Glucides
Protides
Lipides
Acides organiques

Matière organique (≈ 30 %)

Eau, minéraux

Matière minérale (≈ 70 %)

Une chimie commune

L'UNITÉ DU VIVANT

Une organisation commune

La cellule : unité structurale et fonctionnelle

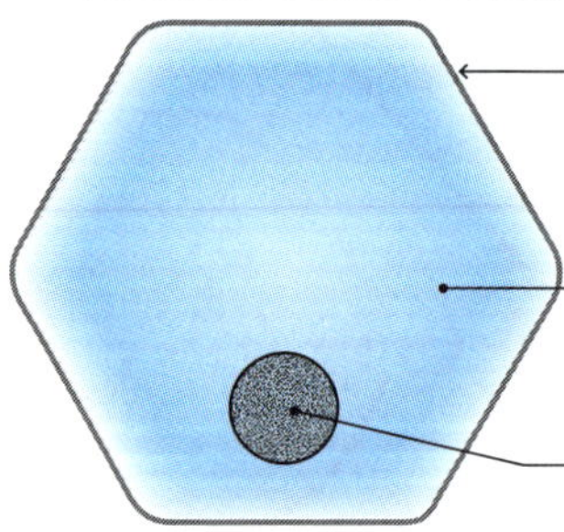

Des spécialisations qui définissent les grands groupes d'êtres vivants

- **Eucaryotes** — Cellules avec noyau
  - Animaux
  - Végétaux — Paroi + vacuole + chloroplastes (parfois)
- **Procaryotes** — Pas de compartiments donc pas de noyau

SAVOIR-FAIRE

1. Comment reconnaître une cellule dans un tissu ?

EXEMPLE. Une observation d'une préparation microscopique d'une coupe de glande salivaire a permis la réalisation du dessin ci-contre (doc. 5).

Comment interpréter ce dessin ?
S'agit-il d'une cellule (doc. 6, schéma 1) ? Ou de 10 cellules disposées autour d'un espace central (doc. 6, schéma 2) ?

Doc. 5. Observation microscopique d'une coupe de glande salivaire

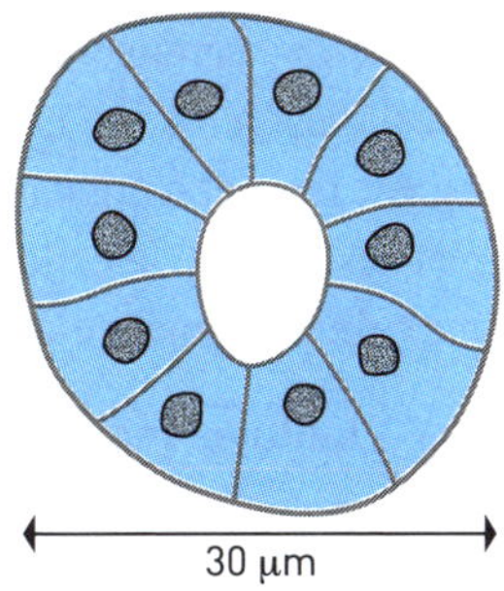

Doc. 6. Schémas d'interprétation

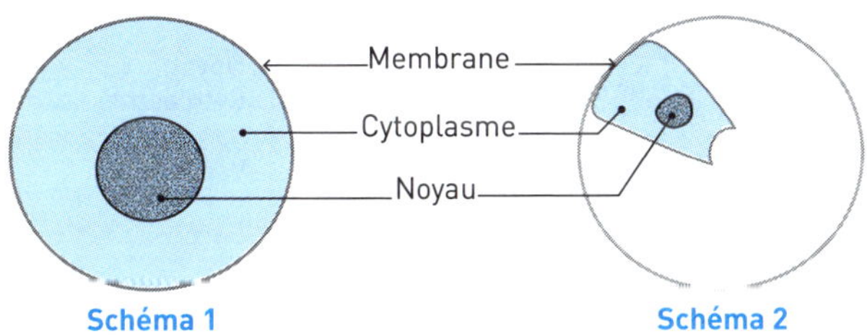

Indice de structure. Une cellule possède une membrane, un cytoplasme et un noyau.
Doc. 6, schéma 1 : le noyau se trouve au centre. Ce qui pose problème avec cette interprétation, c'est la compartimentation en 10 du cytoplasme.
Doc. 6, schéma 2 : chaque cellule est délimitée par une membrane et possède un noyau.
Indice de taille. La taille d'une cellule animale est d'une dizaine de µm.
Doc. 6, schéma 1 : la taille de la cellule serait de 30 µm alors que pour le schéma 2, elle serait proche de 10 µm.
Conclusion. L'interprétation présentée par le schéma 2 répond correctement aux deux indices. C'est l'interprétation retenue.
Commentaire. Les glandes salivaires produisent la salive. Cette production est assurée par des cellules disposées de telle sorte qu'elles puissent déverser leur sécrétion dans un collecteur central qui conduit la salive vers un canal excréteur.

Exercices 9 et 13

2. Comment distinguer une cellule animale d'une cellule végétale ?

Une cellule végétale comporte des éléments en plus d'une cellule animale : des chloroplastes, une vacuole, une paroi squelettique. Reconnaître un de ces éléments au microscope indique que la cellule est végétale.
Dans la cellule A du **doc. 7**, on reconnaît des chloroplastes, une paroi squelettique et une vacuole, c'est donc une cellule végétale. La présence des chloroplastes est suffisante pour identifier une cellule végétale, mais non obligatoire : certaines cellules végétales comme celles des champignons et les cellules de racine n'ont pas de chloroplastes et ne sont pas chlorophylliennes. Ils sont reconnaissables à la présence d'une paroi squelettique ou de vacuoles comme la cellule de racine (cellule B).
Une cellule animale n'a ni chloroplaste, ni paroi squelettique, ni vacuole.

Doc. 7. Cellules végétales observées au microscope électronique (× 7000)

Cellule A

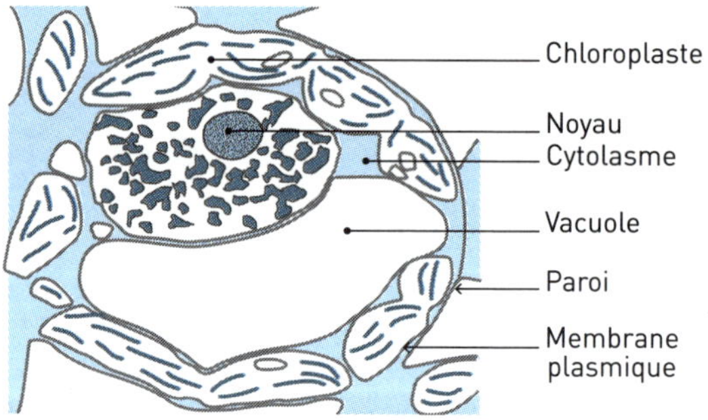

Cellule B

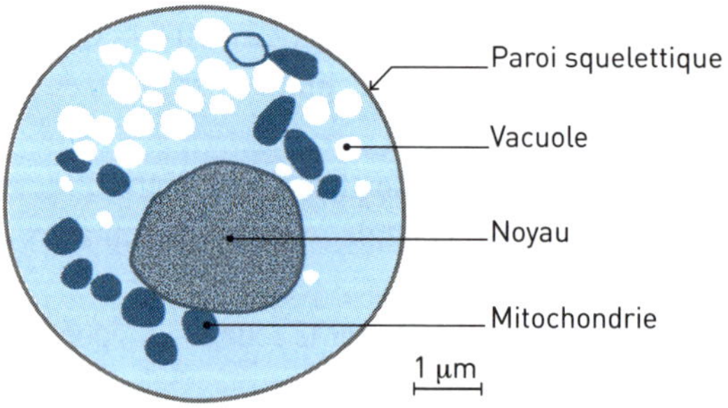

Exercices 9 et 13

3. Comment déterminer graphiquement les échanges gazeux d'un être vivant ?

EXEMPLE. On mesure la quantité d'O_2 dissous dans une solution contenant des levures dans une enceinte close **(doc. 8)**. Il s'agit de déterminer si les levures produisent ou absorbent ce gaz.

Doc. 8. Évolution de la quantité d'O_2 dans une enceinte contenant des levures

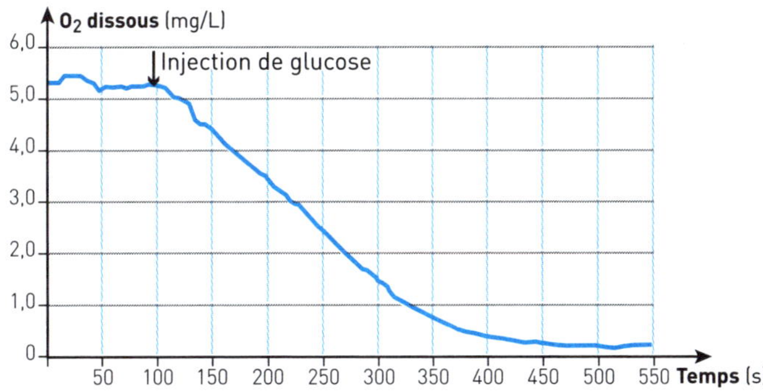

Avant l'injection de glucose, entre 0 et 100 secondes, la quantité d'O_2 est relativement constante à environ 5,3 mg/L. Il n'y a donc pas d'échanges d'O_2.

Après l'injection de glucose, entre 100 s et 400 s, la quantité d'O_2 diminue de 5,3 à moins de 0,5 mg/L. Les levures ont donc absorbé ce gaz.
Après 400 secondes, la quantité d'O_2 reste constante à environ 0,2 mg/L ; il n'y a donc plus d'absorption d'O_2, car il y en a trop peu.

Conclusion. L'injection de glucose entraîne la consommation de O_2 par les levures. Sans cette molécule organique, les levures ne peuvent pas effectuer la respiration cellulaire.

Exercices 10, 11, 12 et 14

EXERCICES D'APPLICATION

1 QUELQUES MOTS-CLÉS | ★ | 10 min | ▸ P. 49

Identifier les réponses fausses et justifier ce choix.

1. Toutes les cellules eucaryotes possèdent :
a. un noyau.
b. une membrane plasmique.
c. des chloroplastes.
d. un cytoplasme.
2. Le métabolisme :
a. permet de produire de l'énergie.
b. permet de produire la matière de la cellule.
c. est toujours le même pour une cellule donnée.
d. ne dépend que de l'information génétique.
e. est indépendant de l'information génétique.
3. La différence entre matière organique et minérale se fait :
a. au niveau des atomes de carbone.
b. au niveau des atomes d'oxygène.
c. par la possibilité de combustion de la matière organique.
d. au niveau du type d'être vivant.

2 LES ÉCHELLES DU VIVANT | ★ | 5 min | ▸ P. 49

Classer ces différents éléments par ordre de taille, du plus petit au plus grand.

Organisme humain – atome – noyau cellulaire – bactérie – foie – globule rouge – H_2O.

3 LES CARACTÉRISTIQUES STRUCTURELLES DE QUELQUES ÊTRES VIVANTS | ★ | 5 min | ▸ P. 49

Associer à la première série une ou plusieurs caractéristiques de la seconde série.

1. foie 2. rein 3. os 4. bactérie 5. feuille 6. globule rouge ou hématie 7. levure
a. est constitué(e) d'un ensemble de cellules eucaryotes.
b. est constitué(e) de cellule(s) ayant une membrane plasmique.
c. est constitué(e) d'une seule cellule.
d. est constitué(e) de cellule(s) ayant un noyau.
e. est constitué(e) de cellule(s) ayant des chloroplastes.

4 LA STRUCTURE D'UNE CELLULE | ★ | 10 min | ▸ P. 49

Titrer et annoter les schémas suivants.

Doc. 9. **Schémas comparatifs de cellules**

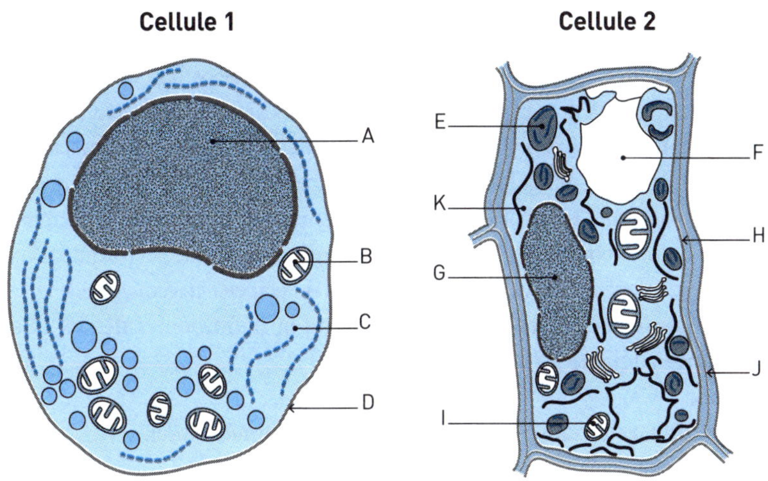

5 LA MATIÈRE VIVANTE ET LA MATIÈRE INERTE | ★ | 5 min | ▸ P. 49

D'après les données du doc. 10, le pain est-il constitué de matière vivante ou de matière inerte ?

Attention ! Être constitué de matière vivante ne veut pas dire être un être vivant mais être composé de matière produite par un être vivant.

Doc. 10. **Composition chimique du pain**

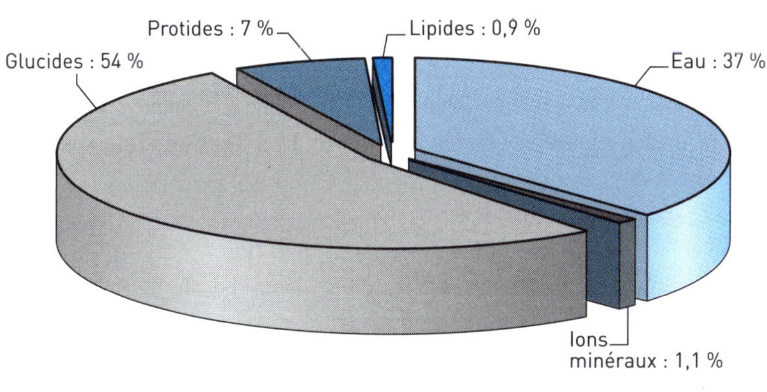

EXERCICES D'ENTRAÎNEMENT

6 LE NEURONE : UNE CELLULE | ★ | 10 min | ▸ P. 50

Un neurone est une cellule « excitable », qui transmet et propage, en fonction des informations qu'il reçoit, des signaux électriques. C'est aussi une cellule « sécrétrice » très particulière, dont le produit de sécrétion est le neurotransmetteur, molécule qui permet la transmission des messages au niveau des synapses, qui sont les zones de connexion entre neurones. Les neurones sont incapables de se reproduire mais ont une grande longévité. Ce sont des cellules extrêmement actives qui requièrent un approvisionnement constant et abondant en dioxygène et en glucose (risque de mort cérébrale en quelques minutes en cas de privation du cerveau en dioxygène).

Choisir la ou les réponses exactes à l'aide de la définition ci-dessus et des connaissances déjà acquises.

Un neurone :

a. est une cellule spécialisée dans la fonction de communication.
b. est une cellule spécialisée dans la fonction de nutrition.
c. est une cellule spécialisée dans la fonction de reproduction.
d. est une cellule qui doit se nourrir et respirer pour produire son énergie et élaborer les molécules nécessaires à son rôle.
e. est une cellule qui peut se diviser.
f. est une cellule délimitée par une membrane.
g. est une cellule contenant un noyau.

7 LES CELLULES SOUCHES SANGUINES | ★ | 10 min | ▸ P. 50

Une cellule souche sanguine (présente dans la moelle des os plats comme l'omoplate ou le bassin) est capable de se différencier en un type de cellule sanguine : chaque fois qu'elle se divise en deux cellules, une cellule permet le maintien du stock en continuant de se diviser et l'autre se divise et se différencie parmi les trois types de cellule sanguine : globule blanc, globule rouge ou cellule à l'origine des plaquettes.

Choisir la ou les réponses exactes à l'aide de la définition ci-dessus et des connaissances déjà acquises.

Une cellule souche de moelle osseuse :

a. est une cellule spécialisée dans la fonction de nutrition.
b. est une cellule spécialisée dans la fonction de communication.
c. est une cellule délimitée par une membrane.
d. est une cellule contenant un noyau.
e. est une cellule capable de donner naissance à tout type de cellules.
f. est une cellule capable de donner naissance à plusieurs types de cellules.
g. est une cellule qui donne naissance à des lignées cellulaires spécialisées et à d'autres cellules souches identiques à elle-même.

8 DIFFÉRENCES ENTRE MATIÈRE ORGANIQUE ET MINÉRALE | ★ | 5 min | ▸ P. 50

On qualifie d'organique toute molécule comportant des atomes de carbone (C) liés à des atomes d'hydrogène (H). Cependant, les molécules organiques peuvent contenir d'autres atomes.

Identifier les matières minérales et organiques présentées dans le tableau suivant.

Matière	Sel de mer	Glucose	Essence (heptane)	Méthane	Dioxyde de carbone	Quartz	Huile d'olive	Diamant
Formule	$NaCl$	$C_6H_{12}O_6$	C_7H_{16}	CH_4	CO_2	SiO_2	$C_{18}H_{34}O_2$	C

9 STRUCTURE ET TAILLE D'UNE CELLULE | ★ | 10 min | ▸ P. 50

Le QCM ci-dessous porte sur l'analyse du doc. 11. Identifier la ou les réponse(s) juste(s) pour chaque affirmation et justifier ce choix.

Doc. 11. Schéma d'une cellule observée au microscope électronique

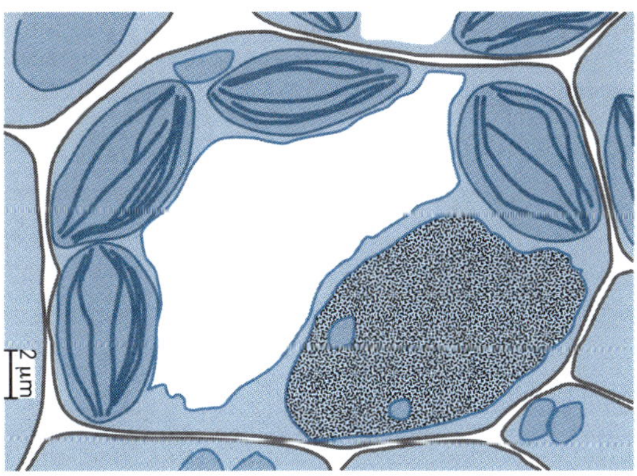

1. Cette photographie montre :
a. une cellule eucaryote.
b. une cellule procaryote.
c. plusieurs cellules procaryotes et eucaryotes.
2. Le noyau a une longueur de :
a. 1 µm.
b. 2 µm.
c. 10 µm.
d. 14 µm.

10 LE MÉTABOLISME DES LEVURES | ★★ | 20 min | ▸ P. 50

On cherche à savoir dans quelle mesure les conditions de culture des levures peuvent modifier leur capacité à consommer les sucres de leur milieu.

Des expériences sont réalisées à l'aide d'une sonde à O_2, de suspensions de levures oxygénées et d'une chaîne de mesure EXAO, comme en TP, pour rechercher la possibilité des levures à utiliser du glucose et du galactose dans trois milieux de culture différents.

On utilise la même suspension de levures à 10 g/L mises à jeûner pendant 48 heures dans un milieu oxygéné afin d'épuiser toutes leurs réserves.

Les mesures sur les échanges des levures se feront en présence de glucose ou de galactose qui sont deux sucres simples.

Milieu 1 : 8 mL de suspension de levures + 2 mL de glucose.

Milieu 2 : 8 mL de suspension de levures + 2 mL de galactose.

Milieu 3 : 8 mL de suspension de levures ayant reçu du glucose une heure avant le TP + 2 mL de galactose.

Les résultats sont présentés dans le **doc. 12**.

Doc. 12. Évolution de la teneur en dioxygène de l'enceinte au cours du temps dans les trois milieux

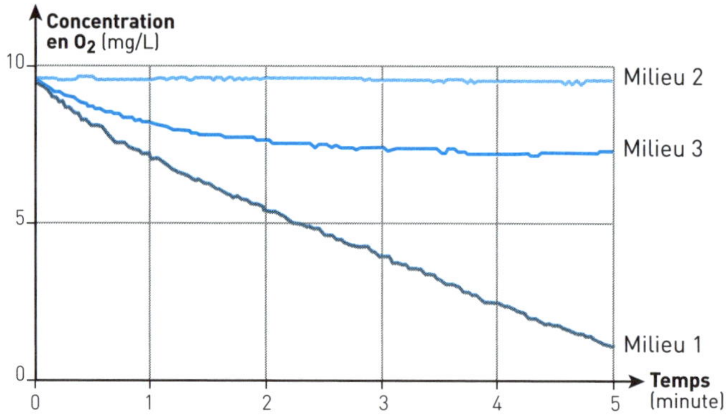

a. Comment vérifier si les levures ont utilisé le sucre qu'on leur procure lorsqu'on dispose d'une sonde à O_2 ?

b. Comment évolue la quantité d'O_2 dans les milieux 1 et 2 ? Comment peut-on interpréter ces résultats ?

c. Comment évolue la quantité d'O_2 dans le milieu 3 ? Pourquoi ces résultats sont-ils surprenants ? Formuler une hypothèse permettant d'expliquer les résultats du milieu 3.

EXERCICES D'APPROFONDISSEMENT

11 EXPLOITER DES RÉSULTATS EXPÉRIMENTAUX ★★★ 20 min ▸ P. 51

En présence de dioxygène, les levures respirent : l'oxydation d'une molécule organique leur permet de produire de l'énergie.

À partir de l'analyse des expériences suivantes, identifier les molécules utilisées pour la respiration des levures.

Protocole. Les levures utilisées pour l'expérience sont « affamées » : elles sont mises à jeun pendant 24 heures, temps au bout duquel elles ont épuisé leurs réserves.

Expérience. Plusieurs expériences sont réalisées dans une enceinte close dans laquelle est placé un capteur qui mesure la concentration en O_2. Pour chaque expérience, les levures « affamées » sont placées dans l'enceinte, puis à $t = 2$ min, un substrat est injecté.

Résultats. Les données obtenues sont rassemblées dans le graphique du **doc. 13**.

Doc. 13. Évolution de la teneur en dioxygène de l'enceinte au cours de l'expérience

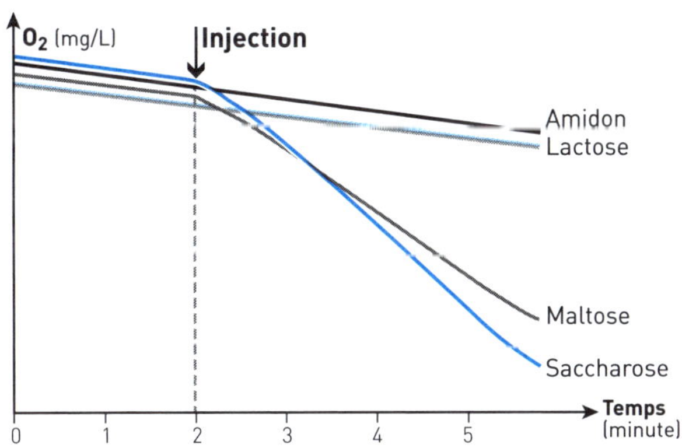

Il ne faut pas décrire les courbes séparément mais rassembler les évolutions semblables, lier les causes aux conséquences qu'il faut identifier, comparer avant et après injection.

12 RESPIRATION ET MODIFICATIONS GÉNÉTIQUES ★★★ 30 min ▸ P. 51

On peut évaluer l'intensité de la respiration en mesurant la quantité de dioxyde de carbone dégagée par des cultures de levures dans des milieux riches en dioxygène et contenant des molécules organiques **(doc. 14)**.

Doc. 14. Évolution du volume de dioxyde de carbone dégagé par la solution de levures au cours de l'expérience

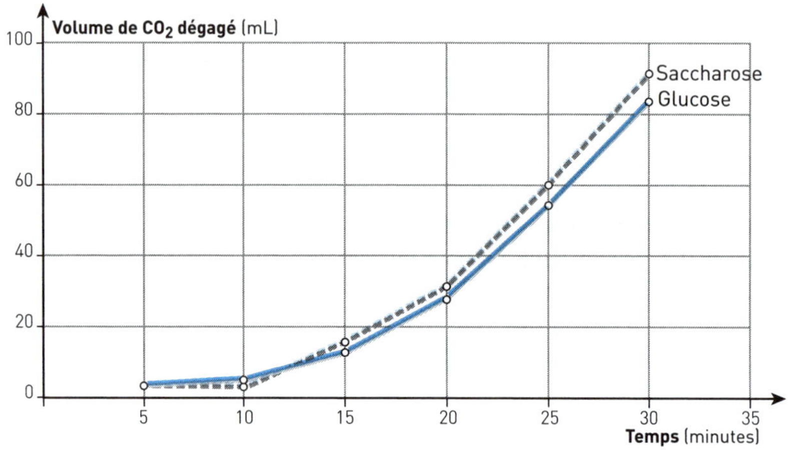

a. Combien y a-t-il d'expériences effectuées ?

b. Que peut-on déduire de l'étude de ces résultats ?

Il faut comparer les deux courbes.

c. Les levures « SNF » ont subi une modification du gène indispensable à la transformation du saccharose en glucose. Une molécule de saccharose est constituée de deux sucres simples de même formule $C_6H_{12}O_6$ (un glucose et un fructose) liés. À l'aide du **doc. 15**, discuter du métabolisme de ces levures mutantes.

Comparer les résultats des levures normales et mutantes avec le glucose puis avec le saccharose.

Doc. 15. Évolution du volume de dioxyde de carbone dégagé par la solution de levures mutantes SNF au cours de l'expérience

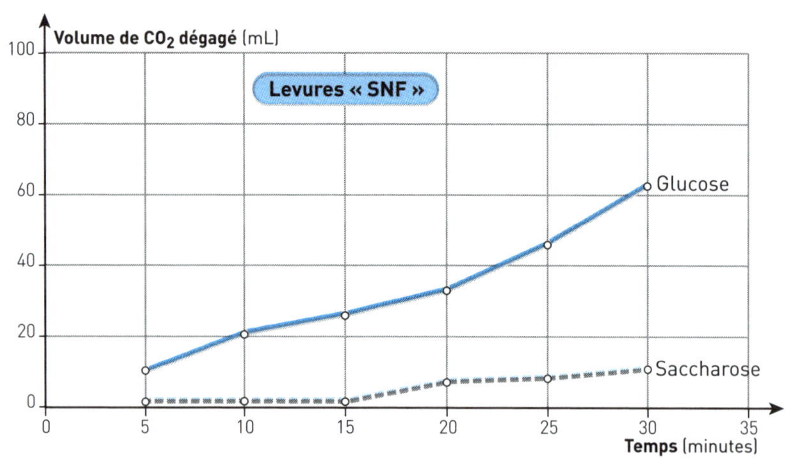

CONTRÔLE

13 LA STRUCTURE CELLULAIRE | ★ | 20 min | ▸ P. 52

a. Réaliser un schéma titré et annoté de la cellule du doc. 16.

b. Quels sont les arguments permettant d'affirmer que cette cellule est eucaryote ?

c. Déterminer si c'est une cellule animale ou végétale en justifiant le choix.

Doc. 16. Observation d'une cellule au microscope

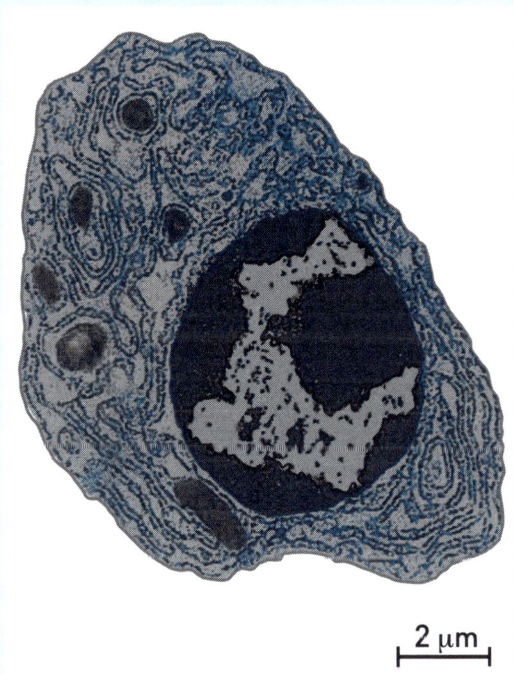

14 LES MÉTABOLISMES DES LEVURES | ★★★ | 40 min | ▸ P. 52

Les levures sont des cellules qui, en plus de la respiration, peuvent dans certaines conditions réaliser la fermentation alcoolique qui est à l'origine de la production d'alcool dans la fabrication du vin.
Afin d'étudier ce phénomène, on place des levures dans une enceinte hermétique où on mesure les concentrations en O_2, en CO_2 et en éthanol (doc. 17). L'expérience débute à $t = 0$ min et on ajoute 1 g de glucose à la suspension à $t = 2$ min.

Doc. 17. Évolution de la concentration en dioxygène, en dioxyde de carbone et en éthanol de l'enceinte au cours de l'expérience

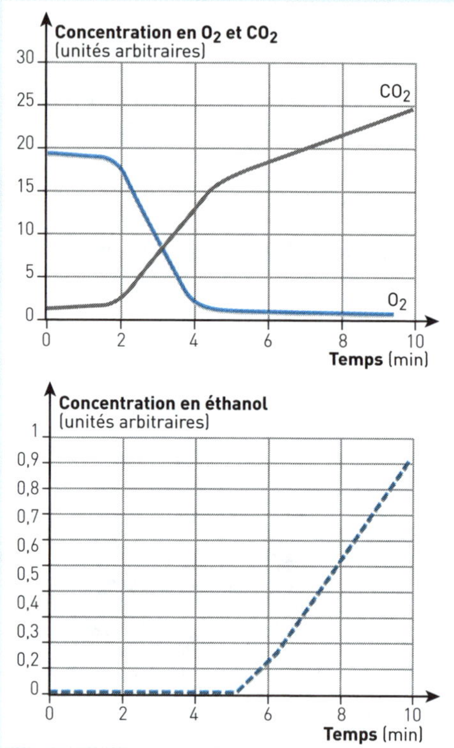

Parallèlement à ces mesures, on utilise des bandelettes glucotest pour mesurer la quantité de glucose présent dans le milieu. Les résultats sont regroupés dans le **doc. 18**.

Doc. 18. Mesure du glucose par bandelettes glucotest

Temps (min)	0	2	3	4	6	8	10
Dosage de glucose dans l'enceinte (g/L)	0	10	8	5	3	1,5	0,5

a. Que font les levures pendant la période entre $t = 2$ min et $t = 4$ min ?
b. D'après les conditions du milieu, les cellules peuvent-elles réaliser la respiration après 5 minutes ?
c. Quels arguments, dans l'ensemble des documents, vous permettent d'affirmer qu'elles sont encore actives après 5 minutes ?
d. D'après les données recueillies dans les expériences, expliquez quels sont les réactifs (matière première utilisée) et les produits de la fermentation alcoolique qui se déroule après $t = 5$ min.

CORRIGÉS

1 QUELQUES MOTS-CLÉS

1. Réponses fausses : a car il y a le cas des hématies qui n'ont pas de noyau ; et c car les chloroplastes ne sont présents que dans les cellules chlorophylliennes (végétales), une cellule animale, par exemple, n'en a pas.
2. Réponses fausses : c car la cellule musculaire par exemple peut effectuer la respiration ou la fermentation ; d et e car le métabolisme dépend de l'information génétique et des facteurs du milieu.
3. Réponses fausses : b car il y a de l'oxygène dans les deux types de matière ; et d car tous les êtres vivants ont dans leur composition de la matière organique en plus de la matière minérale.

2 LES ÉCHELLES DU VIVANT

Atome – H_2O – noyau cellulaire – bactérie – globule rouge – foie – organisme humain.

3 LES CARACTÉRISTIQUES STRUCTURELLES DE QUELQUES ÊTRES VIVANTS

1. a, b, d ; **2. a, b, d** ; **3. a, b, d** ; **4. b, c** ; **5. a, b, d, e** ; **6. b, c** ; **7. b, c, d**.

4 LA STRUCTURE D'UNE CELLULE

Les deux cellules sont à annoter en parallèle pour déterminer leurs points communs et leurs différences.

A et G : noyau.
B et I : mitochondrie.
D et H : membrane plasmique.
C et K : cytoplasme.
E : chloroplaste.
F : vacuole.
J : paroi squelettique.

Cellule 1 : cellule animale. Cellule 2 : cellule végétale chlorophyllienne.

5 LA MATIÈRE VIVANTE ET LA MATIÈRE INERTE

On calcule, à partir des données du diagramme circulaire, les proportions de matière dans le pain.
Matière minérale : eau (37 %) et sels minéraux (1,1 %) soit 38,1 % de la masse du pain.
Matière organique : glucides (54 %), lipides (0,9 %) et protides (7 %) soit 61,9 % de la masse du pain.
Le pain contient donc 38,1 % de matière minérale et 61,9 % de matière organique ou carbonée qui n'existe que dans la matière vivante. Le pain est donc constitué de matière vivante et de matière minérale.

6 LE NEURONE : UNE CELLULE

Les réponses correctes sont : **a, d, f, g**. Le neurone est uniquement spécialisé dans la transmission du message nerveux. Il est incapable de se diviser, mais sa structure et son métabolisme sont semblables à ceux des autres cellules.

7 LES CELLULES SOUCHES SANGUINES

c, d, f, g. La cellule souche de moelle osseuse permet, par division, de donner les cellules spécialisées du sang, mais aussi d'autres cellules souches. Sa structure et son métabolisme sont semblables à ceux des autres cellules.

8 DIFFÉRENCES ENTRE MATIÈRE ORGANIQUE ET MINÉRALE

La matière vivante contient des atomes de carbone et d'hydrogène ; si un des deux atomes est absent, la matière est donc dite inerte.

Présence de C et H = matière organique : glucose – essence – méthane – huile d'olive.
Absence de C ou H = matière minérale : sel de mer – dioxyde de carbone – quartz – diamant.

9 STRUCTURE ET TAILLE D'UNE CELLULE

1. a car on voit des organites dans la cellule.
2. d car le repère de l'échelle donne 2 µm et la longueur du noyau est à peu près 7 fois ce repère.

10 LE MÉTABOLISME DES LEVURES

a. Les levures consomment du sucre pour leur métabolisme, et s'il y a présence d'O_2, elles effectuent la respiration ; on pourra donc constater une absorption d'O_2. Ainsi, si le sucre est utilisé, la quantité d'O_2 diminue ; s'il n'est pas utilisé, elle reste constante.

Il faut partir des résultats chiffrés pour montrer s'il y a utilisation du O_2 et donc du sucre.

b. La quantité d'O_2 diminue dans le milieu 1, elle passe d'environ 9,5 à 1 mg/L, les levures utilisent donc le glucose présent dans le milieu.
La quantité d'O_2 est constante à environ 9,5 mg/L dans le milieu 2, les levures n'utilisent donc pas le galactose présent dans ce milieu.
c. La quantité d'O_2 diminue dans le milieu 3, elle passe d'environ 9,5 à 7 mg/L ; les levures utiliseraient le galactose présent dans le milieu. Ceci est étonnant car elles ne sont pas capables de le faire dans le milieu 2. Les résultats du milieu 3 peuvent s'expliquer par l'apport de glucose dans un premier temps une heure avant l'expérience car c'est la seule différence avec le milieu 2. Cet apport a permis d'initier la respiration qui continue mais en proportion plus faible.

11 EXPLOITER DES RÉSULTATS EXPÉRIMENTAUX

Lecture des courbes ou analyse

Avant l'injection, la concentration en O_2 diminue lentement.

Après l'injection d'amidon ou de lactose, cette concentration continue de diminuer faiblement.

Après injection de saccharose ou de maltose, la concentration en O_2 diminue rapidement.

Interprétation

En présence d'O_2, la levure respire : elle utilise de l'O_2 et une molécule pour produire de l'énergie.

Au début de l'expérience, la levure a épuisé ses réserves : elle utilise peu d'O_2, sa respiration est peu importante.

L'injection d'amidon ou de lactose ne change rien : la levure n'utilise pas ces glucides.

Par contre, l'injection de saccharose ou de maltose provoque une consommation importante d'O_2 : la levure peut utiliser ces deux sucres pour respirer.

12 RESPIRATION ET MODIFICATIONS GÉNÉTIQUES

a. Il y a deux courbes, donc deux expériences. Dans l'une d'entre elles, on fournit aux levures du glucose, dans l'autre, du saccharose ; c'est le seul facteur qui change.

Il faut partir des résultats chiffrés pour montrer s'il y a production de CO_2 et donc respiration et utilisation du sucre.

b. Le volume de CO_2 augmente dans les deux milieux, mais un peu plus avec le saccharose qu'avec le glucose. Les levures produisent du CO_2, elles effectuent donc la respiration dans les deux cas, mais l'intensité de cette respiration est légèrement plus importante avec le saccharose qu'avec le glucose.

c. Le volume de CO_2 augmente dans les deux milieux, mais environ dix fois plus avec le glucose qu'avec le saccharose. Les levures mutantes effectuent donc la respiration dans les deux cas, mais l'intensité avec le glucose est bien plus importante qu'avec le saccharose.

L'utilisation du glucose est à peu près la même que chez les levures normales, c'est pour l'utilisation du saccharose qu'il y a une différence très significative. Chez les mutantes, cette utilisation est pratiquement nulle. La modification d'une partie de leur matériel génétique entraîne la perte de la capacité à utiliser le saccharose pour produire du glucose et l'utiliser pour la respiration.

Le matériel génétique détermine donc le métabolisme cellulaire.

13 LA STRUCTURE CELLULAIRE

a. Doc. 19. **Schéma d'interprétation d'une cellule observée au microscope**

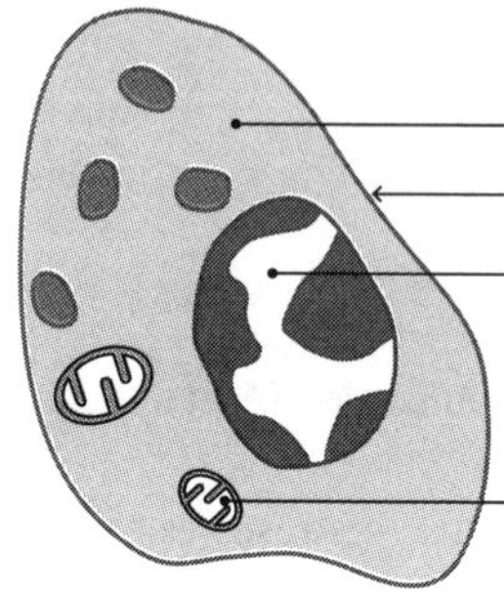

b. On voit sur l'image des mitochondries et un noyau qui sont des organites. C'est donc une cellule organisée de type eucaryote.
c. On note l'absence de paroi squelettique, de vacuole et de chloroplaste, c'est donc une cellule animale.

14 LES MÉTABOLISMES DES LEVURES

Il faut bien lire les périodes durant lesquelles on suit l'évolution des paramètres. Pour chaque période, il faut étudier l'ensemble des données.

a. Pendant la période entre $t = 2$ min et $t = 4$ min, la quantité d'O_2 diminue dans l'enceinte, les levures utilisent donc ce gaz. Pendant la même période, la quantité de CO_2 augmente, elles produisent donc ce gaz. Avec absorption d'O_2 et rejet de CO_2, les levures effectuent la respiration. Dans le même temps, la quantité d'éthanol reste nulle, elles n'en produisent pas donc n'effectuent pas la fermentation. D'après le doc. 18, la quantité de glucose diminue de 10 à 5 g/L, ce qui montre son utilisation. Les levures effectuent la respiration entre 2 et 4 minutes en utilisant le glucose et le dioxygène présents dans le milieu.
b. Après 5 minutes, la quantité d'O_2 est très faible dans l'enceinte, les levures n'en ont plus assez pour respirer.
c. Après 5 minutes, la quantité de CO_2 augmente toujours, la quantité de glucose diminue encore et il y a apparition d'éthanol. Les levures absorbent le glucose et produisent du CO_2 et de l'éthanol, elles sont donc actives.
d. C'est la fermentation alcoolique qui se déroule après $t = 5$ min. D'après les résultats précédents, ce type de métabolisme permet de produire de l'énergie en absence d'O_2.
Il y a comme réactif le glucose absorbé par la cellule et comme produits le CO_2 et l'éthanol que la cellule rejette dans le milieu.

3 L'ADN, support de l'information génétique

Le matériel génétique est localisé dans le noyau des cellules, il est constitué d'ADN. Comment cette molécule contient-elle l'information permettant de déterminer les caractéristiques des cellules ? Est-ce la même molécule pour tous les êtres vivants ?

L'ESSENTIEL

I L'ADN, SUPPORT DE L'INFORMATION CODÉE

■ La molécule d'ADN est constituée de deux chaînes de **nucléotides complémentaires** et parallèles enroulées en **double hélice**.

■ Le **gène** est l'unité de codage de l'**information génétique**. C'est une portion d'ADN qui permet aux cellules de fabriquer une protéine. Ce sont les protéines qui déterminent les caractères d'un individu. Le gène peut être écrit sous la forme de plusieurs séquences de nucléotides ou **allèles**.

II L'ADN, UNITÉ ET VARIABILITÉ

■ **Unité**

Tous les êtres vivants ont leur matériel génétique sous forme d'ADN. L'information génétique contenue dans l'ADN y est inscrite dans un code universel. L'ADN est donc le support universel de l'information génétique. **L'universalité de l'ADN est un indice de parenté entre les êtres vivants.**

■ **Variabilité**

Les allèles d'un gène sont à l'origine des différences des caractères entre les individus. **La variabilité de l'ADN est à l'origine de la diversité du vivant**.

Les mots-clés du lexique

ADN, allèle, gène, mutation, nucléotide, transgénèse.

LE COURS

I L'ADN, SUPPORT DE L'INFORMATION CODÉE

1. L'ADN est une macromolécule

■ **La molécule d'ADN est constituée de deux brins parallèles enroulés en double hélice.**

■ Chaque brin est constitué d'une succession **de nucléotides ou chaîne de nucléotides**. Chaque nucléotide est constitué :

– d'un groupement phosphate, un désoxyribose (glucide) qui forment le « squelette » de la molécule ;

– d'une base azotée. qui assure le codage. Il en existe 4 dans l'ADN : la **G**uanine, la **C**ytosine, l'**A**dénine et la **T**hymine (**G**, **C**, **A** et **T**).

Il existe donc **4 nucléotides différents**.

■ Les deux brins d'ADN sont unis par des liaisons faibles entre les bases des nucléotides qui respectent une règle de complémentarité : un nucléotide à adénine est associé à un nucléotide à thymine, un nucléotide à cytosine est associé à un nucléotide à guanine (**doc. 1**).

2. Des séquences de nucléotides variables

■ Un **gène** est l'unité de codage de l'information génétique. C'est une portion d'ADN dont la longueur peut varier de quelques dizaines à plusieurs milliers de nucléotides.

■ Un gène « code » (contient les informations) pour produire une **protéine**. C'est le « plan de fabrication » de la protéine qui déterminera la présence d'un caractère chez un individu (exemples : couleur des yeux, fonctionnement d'une cellule…).

■ Les gènes existent sous plusieurs versions ou écritures différentes, c'est-à-dire plusieurs **allèles**.

EXEMPLE

Pour le gène qui définit le groupe sanguin ABO, il existe chez les humains trois versions ou allèles : allèle A, allèle B, allèle O.

La comparaison de ces allèles montre que ce sont de faibles différences entre les séquences de nucléotides qui sont à l'origine des groupes sanguins chez l'Homme (**doc. 2**).

Ce qu'il faut savoir	Exercices pour s'entraîner
La structure de la molécule d'ADN	1, 2, 7, 11
La distinction entre gène et allèle	3, 4

Doc. 1. Schéma d'une molécule d'ADN

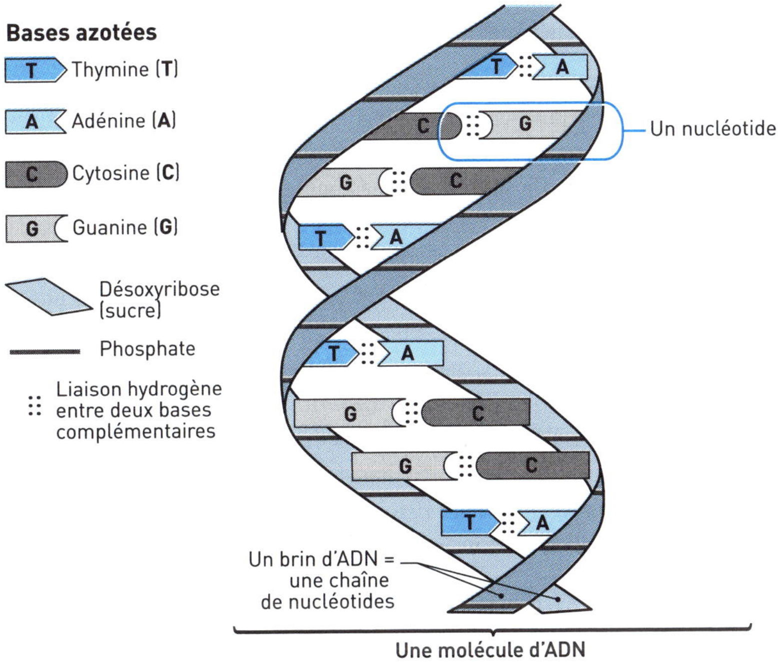

Doc. 2. Comparaison avec le logiciel *Anagène* des trois allèles du gène déterminant le groupe sanguin

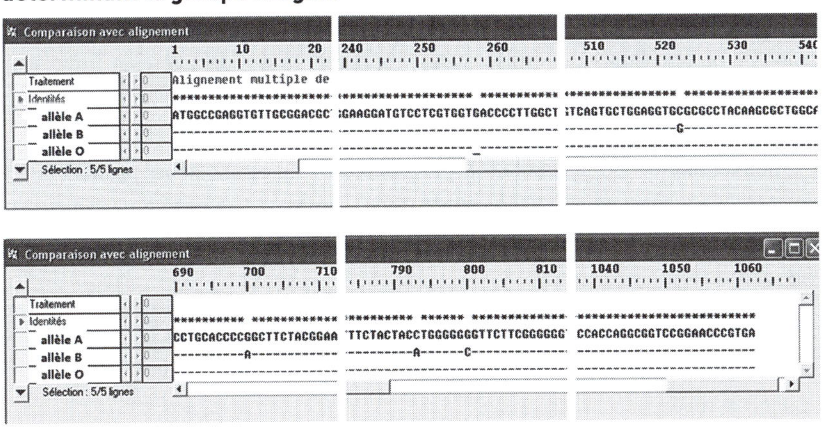

La comparaison des séquences des trois allèles (A, B et O) déterminant les groupes sanguins montre que l'allèle B a quatre nucléotides différents (n° 523, 700, 793, 800) avec l'allèle A. L'allèle O n'a qu'une seule différence avec A, il n'a pas de nucléotide 258.

II L'ADN, UNITÉ ET VARIABILITÉ

1. Unité : l'ADN, support universel de l'information génétique

■ Les diabétiques ne sont pas capables de stocker le glucose provenant de leur alimentation car il leur manque une protéine : l'insuline. Afin d'empêcher l'apparition de complications, ces malades doivent s'injecter de l'insuline lorsqu'ils mangent. La production d'insuline humaine pour le traitement des diabétiques est faite par des bactéries transgéniques qui ont reçu le gène de l'insuline humaine par transgénèse : elles peuvent alors produire de l'insuline humaine.

■ La **transgénèse** est une technique qui consiste à transférer un gène d'une cellule d'une espèce à celle d'une autre. Elle a pour objectif de donner à l'organisme receveur de ce gène (OGM : Organisme Génétiquement Modifié) un nouveau caractère jugé intéressant par l'Homme (doc. 3).

■ Cette technique, dans l'exemple de la production de l'insuline humaine par des bactéries, montre que l'ADN humain transféré contient des informations qui peuvent-être utilisées aussi bien par l'Homme que par la bactérie : **le codage de l'information dans l'ADN est universel**.

2. Variabilité de l'ADN et diversité des individus

■ Un changement de nucléotide(s) dans la séquence d'ADN a pour conséquence la modification de l'information génétique ; c'est une **mutation**. C'est un phénomène **rare et aléatoire** (qui se fait au hasard).

■ **Allèles et diversité**

Les individus au sein d'une espèce ont les mêmes gènes mais des allèles différents, ce qui explique leurs différences. La diversité des caractères à l'intérieur d'une espèce repose sur la diversité des allèles et donc sur les mutations (doc. 4).

■ **Allèles et maladies**

Un nouvel allèle créé par mutation peut changer une ou plusieurs protéine(s) et donc des caractères de l'individu qui le porte. Les maladies génétiques sont provoquées par certains allèles qui codent pour une protéine anormale qui ne remplit pas sa fonction.

Ce qu'il faut savoir	Exercices pour s'entraîner
Comprendre la transgénèse	5, 8, 10, 12
Définir et repérer des mutations	4, 6, 9, 13

Doc. 3. Principe de la transgénèse

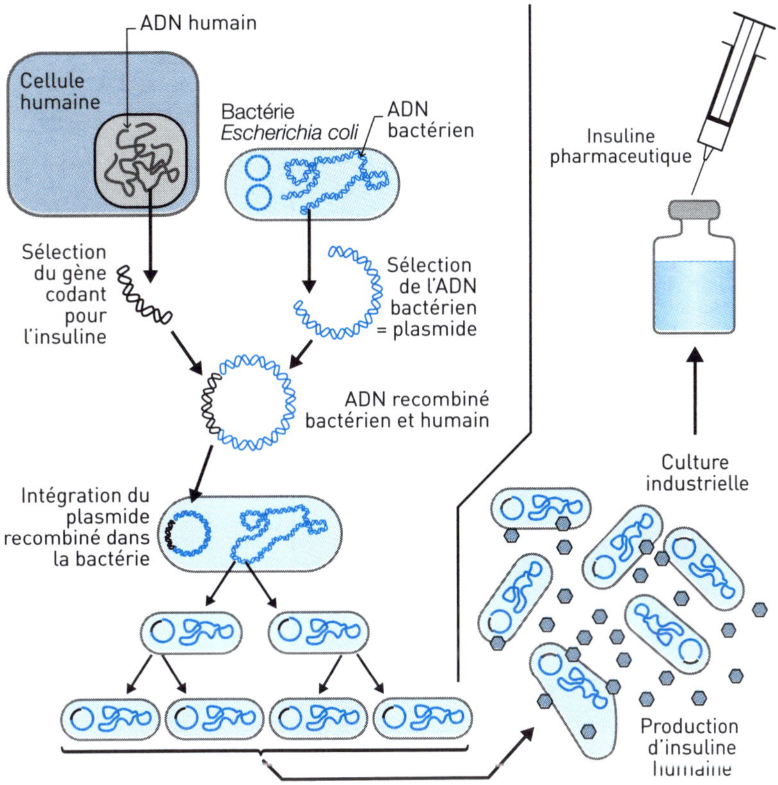

Doc. 4. Mutations et variabilité de l'ADN

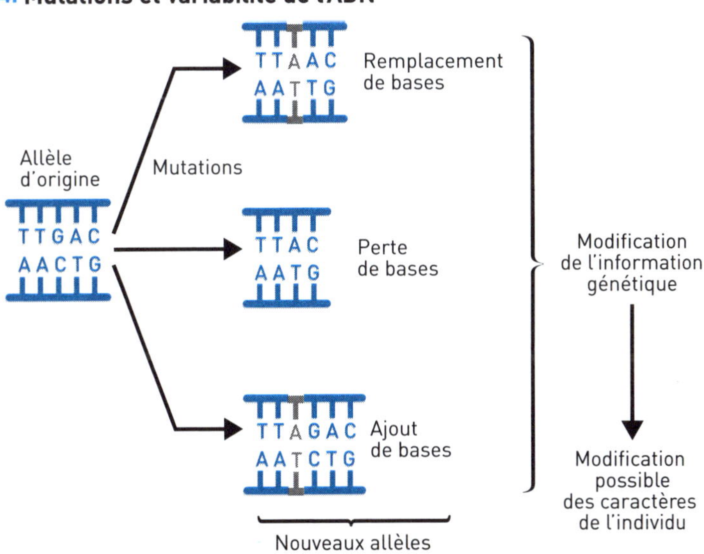

BILAN

Doc. 5. ADN : molécule informative, universelle et variable

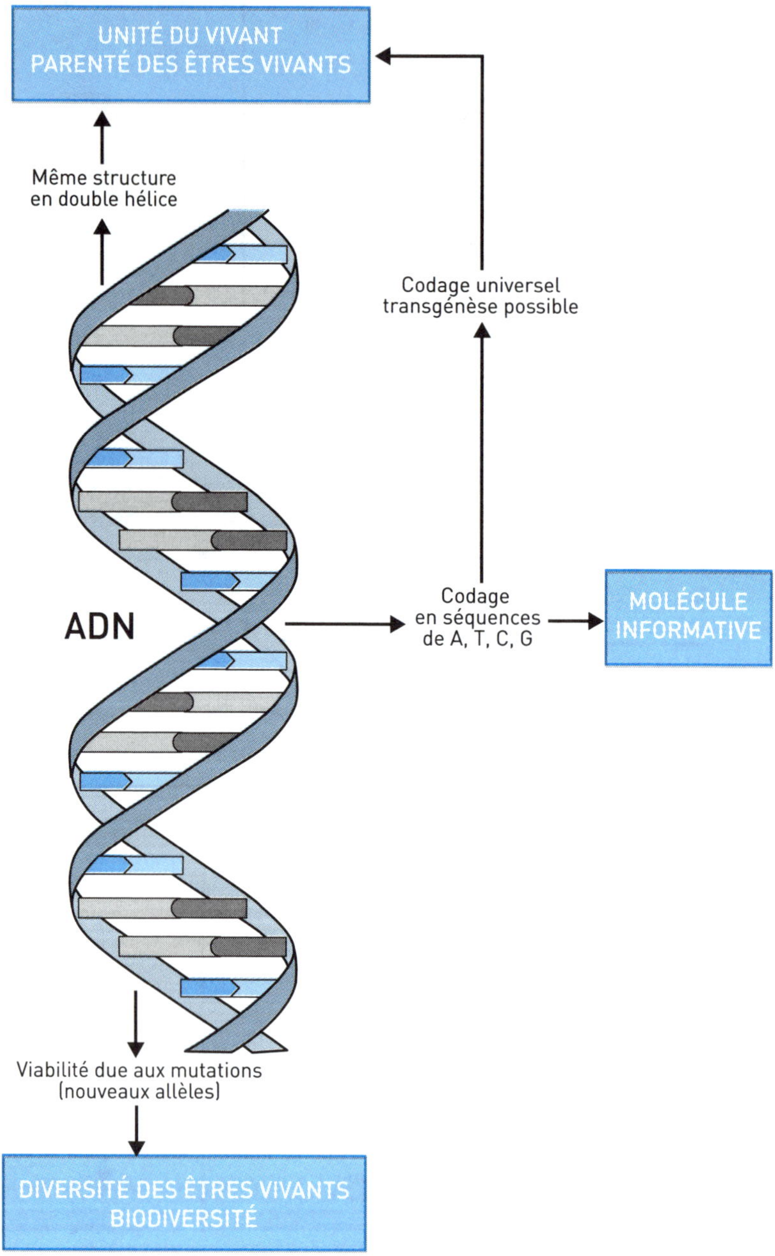

SAVOIR-FAIRE

Comparer des séquences de nucléotides

Des logiciels tels qu'*Anagène* permettent de comparer des séquences de nucléotides afin de connaître l'origine de nouveaux allèles et donc le type de mutations subies.

Il faut bien comprendre que ce type de logiciel ne présente en réalité qu'un seul brin sur les deux brins d'ADN qui constituent l'allèle étudié. Le deuxième brin n'est pas représenté pour simplifier la lecture comparative des allèles, et parce que l'on peut retrouver leur séquence par complémentarité à partir de leur premier brin.

EXEMPLE

On prend l'exemple des allèles du gène déterminant le groupe sanguin ABO humain.

■ **Première étape**

Dans un premier temps, on peut comparer les nucléotides dans les séquences des différents allèles du gène étudié et le nombre total de nucléotides.

Doc. 6. Séquences des trois allèles du gène déterminant le groupe sanguin

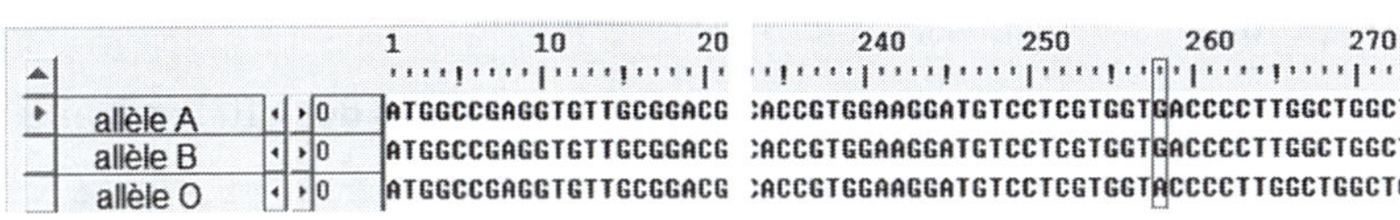

Les séquences des allèles A et B semblent identiques.

De nombreux nucléotides de l'allèle O sont différents comme dans l'encadré dessiné sur le **doc. 6**.

Si on observe la fin des séquences, on remarque que l'allèle O a une longueur de 1061 au lieu de 1062 nucléotides. L'allèle O a donc un nucléotide en moins par rapport aux allèles A et B.

■ Seconde étape

On peut comparer les séquences, nucléotide par nucléotide, avec l'application « comparaison simple » (doc. 7).

Doc. 7. Comparaison simple des séquences de nucléotides des trois allèles du gène déterminant le groupe sanguin

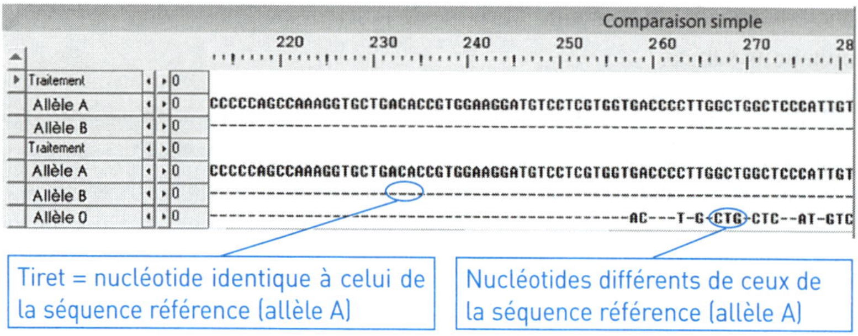

La présence d'un tiret indique une identité (il y a le même nucléotide) par rapport à la séquence de référence (première ligne), la présence d'une lettre indique la présence d'un nucléotide différent.

Comparaison des séquences A et O

Il y a de nombreuses différences entre l'allèle O et la séquence de référence de l'allèle A, presque tous les nucléotides changent à partir de la 258e position.

Comparaison des séquences A et B

Doc. 8. Comparaison simple des séquences entières des allèles A et B

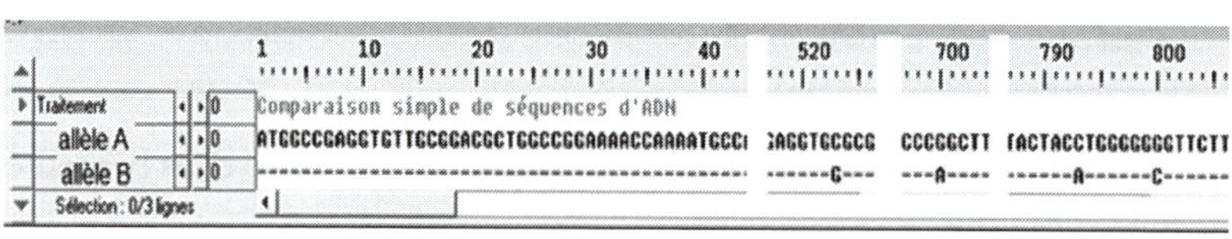

On note quatre différences de nucléotides (doc. 8) :
- en position 523 : l'allèle A a un C, l'allèle B un G ;
- en position 700 : l'allèle A a un G, l'allèle B un A ;
- en position 793 : l'allèle A a un C, l'allèle B un A ;
- en position 800 : l'allèle A a un G, l'allèle B un C.

Les mutations à l'origine de l'allèle B à partir de l'allèle A sont des substitutions, il y a quatre fois le remplacement d'un nucléotide par un autre.

■ Troisième étape

Comme l'allèle O est plus court d'un nucléotide, on effectue une comparaison avec alignement de discontinuité qui permet de mettre au maximum en parallèle les nucléotides identiques des séquences **(doc. 9)**.

Doc. 9. Comparaison avec alignement des discontinuités des séquences de nucléotides des allèles du gène déterminant le groupe sanguin

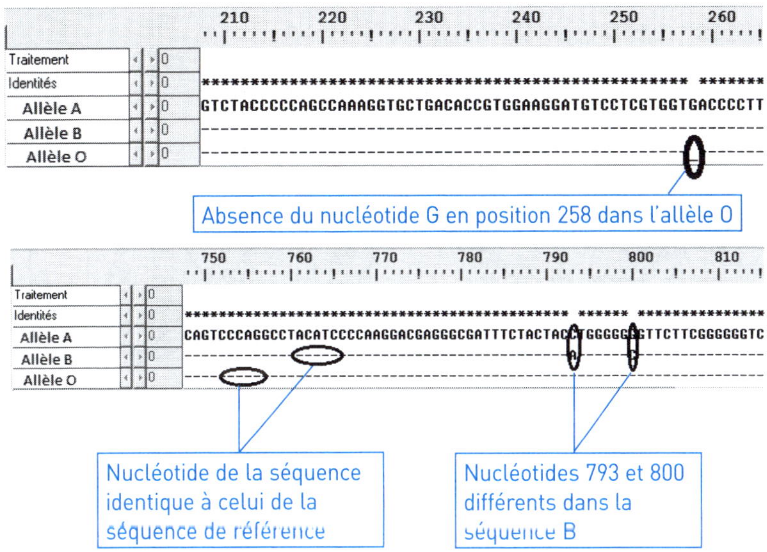

Les étoiles de la première ligne indiquent les nucléotides identiques. L'absence d'étoile montre la position de la différence.

Pour l'allèle B, on retrouve les mêmes différences.

Pour l'allèle O, on voit qu'il manque le nucléotide G en position 258 par rapport à l'allèle A.

Cette mutation, qui est la suppression d'un nucléotide, est appelée délétion ; elle est à l'origine de l'allèle O.

Exercices 9 et 13

EXERCICES D'APPLICATION

1 LA STRUCTURE DE LA MOLÉCULE D'ADN | ★ | 10 min | ▸ P. 69

Titrer, compléter et annoter le schéma suivant.

Doc. 10. Titre du schéma

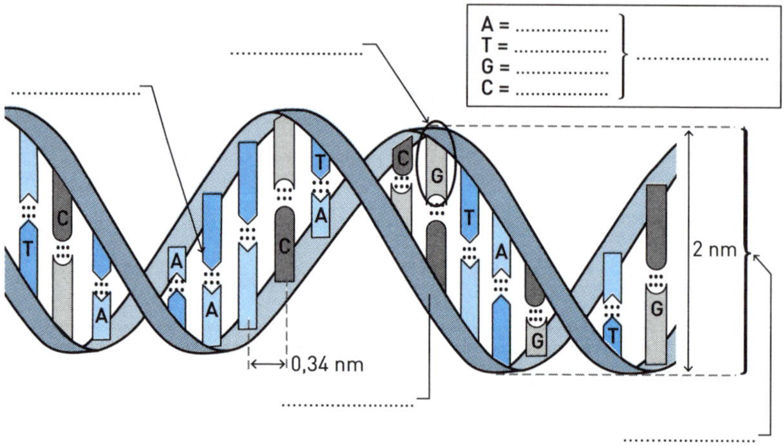

2 LES CARACTÉRISTIQUES DE L'ADN | ★ | 5 min | ▸ P. 69

Indiquer si ces affirmations sont exactes ou fausses et justifier.

Une molécule d'ADN :

a. est constituée d'une chaîne de nucléotides.

b. présente toujours une structure en double hélice.

c. contient autant de thymine que de cytosine.

d. est une molécule organique informative.

3 LES NOTIONS D'ALLÈLE ET DE GÈNE | ★ | 5 min | ▸ P. 69

Indiquer si ces affirmations sont exactes ou fausses et justifier.

Les différents allèles d'un gène :

a. sont des mutations.

b. sont des versions d'un gène.

c. ont des séquences de nucléotides différentes.

d. sont sur des chromosomes différents.

4 QUELQUES MOTS CLÉS | ★ | 5 min | ▸ P. 69

Faire une phrase contenant les mots suivants : mutation, gène, allèle.

5 LA TRANSGÉNÈSE | ★ | 5 min | ▸ P. 69

Indiquer si ces affirmations sont exactes ou fausses et justifier.

La transgénèse :

a. modifie les caractéristiques génétiques des organismes donneurs.

b. permet l'acquisition d'une nouvelle information génétique chez le receveur.

c. permet la production d'une nouvelle protéine chez le donneur.

d. démontre que les êtres vivants n'ont pas tous de l'ADN.

6 LA MUTATION | ★ | 5 min | ▸ P. 70

Indiquer si ces affirmations sont exactes ou fausses et justifier.

Une mutation :

a. crée un nouveau gène.

b. modifie la séquence de nucléotides de l'ADN.

c. a plus de probabilité de survenir en présence d'UV.

d. peut être à l'origine d'un nouveau caractère.

e. se fait au hasard dans l'ADN.

EXERCICES D'ENTRAÎNEMENT

7 UN ASPECT DE LA STRUCTURE DE L'ADN | ★ | 10 min | ▸ P. 70

Les molécules d'ADN sont différentes les unes des autres.

Doc. 11. Quantités relatives (en %) des quatre types de bases dans des molécules d'ADN extraites chez différents êtres vivants

Bases azotées	C	A	G	T
Homme	19,8	30,9	19,9	29,4
Levure	18,1	31,3	18,7	31,9
Blé	22,8	27,3	22,7	27,2
Poule	21,5	28,5	20,5	29,3
Incertitude des mesures : +/- 0,1 %				

a. Identifier un aspect remarquable dans les valeurs obtenues.

Cet aspect remarquable doit être vrai pour les quatre espèces présentées.

b. Expliquer cet aspect remarquable grâce à la structure de l'ADN.

c. D'après ces données, l'ADN montre-t-elle une unité ou une diversité des êtres vivants ?

8 LES SAUMONS TRANSGÉNIQUES

★★ | 20 min | ▸ P. 70

Dans les expériences de transgénèse, on transfère un gène (appelé transgène) d'un individu donneur vers un autre individu receveur, souvent une espèce différente. L'objectif est que le receveur puisse produire la protéine intéressante codée par le transgène, ce qui lui confère une propriété nouvelle.

On a créé des saumons d'élevage transgéniques qui grandissent 4 à 6 fois plus vite et beaucoup plus que les saumons normaux (doc. 12).

Pour obtenir de tels individus, on transfère un gène de croissance dans les œufs normaux de saumon. Ce gène, qui provient d'une autre espèce, l'anguille de roche, permet la production continue d'hormone de croissance.

Le saumon transgénique qui naît produit l'hormone de croissance en continu tout au long de l'année. Il grandit plus vite et davantage par rapport aux saumons non transgéniques qui, eux, ne produisent pas l'hormone toute l'année et en si grande quantité.

Doc. 12. Deux saumons d'élevage au même âge

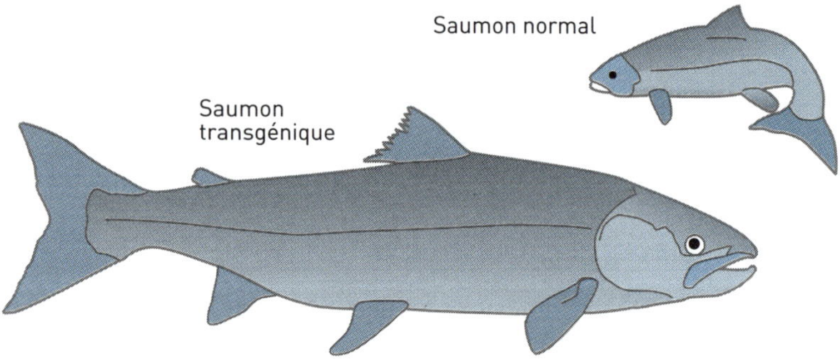

Indiquer les propositions exactes et corriger celles qui sont erronées.

a. L'organisme donneur dans cette transgénèse est le saumon.

b. L'organisme donneur dans cette transgénèse est l'anguille de roche.

c. Un saumon transgénique grandit 4 à 6 fois plus vite qu'un saumon normal, seulement car il mange plus.

d. Le saumon transgénique produit une nouvelle protéine : l'hormone de croissance.

e. Le saumon transgénique est un OGM.

f. Le saumon transgénique transmettra le gène de croissance à ses descendants.

9 LA PHÉNYLCÉTONURIE

★★ | 30 min | ▶ P. 70

La phénylcétonurie est une maladie génétique grave affectant 1 nouveau-né sur 16 000 en France. Elle est due à la présence d'une protéine (la PAH) non fonctionnelle. Chez les individus sains, le foie produit une PAH fonctionnelle et permet de détruire une molécule, la phénylalanine, en excès dans l'organisme. Chez les malades atteints de phénylcétonurie, la PAH non fonctionnelle ne permet pas la dégradation de la phénylalanine qui s'accumule dans le sang et devient toxique. Cet excès de phénylalanine entraîne des perturbations au niveau des cellules nerveuses, ce qui provoque un retard mental important et irréversible.

a. D'après le texte, à quoi sont dus les symptômes de la maladie ?

> Repérer avec des couleurs différentes le vocabulaire spécifique qui revient dans le texte afin d'éviter des confusions, et repérer les symptômes de la maladie (il faut chercher les données sur les caractéristiques d'un individu atteint de la maladie).

Doc. 13. Séquences de nucléotides d'un individu sain et d'un malade atteint de phénylcétonurie

Allèle PAH d'un individu sain

▼1 ▼1220 ▼1245 ▼1359

ATGTCCACT .... CTCGGCCCTTCTCAGTTCGCTACGAC .... ATAAAGTAA

Allèle PAH d'un individu atteint de la phénylcétonurie

▼1 ▼1220 ▼1245 ▼1359

ATGTCCACT .... CTCAGCCCTTCTCAGTTCGCTACGAC .... ATAAAGTAA

Les portions d'ADN non représentées sont identiques chez tous les individus.

▼ Position du nucléotide dans la séquence

b. Les séquences du **doc. 13** sont-elles issues d'un même gène ou de deux gènes différents ?

c. Comparer les séquences et noter précisément les différences s'il y en a.

d. Quelle est donc la cause de la maladie ?

e. Si la maladie est décelée à la naissance, un régime alimentaire sans phénylalanine est suivi par le malade. Dans ce cas, les symptômes n'apparaissent pas. En quoi un régime alimentaire strict peut empêcher l'apparition des symptômes ?

EXERCICES D'APPROFONDISSEMENT

10 LE MAÏS TRANSGÉNIQUE | ★★ | 30 min | ▸ P. 71

La pyrale du maïs est un papillon dont la chenille s'attaque au maïs et consomme les tiges, les feuilles et les épis qui deviennent impropres à la vente et la récolte est alors très diminuée. Environ 20 % des surfaces cultivées sont atteintes par ce ravageur. L'utilisation d'insecticides comporte des inconvénients dont l'atteinte d'insectes non nuisibles, la pollution possible des eaux souterraines et de surface, la faible efficacité contre les larves qui se développent à l'intérieur des épis et le surcroît de travail et de coût pour l'agriculteur.

a. Quels sont les effets de la pyrale et de son traitement par insecticide ?

Une bactérie appelée *Bacillus thuringiensis* produit une substance chimique appelée Bt, toxique pour la larve de pyrale mais inoffensive pour l'Homme.

Doc. 14. Production de maïs transgénique

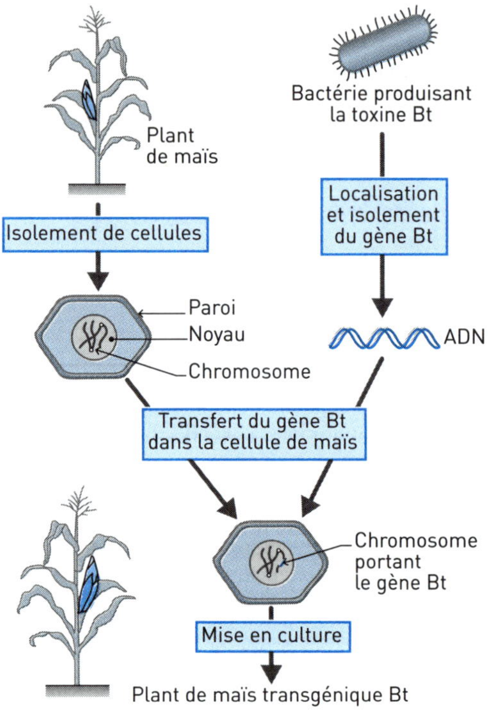

b. Quels sont le donneur et le receveur dans cette transgénèse ?

c. Résumer les différentes étapes de cette manipulation.

d. Quelle caractéristique de l'ADN montre cette expérience ?

e. Quelle est la particularité du maïs Bt et quel est l'intérêt de le cultiver pour un agriculteur ?

CONTRÔLE

11 LA STRUCTURE DE L'ADN | ★★ | 10 min | ▸ P. 71

Schématiser un fragment de molécule d'ADN constitué de 12 nucléotides en annotant ce schéma.

12 LA LUTTE CONTRE LES CHARANÇONS ET LA TRANSGÉNÈSE | ★★ | 20 min | ▸ P. 72

Les charançons sont des insectes qui se nourrissent de graines de céréales aussi bien dans les champs que dans les stockages en silo, ce qui pose un problème de productivité aux agriculteurs (doc. 15).

Doc. 15. Charançons sur des grains de riz

Or, l'utilisation d'insecticides pose le problème de la nocivité de ces molécules dans l'alimentation. Une étude a montré que les charançons peuvent être élevés sur des châtaignes ou des glands, mais qu'ils meurent rapidement sur des pois cassés. Cette observation a ainsi permis de poursuivre les recherches sur la présence d'un facteur toxique dans les pois cassés. Le facteur a été identifié et isolé : il s'agit d'une protéine régulièrement consommée par l'Homme et les animaux mais non toxique pour eux.

a. Pourquoi vouloir détruire les charançons ?

b. Comment peut-on détruire les charançons ? Quels sont les inconvénients de cette technique ?

c. Quelle méthode de transgénèse proposer pour obtenir des céréales résistantes aux charançons ?

13 LA DRÉPANOCYTOSE ★★ | 30 min | ▸ P. 72

La drépanocytose est une anomalie de l'hémoglobine (protéine des globules rouges qui permet de transporter l'oxygène dans le sang).

L'hémoglobine normalement présente dans les globules rouges est appelée hémoglobine « A ».

Chez les sujets atteints de drépanocytose, l'hémoglobine A (HbA) est remplacée par une hémoglobine différente : l'hémoglobine S ou drépanocytaire (HbS).

Cette molécule HbS forme des fibres qui vont déformer le globule rouge qui perd alors sa capacité à circuler dans les petits vaisseaux sanguins et est rapidement détruit. La circulation sanguine est mauvaise, le nombre de globules rouges est faible, ce qui entraîne les symptômes de la maladie dont des douleurs articulaires et des essoufflements.

On recherche les causes génétiques de la maladie en comparant les allèles A et S du gène codant pour cette protéine hémoglobine.

L'allèle A permet la production de HbA, l'allèle S permet la production de HbS.

Doc. 16. Comparaison des 50 premiers nucléotides des allèles du gène de l'hémoglobine

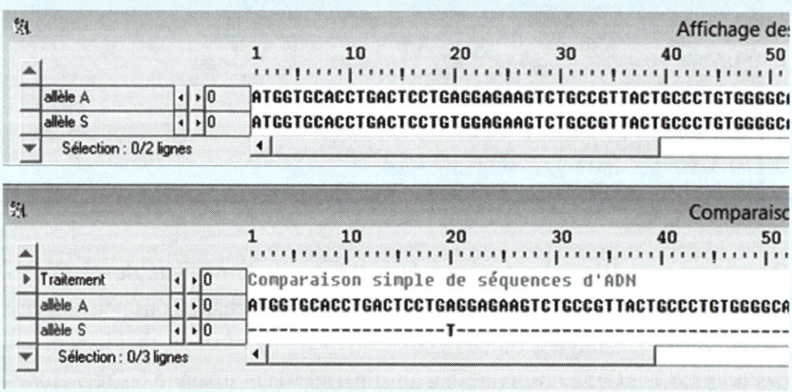

Quelle est la cause des symptômes de la drépanocytose ?

Il faut repérer précisément les différences au niveau des allèles, puis exposer les conséquences de la présence de l'allèle anormal.

CORRIGÉS

1 LA STRUCTURE DE LA MOLÉCULE D'ADN

Doc. 17. Schéma d'une molécule d'ADN

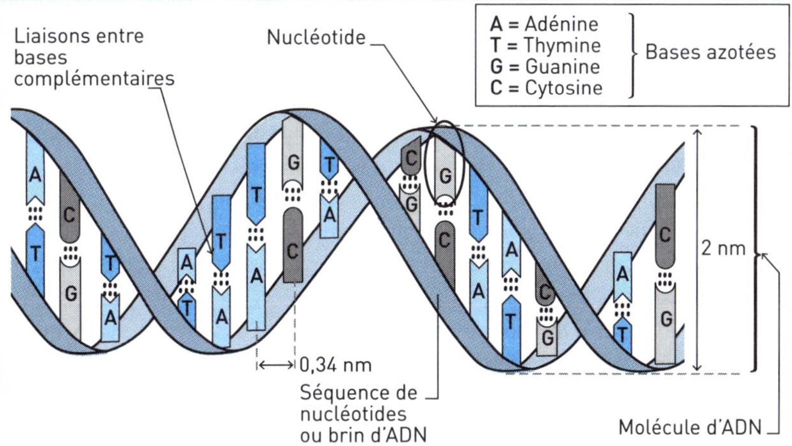

2 LES CARACTÉRISTIQUES DE L'ADN

a. Faux, une molécule d'ADN est constituée de deux chaînes de nucléotides.

b. Faux.

c. Faux, une molécule d'ADN contient autant de thymine que d'adénine ou autant de cytosine que de guanine.

d. Vrai, elle contient l'information génétique.

3 LES NOTIONS D'ALLÈLE ET DE GÈNE

a. Faux, une mutation d'un gène crée un nouvel allèle.

b. Vrai.

c. Vrai.

d. Faux, ils sont sur le même chromosome, au même endroit, puisque c'est le même gène.

4 QUELQUES MOTS CLÉS

Une **mutation** provoque un changement dans la séquence de nucléotides d'un **gène**, ce qui forme une nouvelle version de ce gène appelée **allèle**.

5 LA TRANSGÉNÈSE

a. Faux, la transgénèse modifie les caractéristiques génétiques des organismes receveurs.

b. Vrai.

c. Faux, la transgénèse permet la production d'une nouvelle protéine chez le receveur.

d. Faux, l'ADN est universel.

6 LA MUTATION

a. Faux, une mutation crée un nouvel allèle et non un gène.
b. Vrai.
c. Vrai, les UV sont des agents mutagènes qui augmentent la probabilité d'avoir une mutation.
d. Vrai.
e. Vrai.

7 UN ASPECT DE LA STRUCTURE DE L'ADN

a. Les quantités des bases dans l'ADN des êtres vivants sont relativement proches pour A et T, et G et C. Il y a donc autant de bases A que de bases T et autant de bases G que de bases C.
b. D'après la structure de l'ADN, il existe deux chaînes de nucléotides qui sont complémentaires. Cette complémentarité se fait entre les bases des deux chaînes : la base adénine est complémentaire à la base thymine, la base guanine est complémentaire à la base cytosine.
c. L'universalité de l'ADN montre une unité entre les êtres vivants tandis que les variations de proportions des bases A, T, G et C entre espèces montre plutôt une diversité entre les êtres vivants.

8 LES SAUMONS TRANSGÉNIQUES

a. Faux. Le saumon est l'organisme receveur puisque c'est lui qui obtient un gène en plus.
b. Vrai. L'organisme donneur dans cette transgénèse est l'anguille de roche, puisque l'on extrait son gène de fabrication de l'hormone de croissance.
c. Faux. Un saumon transgénique grandit 4 à 6 fois plus vite qu'un saumon normal, car il produit plus et en continu l'hormone de croissance.
d. Faux. L'hormone de croissance était déjà produite par le saumon transgénique mais il la produit en plus grande quantité et toute l'année.
e. Vrai. Le matériel génétique du saumon transgénique a été modifié, c'est donc un OGM (Organisme Génétiquement Modifié).
f. Vrai. Le gène permettant de produire plus d'hormone de croissance est intégré dans le matériel génétique du saumon. Il est alors transmis par les gamètes à ses descendants qui seront aussi transgéniques.

9 LA PHÉNYLCÉTONURIE

a. Les malades atteints de phénylcétonurie produisent une protéine PAH non fonctionnelle qui ne peut pas détruire la phénylalanine de l'organisme. Cette molécule s'accumule dans le sang et son excès devient toxique. Cette trop grande quantité de phénylalanine entraîne des perturbations au niveau des cellules nerveuses, ce qui provoque un retard mental important et irréversible.
b. Ces séquences sont celles de deux allèles ou versions d'un même gène, celui qui code pour la PAH. En haut, l'allèle normal qui permet la production d'une PAH fonctionnelle, en bas, l'allèle anormal qui permet la production d'une PAH non fonctionnelle.

c. Les deux séquences ont une même longueur de 1359 nucléotides. Il existe une seule différence au niveau du nucléotide numéro 1223 qui est un G dans l'allèle normal et un A dans l'allèle anormal.
d. La cause de la maladie est une mutation par substitution d'une guanine par une adénine au niveau du 1223e nucléotide. Le nouvel allèle provoque la production d'une PAH inactive qui entraîne un excès de phénylalanine et les symptômes de la maladie.
e. Dans le cas d'un régime alimentaire strict sans phénylalanine, il n'y a jamais d'excès de phénylalanine même si la PAH est inactive. Les symptômes n'apparaissent donc pas.

10 LE MAÏS TRANSGÉNIQUE

a. La chenille de la pyrale consomme les tiges, les feuilles et les épis du maïs. Les grains ne peuvent plus être vendus ; il y a donc une perte importante pour l'agriculteur. Pour l'éliminer, il utilise des insecticides qui peuvent détruire des insectes non nuisibles, polluer des eaux souterraines et de surface, entraîner un surcroît de travail et de coût pour l'agriculteur.
b. Le donneur est la bactérie car on en extrait le gène Bt, le receveur est le maïs car il reçoit ce gène.
c. 1. Prélèvement de cellules de maïs.
2. Isolement du gène Bt de la bactérie.
3. Transfert du gène Bt dans la cellule de maïs.
4. Obtention de cellules OGM ayant le gène Bt en plus.
5. Culture du maïs transgénique qui produit lui-même la molécule Bt.

Numéroter les étapes et bien suivre le matériel génétique des deux êtres vivants.

d. Cette expérience montre que l'ADN est universelle puisque les cellules de maïs peuvent utiliser de l'ADN de bactérie.
e. Le maïs Bt est un OGM capable de produire la substance insecticide Bt, il n'y a alors pas besoin d'utiliser des insecticides chimiques, ce qui est une économie et un gain de temps pour l'agriculteur.

11 LA STRUCTURE DE L'ADN

Doc. 18. Schéma d'un fragment d'ADN de 12 nucléotides

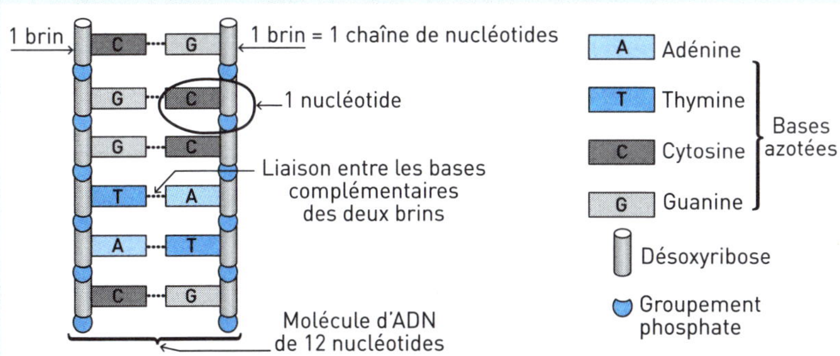

12 LA LUTTE CONTRE LES CHARANÇONS ET LA TRANSGÉNÈSE

a. Les charançons mangent les graines de céréales dans les champs mais aussi dans les silos lors de leur stockage. Il y une perte importante de la production si ces insectes ravageurs ne sont pas détruits.

b. On peut détruire les charançons avec des insecticides, mais ces substances restent sur les grains et sont nocives pour l'homme *via* son alimentation ainsi que pour l'environnement.

c. Les pois cassés ont la particularité de produire un facteur toxique qui entraîne la mort des charançons qui les mangent. Il faudrait que les céréales produisent ce facteur toxique pour tuer les charançons.
Il faut donc prélever dans les cellules de pois (organisme donneur) le gène qui code pour le facteur toxique et le transférer dans les céréales (organisme receveur) qui pourront alors produire la protéine toxique.

13 LA DRÉPANOCYTOSE

La cause de la maladie est la présence de l'allèle S dans le matériel génétique.
Si on compare les allèles A et S du gène de l'hémoglobine, on note une seule différence dans la séquence de nucléotides : dans l'allèle S, le 20e nucléotide est un T au lieu d'un A dans la séquence normale de l'allèle A.
Ensuite, il y a, pour chaque allèle, un type d'hémoglobine produit, ce qui entraîne des caractéristiques au niveau des globules rouges et de la circulation sanguine.
Si c'est un allèle A : l'hémoglobine A est normale dans les globules rouges de forme normale ; la circulation sanguine est normale et l'individu sain.
Si c'est un allèle S : l'hémoglobine S est en fibres dans les globules rouges rigides et déformés ; la circulation sanguine est difficile, le nombre de globules rouges baisse et les symptômes de la maladie apparaissent.
La cause des symptômes de la drépanocytose est donc la présence d'un nucléotide différent dans la séquence du gène de l'hémoglobine ; c'est une maladie génétique.

4 La biodiversité

La biodiversité est la diversité des êtres vivants. Elle est visible en comparant l'organisation d'un être humain et celle d'une bactérie, mais aussi à l'intérieur même de l'espèce humaine.
Son étude permet de comprendre les liens de parenté entre ces différents êtres vivants et d'expliquer leur évolution au cours du temps.

L'ESSENTIEL

I LA BIODIVERSITÉ ET LES LIENS DE PARENTÉ

- La **biodiversité** est la diversité de forme, d'organisation, de fonctionnement des êtres vivants. Elle se modifie au cours du temps sous l'effet de nombreux facteurs, dont l'activité humaine.
- Au sein de la diversité des êtres vivants, des **parentés** existent. Ces parentés fondent les groupes d'êtres vivants. Les points communs des espèces d'un même groupe suggèrent qu'elles partagent toutes **un ancêtre commun**.
- Cette organisation, ces caractères, ces molécules très proches étaient déjà présents chez l'ancêtre commun et ont été conservés au cours de l'**évolution.**
- On peut représenter les relations de parenté entre espèces à l'aide d'**arbres phylogénétiques.**

II LES BASES GÉNÉTIQUES DE LA BIODIVERSITÉ

- La **diversité des allèles** est l'un des aspects de la biodiversité au sein d'une même espèce. Les nouveaux allèles d'un gène sont créés par **mutations**.
- Ces nouveaux allèles, s'ils sont conservés au cours de l'évolution grâce à la **sélection naturelle** et la **dérive génétique**, donnent de nouveaux caractères et permettent la création de nouvelles **espèces**.

Les mots-clés du lexique

Ancêtre commun, arbre phylogénétique, biodiversité, caractères homologues, dérive génétique, écosystème, espèce, évolution, homologues, mutation, parenté, sélection naturelle.

LE COURS

I LA BIODIVERSITÉ ET LES LIENS DE PARENTÉ

1. La biodiversité

■ La biodiversité traduit les **différences** au sein du vivant : diversité des écosystèmes, diversité des espèces, diversité génétique des individus (doc. 1).

■ Les espèces actuelles ne représentent qu'une infime partie du total des espèces ayant existé depuis l'apparition de la vie. Certaines espèces ont été créées, puis ont disparu. Leurs restes constituent des fossiles qui peuvent avoir des liens de parenté avec des espèces actuelles.

■ La biodiversité n'est donc pas constante dans le temps. Des variations de climat, des événements catastrophiques (volcanisme, météorite) et l'activité humaine peuvent la modifier (élimination de certaines espèces et favorisation d'autres).

2. Les liens de parenté entre êtres vivants

■ Au-delà de ces différences existent des **ressemblances** qui sont utilisées pour établir des **liens de parenté** entre les êtres vivants.

EXEMPLE Tous les vertébrés ont une organisation commune : squelette, position des organes, axes de polarité. Cette organisation commune existait déjà chez un **ancêtre commun** et ils en ont tous hérité.

■ Les relations de parenté entre des groupes d'êtres vivants peuvent être déterminées par la comparaison de **caractères homologues**.

EXEMPLE Caractère doigts (présence ou absence), caractère placenta (présence ou absence), caractère squelette (cartilagineux ou osseux) (doc. 2).

■ Ces caractères sont utilisés pour réaliser un **arbre phylogénétique** (doc. 3).

– Le temps est représenté du bas de l'arbre vers le haut des branches.

– Les espèces actuelles sont placées en haut des branches.

– Un nœud représente le dernier ancêtre commun de toutes les espèces présentes sur les ramifications suivantes.

EXEMPLE L'innovation « os » s'est faite avant le dernier ancêtre commun à la tortue, l'aigle et l'Homme, qui la portent donc tous les trois. En revanche, le requin ne la possède pas (doc. 2 et 3).

Ce qu'il faut savoir	Exercices pour s'entraîner
Définir la biodiversité	2, 11
Mettre en évidence des facteurs modifiant la biodiversité, dont l'activité humaine	7, 10, 12
Lire un arbre phylogénétique	4, 5, 8, 13

Doc. 1. Les niveaux d'observation de la biodiversité

Planète

Diversité des écosystèmes : forêt, mare, océan, désert…

Écosystème jardin

Diversité des espèces : limace, rouge-gorge, mésange, pommier, graminée, pissenlit, vers de terre…

Espèce coccinelle asiatique

Diversité génétique des individus

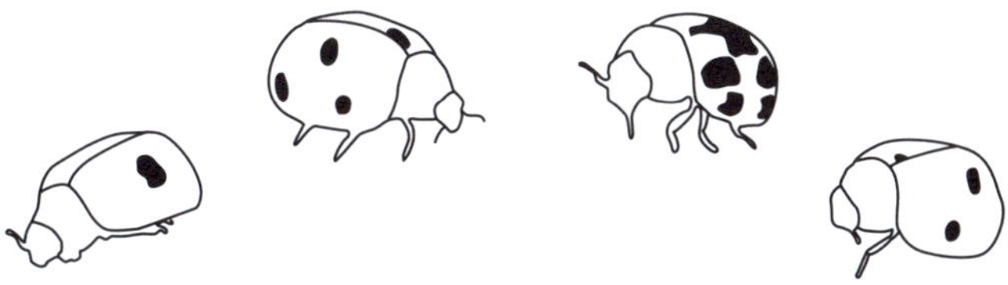

Doc. 2. Comparaisons utilisées pour définir des liens de parenté

Caractères homologues	Squelette	Placenta*	Doigts	Température
Requin	cartilagineux	absent	absents	variable
Tortue	osseux	absent	présents	variable
Aigle	osseux	absent	présents	constante
Homme	osseux	présent	présents	constante

*Placenta : organe qui permet les échanges entre le fœtus et sa mère.

Doc. 3. Arbre phylogénétique

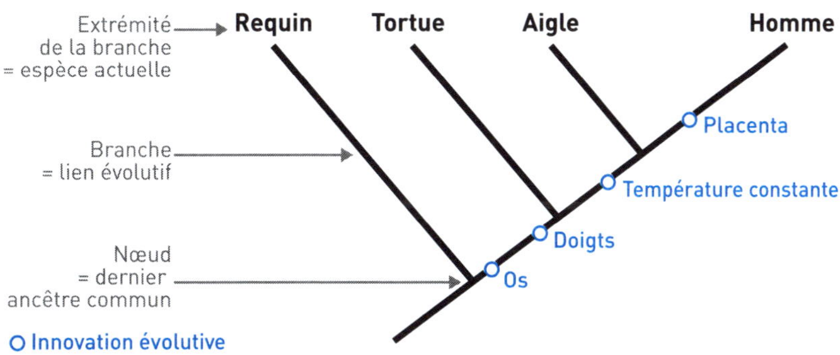

II LES BASES GÉNÉTIQUES DE LA BIODIVERSITÉ

1. La création et la transmission de nouveautés génétiques

■ Il y a création de nouveau matériel génétique principalement par **mutations** qui créent de nouveaux allèles (chapitre 3).

■ Pour que les nouveaux allèles soient transmis de génération en génération au sein de l'espèce, il faut que :
– la mutation soit présente dans les gamètes, les mutations qui affectent d'autres cellules ne peuvent pas être transmises ;
– la mutation soit présente dans le gamète qui intervient dans une fécondation ;
– le nouvel individu issu de cette fécondation puisse transmettre cette mutation à sa descendance.

2. La sélection des nouveautés génétiques et la diversité des espèces

■ De très nombreuses mutations peuvent être transmises mais elles ne sont pas toutes conservées. Différents mécanismes peuvent intervenir :
– **La sélection naturelle** (doc. 4). C'est un mécanisme dû à l'action du milieu de vie (les facteurs environnementaux) sur la sélection des allèles. Les allèles qui donnent des avantages aux individus qui les portent leur permettent de vivre plus longtemps et de se reproduire davantage. Les allèles qu'ils portent sont alors de plus en plus présents dans la population.
– **La dérive génétique** (doc. 5). C'est une modification aléatoire de la fréquence des allèles, qui dépend de la possibilité de l'individu porteur à se reproduire. Elle est plus marquée lorsque l'effectif de la population est faible. Les allèles les moins fréquents peuvent alors disparaître et faire diminuer la diversité allélique.

■ Si le milieu de vie change, la sélection naturelle n'est plus la même. Des individus ou des espèces peuvent ne plus être favorisés, car ils sont moins adaptés, et tendent à disparaître ; d'autres, au contraire, peuvent se développer.

3. La création de nouvelles espèces

La sélection naturelle et la dérive génétique peuvent conduire à l'**apparition de nouvelles espèces**. Si deux populations sont isolées et ne peuvent se reproduire entre elles, elles deviennent génétiquement très différentes. Ces différences accumulées au cours du temps entraînent l'impossibilité de se reproduire entre elles. Il y a alors **deux espèces distinctes** (doc. 6).

Ce qu'il faut savoir	Exercices pour s'entraîner
Comprendre la notion d'évolution	1 et 3
Étudier et reconnaître la dérive génétique et la sélection naturelle	1, 3, 7, 9, 10 et 12

Doc. 4. Sélection naturelle. La sélection d'un caractère dépend du milieu. Un cercle représente un individu, la couleur représente une forme d'allèle.

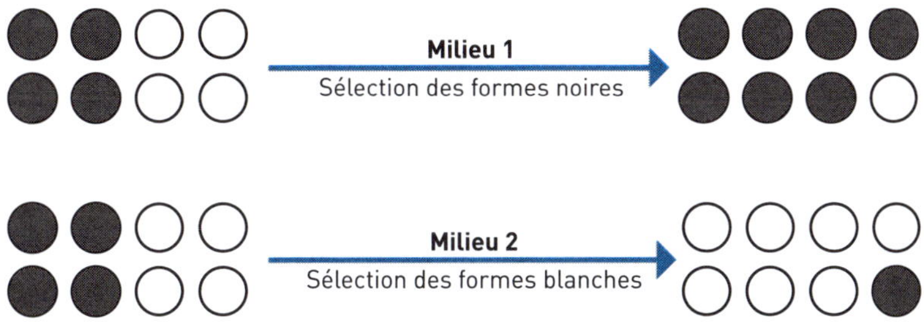

Doc. 5. Dérive génétique. La fréquence d'un allèle augmente au sein d'un groupe à effectif réduit.

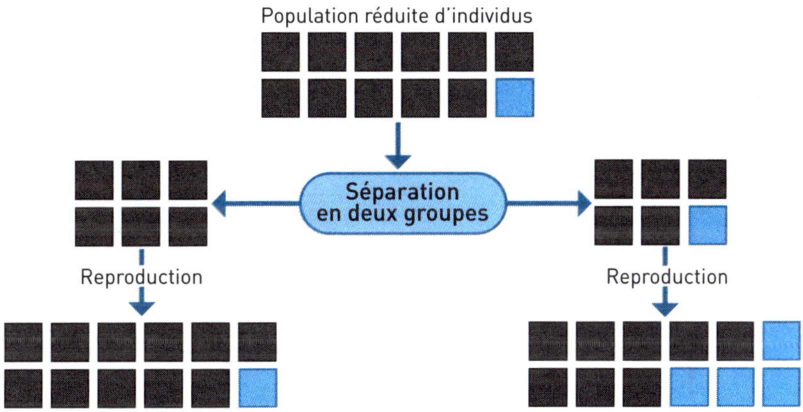

Doc. 6. Création d'une nouvelle espèce

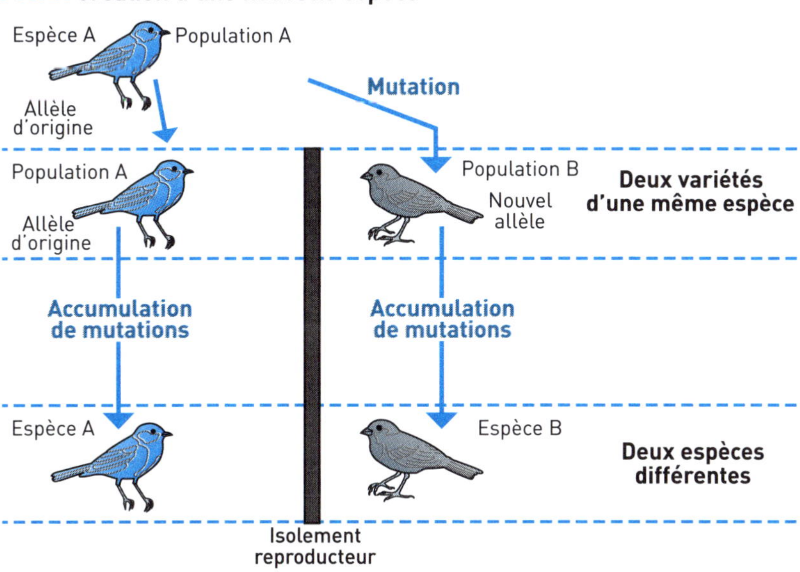

BILAN

Doc. 7. **Évolution et biodiversité**

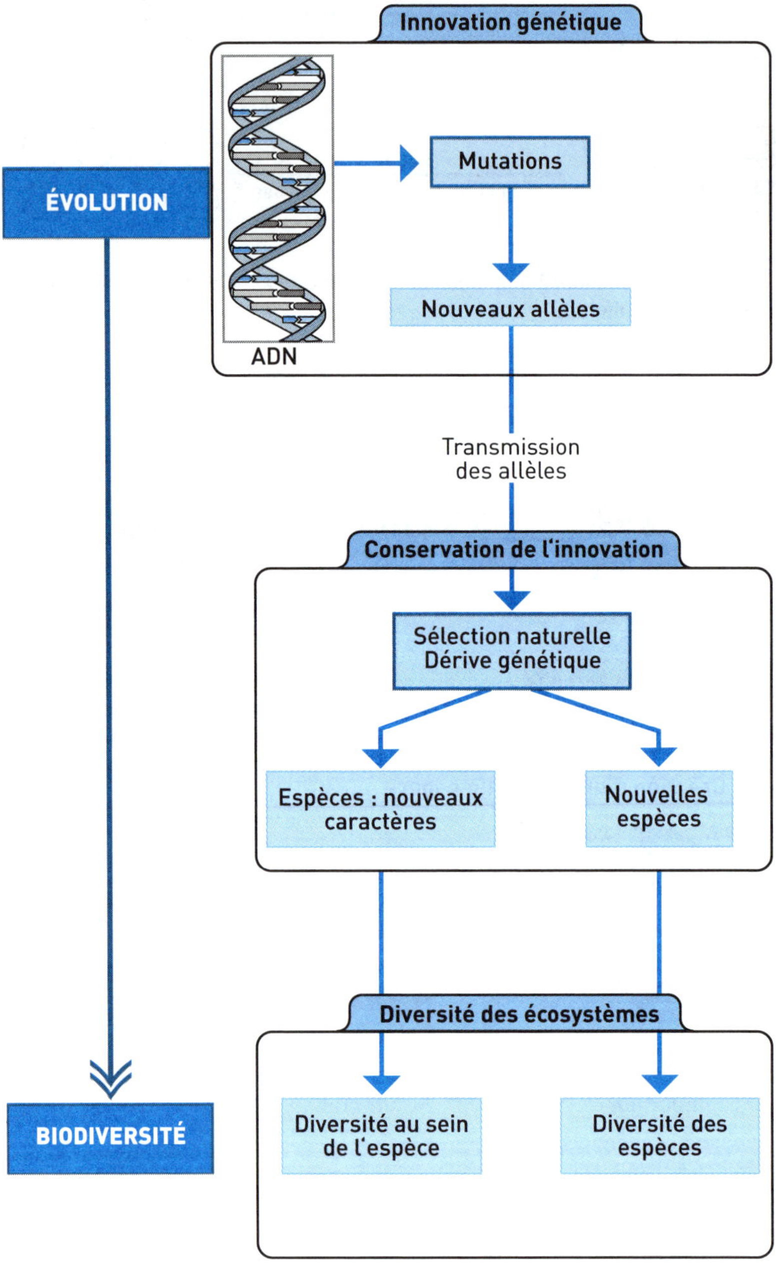

SAVOIR-FAIRE

1. Placer des innovations sur un arbre phylogénétique à partir d'un tableau de caractères

Comment placer les deux innovations évolutives manquantes (n° ⑤ et ⑥) sur un arbre phylogénétique (doc. 9) à partir des informations présentes dans un tableau de caractères (doc. 8) ?

Un **arbre phylogénétique** présente les liens de parenté entre les êtres vivants étudiés. L'écoulement du temps est représenté du bas vers le haut (doc. 9).

Les **ancêtres communs** sont représentés par les carrés noirs A à D. Chaque **embranchement** permet de matérialiser une différenciation par rapport à un ancêtre commun.

Les **innovations** sont représentées par les disques ① à ④. Pour chaque caractère étudié, il existe un **état ancestral** présent chez l'ancêtre commun et un **état dérivé**, résultat d'une **innovation** présente seulement chez certains descendants.

Le membre chiridien est présent chez tous, il faut donc placer cette innovation ⑤ avant la première ramification car l'ancêtre commun l'a déjà.

Les plumes ne sont présentes que chez l'aigle, son acquisition a donc eu lieu chez un ancêtre de cette seule espèce. On place l'innovation ⑥ sur la branche de l'aigle après la ramification du crocodile (car il ne l'a pas).

Doc. 8. Tableau de caractères. États des six caractères choisis pour six vertébrés. Pour chaque caractère : le fond blanc correspond à un état ancestral, le fond gris correspond à un état dérivé donc à une innovation.

	Groupes					
Caractères	Aigle	Archéoptéryx	Crocodile	Grenouille	Lézard	Tortue
1 : écailles sèches	oui	oui	oui	non	oui	oui
2 : fenêtres temporales	oui	oui	oui	non	oui	non
3 : fenêtre mandibulaire	oui	oui	oui	non	non	non
4 : griffes	oui	oui	oui	non	oui	oui
5 : membre chiridien	oui	oui	oui	oui	oui	oui
6 : plumes	oui	oui	non	non	non	non

Doc. 9. **Arbre phylogénétique complété des caractères n° ⑤ et ⑥**

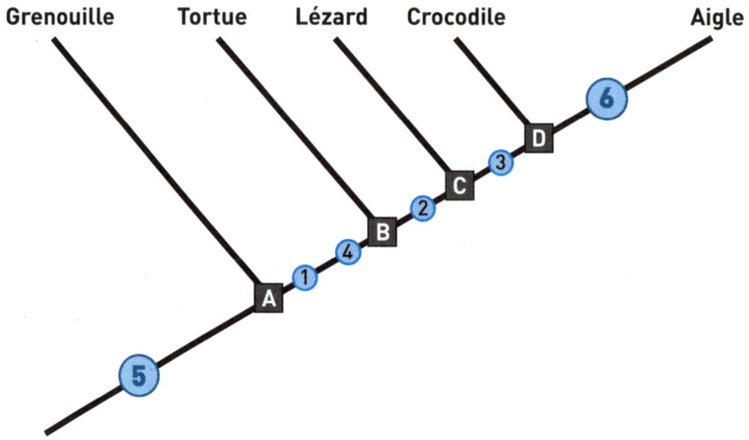

2. Placer un fossile sur un arbre phylogénétique

Où placer l'Archéoptéryx ?

L'Archéoptéryx a toutes les innovations, comme l'aigle ; il est donc sur la même branche que l'aigle **(doc. 10)**.

On le place légèrement plus bas sur la branche car c'est une espèce disparue.

Doc. 10. **Arbre phylogénétique complété avec Archéoptéryx**

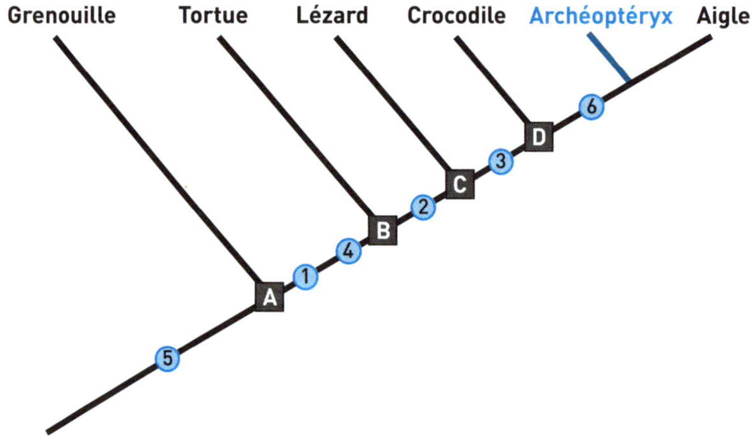

Exercices 4, 5, 8 et 13

3. Indiquer les caractères d'un ancêtre commun

Quels sont les caractères de l'ancêtre commun D ?

Pour connaître les états des caractères d'un ancêtre commun, il suffit de regarder les innovations acquises avant lui.

Il faut, pour cela, suivre la branche menant à cet ancêtre de bas en haut et noter toutes les innovations (disques numérotés) acquises au cours de l'évolution avant lui **(doc. 10)**.

L'ancêtre D a un membre chiridien, des écailles sèches, des griffes, des fenêtres temporales et mandibulaire, mais pas de plumes.

4. Évaluer le degré de parenté entre êtres vivants

Le lézard est-il plus proche de la tortue ou du crocodile ?

Il ne faut pas compter le nombre de différences entre les groupes, mais les innovations qu'ils partagent.

Il existe deux raisonnements :

1. On compare les innovations acquises.

Deux espèces sont d'autant plus proches dans l'évolution (elles ont plus de liens de parenté) qu'elles partagent d'états dérivés et donc d'innovations.

Ainsi, le lézard est plus proche du crocodile, car il a quatre innovations en commun (⑤, ①, ④, ②) alors que de la tortue n'en a que trois en commun (⑤, ①, ④).

2. On étudie les derniers ancêtres communs.

Deux espèces sont d'autant plus proches dans l'évolution que leur dernier ancêtre commun est récent.

En effet, cela montre qu'elles ont beaucoup de points communs et qu'elles se sont différenciées il y a peu de temps.

L'ancêtre commun C du lézard et du crocodile est plus récent que B, ancêtre commun du lézard et de la tortue. Ainsi, le lézard est plus proche du crocodile que de la tortue.

Exercices 4, 8 et 13

EXERCICES D'APPLICATION

1 QUELQUES MOTS-CLÉS | ★ | 5 min | ▸ P. 90

Associer un mot de la liste à une définition ci-dessous.

a. Mécanisme permettant la création d'innovation génétique.
b. Mécanisme qui permet de sélectionner des innovations de manière aléatoire.
c. Mécanisme qui permet de sélectionner des innovations de manière ciblée.
d. Mécanisme permettant la création de nouvelles espèces.

Liste : évolution, sélection naturelle, dérive génétique, mutation.

2 LA BIODIVERSITÉ | ★ | 5 min | ▸ P. 90

Identifier la ou les réponses exactes.

La biodiversité :

a. est la diversité des êtres humains.
b. n'existe pas entre individus d'une même espèce.
c. est la même au cours du temps.
d. est différente selon les écosystèmes.

3 LES NOTIONS LIÉES À L'ÉVOLUTION | ★ | 10 min | ▸ P. 90

Rédiger une phrase à partir de chaque groupe de mots.

a. ADN, mutation, gène, allèle.
b. Dérive génétique, caractère, descendants, aléatoire, transmis.
c. Sélection naturelle, individu, disparition, allèle, désavantage.

4 LECTURE D'UN ARBRE PHYLOGÉNÉTIQUE | ★★ | 10 min | ▸ P. 90

Vrai ou faux ? À l'aide du doc. 11 page suivante, corriger chaque réponse fausse.

a. Le lézard possède des poumons.
b. L'aigle possède un placenta.
c. La lamproie possède une mâchoire.
d. L'Homme, le babouin et le chat sont les seuls individus de l'arbre à posséder un amnios.
e. L'ancêtre commun au crocodile et à l'aigle possédait des mâchoires, une fenêtre mandibulaire et un placenta.

Voir le savoir-faire page 79.

Doc. 11. Arbre phylogénétique de quelques vertébrés. Les innovations sont symbolisées par des ronds, les derniers ancêtres communs par des carrés.

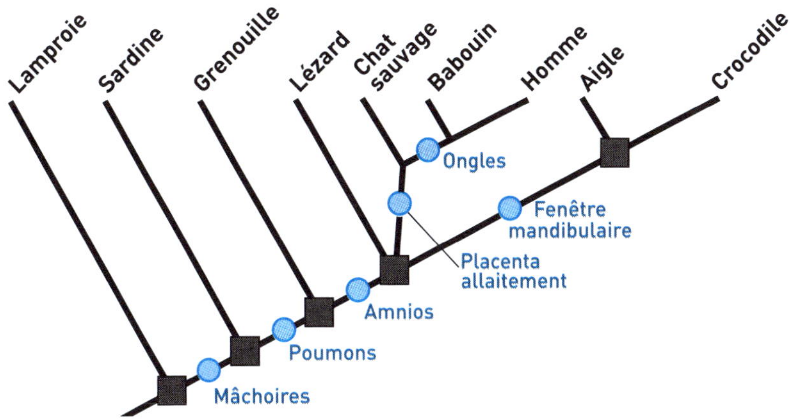

5 COMPLÉTER UN ARBRE PHYLOGÉNÉTIQUE | ★★ | 15 min | ▸ P. 91

On cherche à préciser les relations de parenté entre différents vertébrés. Un arbre phylogénétique **(doc. 13)** a été construit à partir des données du tableau du **doc. 12**. L'apparition du caractère ④ (membre articulé) a été placée sur l'arbre du **doc. 13**.

En utilisant la méthode employée pour l'innovation ④ (apparition du membre articulé), placer l'apparition des autres caractères sur cet arbre.

Doc. 12. Tableau de caractères de quelques espèces

	Espèces			
Caractères	Saumon	Crocodile	Canard	Homme
1 : gésier	absent	présent	présent	absent
2 : plumes	absentes	absentes	présentes	absentes
3 : poils	absents	absents	absents	présents
4 : membre articulé	absent	présent	présent	présent

Fond blanc : état ancestral ; fond gris : état dérivé.

Doc. 13. Arbre phylogénétique

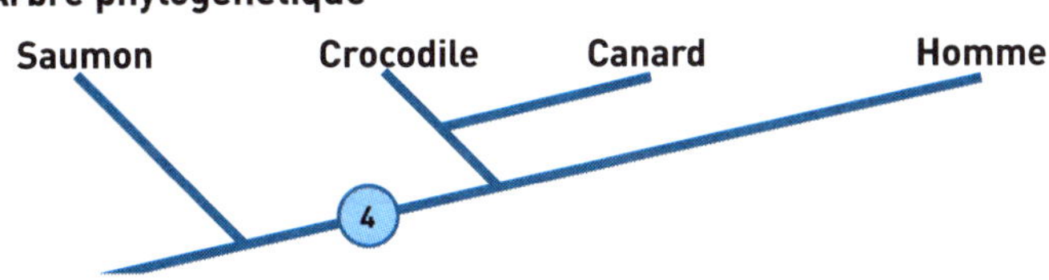

Voir le savoir-faire 1 p. 79.

EXERCICES D'ENTRAÎNEMENT

6 UNE SÉLECTION NATURELLE CHEZ L'ESCARGOT | ★★ | 15 min | ▸ P. 91

À partir des seules informations tirées du doc. 14, justifier les affirmations exactes et corriger les phrases erronées.

a. Coquille sombre ou claire, les escargots font partie de la même espèce.

b. Les escargots de couleur claire survivent plus dans le milieu forestier.

c. C'est l'action prédatrice de la grive musicienne qui agit sur la proportion des escargots des deux couleurs.

d. Les observations sur la composition des populations d'escargots dans un milieu donné peuvent s'expliquer par un phénomène de sélection naturelle.

e. À force, on peut imaginer que la population d'escargots à coquille foncée sera de plus en plus minoritaire.

Doc. 14. La grive musicienne et les escargots

Pour l'espèce d'escargot *Cepaea nemoralis* d'Europe, on peut distinguer deux populations : l'une à coquille claire, l'autre à coquille sombre.

La grive musicienne casse la coquille des escargots sur des cailloux et mange les parties molles. Dans une forêt, milieu sombre et fermé, il est alors possible de comparer au même moment le nombre d'individus mangés et le nombre d'individus vivants. Les résultats obtenus sont présentés dans le tableau ci-dessous.

Escargots	Coquilles claires		Coquilles sombres	
	Nombre	Pourcentage	Nombre	Pourcentage
Mangés (coquilles brisées)	107	62,2	80	46,5
Vivants	65	37,7	92	53,4

7 MOUSTIQUES ET INSECTICIDES DANS LA RÉGION DE MONTPELLIER | ★★ | 20 min | ▸ P. 91

De nombreux insecticides sont utilisés contre les moustiques. Dans les régions où l'utilisation d'un même insecticide a été poursuivie pendant une ou plusieurs années, on a constaté des changements dans son efficacité.

Dans la région de Montpellier, de l'insecticide est régulièrement déversé. Avant un épandage, des chercheurs vont prélever des larves, puis, en laboratoire, ils leur font subir l'action de la dose standard d'insecticide (doc. 15).

Doc. 15. Résultats simplifiés de l'exposition de larves de moustiques à de l'insecticide

Traitement	Début du traitement	10 mois après	20 mois après
Dose d'insecticide	Dose standard	Même dose	Même dose
% de larves tuées par l'insecticide	95 %	50 %	20 %

a. Discuter l'efficacité de l'insecticide.

b. Comment expliquer les résultats obtenus ?

c. Quel est le type de sélection des allèles dans cette population de moustiques ?

Pour discuter de l'efficacité de l'insecticide, il faut étudier son action au cours du temps. Ensuite, il faut chercher ce qui peut causer les différences notées.

8 LIENS DE PARENTÉ ENTRE QUELQUES VERTÉBRÉS

★★ | 20 min | ▸ P. 92

À partir de la lecture de l'arbre phylogénétique du doc. 16 et en justifiant chaque réponse :

a. Préciser quelles espèces possèdent des doigts.

b. Montrer que l'autruche présente une parenté plus étroite avec le crocodile qu'avec les autres espèces.

c. La grenouille est-elle plus proche du crocodile ou de la carpe ?

Doc. 16. Exemple d'arbre phylogénétique de vertébrés. Les carrés représentent les derniers ancêtres communs hypothétiques, ils portent les lettres A à E. Les disques numérotés 1 à 5 (innovations évolutives) représentent l'apparition d'une nouvelle forme d'un caractère.

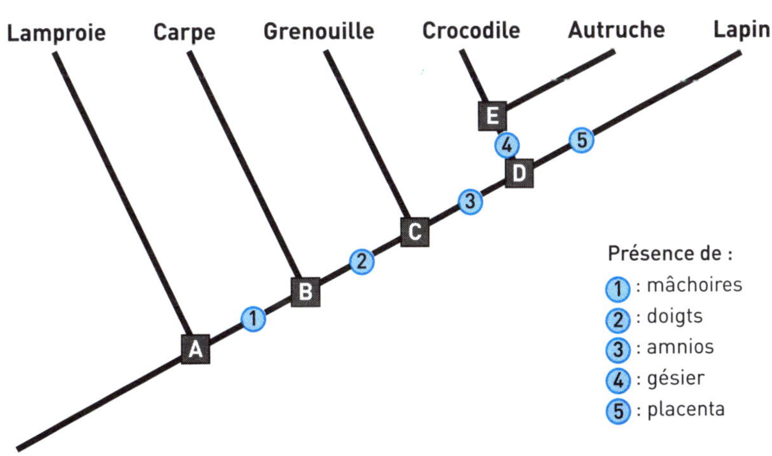

EXERCICES D'APPROFONDISSEMENT

9 LA SÉLECTION DE LA PHALÈNE DU BOULEAU | ★★ | 25 min | ▸ P. 92

Doc. 17. Les formes de phalène du bouleau

La phalène du bouleau est un papillon de nuit qui existe sous une forme sombre et une forme claire déterminées par deux allèles d'un même gène (s pour la forme sombre, c pour la forme claire). Pendant le jour, les phalènes s'immobilisent sur les troncs d'arbres ; elles sont alors des proies faciles pour les oiseaux. Dans toutes les régions d'Angleterre, tous les papillons, jusqu'en 1848, étaient de formes claires. L'examen des collections de ce papillon révèle que c'est à cette époque que fut capturé, dans la région de Manchester, le premier papillon totalement noir.

Forme claire

Forme sombre

Phalènes sur un tronc de bouleau

La fréquence des formes claires et sombres en Angleterre au début du 20e siècle était la suivante.

	Individus clairs (%)	Individus sombres (%)
Régions industrielles	5	95
Régions rurales	80	20

a. À partir de l'étude du **doc. 17**, préciser quel est l'allèle d'origine et comment le second est apparu.

b. Afin d'expliquer la répartition des individus, une expérience a été conduite. Des phalènes des deux formes sont marquées d'une petite tache de peinture, puis relâchées :

– dans un bois où les troncs d'arbres sont sombres car pollués par la suie (Bimingham) ;

– en milieu rural, dans un bois où les troncs d'arbres sont clairs (Dorset).

Au cours des nuits qui suivent le lâcher, les papillons survivants sont recapturés puis dénombrés. Les résultats sont présentés dans le **doc. 18** page suivante.

Quelle est la particularité de la répartition des individus ?

c. Que peut-on constater en étudiant les résultats de l'expérience du **doc. 18** ?

d. Comment expliquer ces résultats ?

e. Quel mécanisme évolutif est impliqué ?

Doc. 18. Résultats des expériences sur la phalène du bouleau

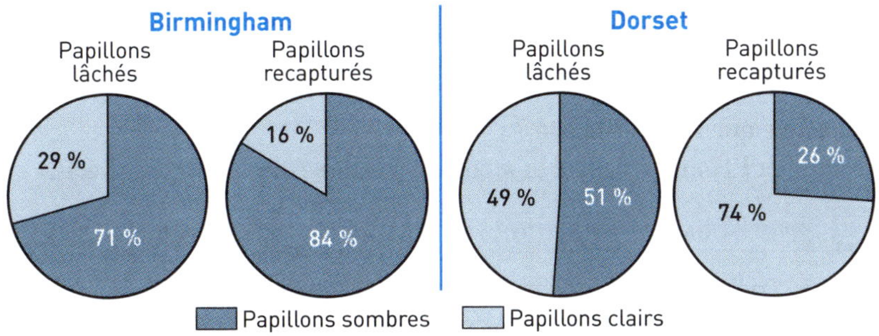

10 ACTION DE L'HOMME SUR LA BIODIVERSITÉ ★★★ 30 min ▸ P. 93

Après un traitement par des pesticides, on suit l'évolution des effectifs de deux groupes d'animaux du sol, les gamases et les collemboles. Les gamases sont des prédateurs des collemboles. Pour chaque groupe, on a déterminé le pourcentage de la population initiale (avant traitement) présent à un instant donné. On a également mesuré l'évolution de la quantité de pesticide dans le sol (doc. 19).

Doc. 19. Conséquences du traitement insecticide sur les populations de gamases et de collemboles du sol

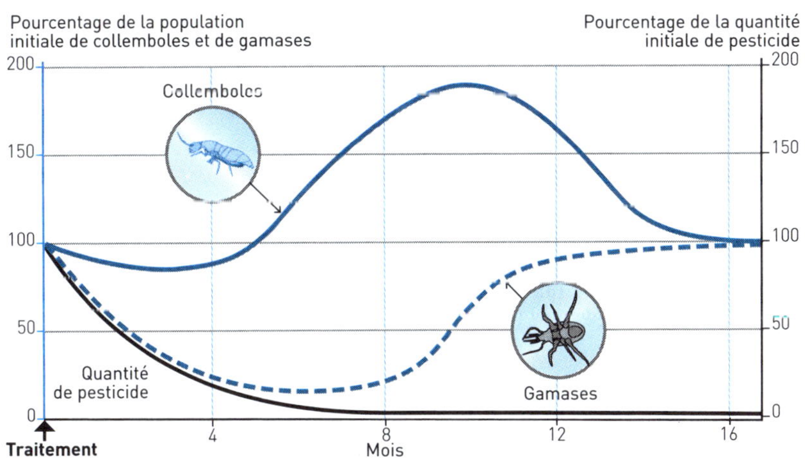

Quelle est l'action de l'insecticide sur les populations de gamases et collemboles du sol ?

Identifier le critère qui permet de découper le graphique en deux périodes. Ensuite, pour chaque période, mettre en relation la quantité de pesticide, les effectifs des gamases et collemboles et leurs relations trophiques.

CONTRÔLE

11 LA BIODIVERSITÉ ET L'ACTION DE L'HOMME | ★ | 10 min | ▸ P. 93

Qu'est-ce que la biodiversité ?
Comment l'Homme peut-il la modifier ? Donner des exemples précis.

12 L'ÉVOLUTION DE POPULATIONS D'OISEAUX | ★★ | 20 min | ▸ P. 93

L'île de Trielen est une petite île au large de la Bretagne.
Elle a été désertée par l'Homme juste après la Seconde Guerre mondiale.
Elle est maintenant le refuge de nombreux oiseaux comme le pipit maritime et l'hirondelle rustique. Tous les deux bâtissent un nid pour se reproduire : le pipit fait son nid au sol, dans l'herbe, tandis que l'hirondelle le construit le long des poutres des toitures.
L'Homme a amené par accident, au début du 20e siècle, le rat surmulot, en tant que passager clandestin dans les bateaux. Ce rongeur s'attaque aux œufs et poussins qui sont à sa portée.
En 1996, des chercheurs ont capturé tous les rats de l'île. Ils ont aussi déterminé la population des deux espèces d'oiseaux de 1991 à 2001. Les résultats, donnés en nombre de couples d'oiseaux, sont notés dans le tableau suivant.

Doc. 20. Populations d'hirondelles rustiques et de pipits maritimes

	1992	1996	Éradication des rats	1997	1998	1999	2000	2001
Hirondelle rustique	4	8		8	5	8	4	9
Pipit maritime	11	12		15	34	50	65	66

a. Comparer l'évolution de la population des deux groupes d'oiseaux.
b. D'après ces résultats, quel était l'impact des rats sur la population d'oiseaux ?

Les informations sont à la fois dans le texte et le tableau. Il faut découper les résultats puis comparer l'évolution de deux populations d'oiseaux (avant et après l'éradication des rats).

13 LIRE UN ARBRE PHYLOGÉNÉTIQUE | ★★ | 30 min | ▸ P. 94

À partir des informations extraites de l'arbre phylogénétique du doc. 21, répondre aux questions suivantes.
a. Quelles sont les innovations acquises par le chat ?
b. Dessiner sur l'arbre la position de l'ancêtre commun le plus récent du crocodile et de l'autruche.

c. Indiquer les caractères de l'ancêtre commun le plus récent du crocodile et de l'autruche.

d. Le serpent est-il plus proche de la tortue ou du crocodile ?

Doc. 21. Arbre phylogénétique

Les noms des animaux actuels sont indiqués en caractères normaux. Les noms des animaux fossiles sont indiqués en caractères gras.

Les innovations évolutives entraînent l'apparition d'une nouveauté. Elles sont représentées par les lettres suivantes :

(a) : membres pairs locomoteurs.
(b) : deux vertèbres cervicales spécialisées.
(c) : amnios.
(d) : acide ornithurique.
(e) : deux fenêtres temporales.
(f) : membrane nictitante.
(g) : plumes ou duvet.
(h) : une seule fenêtre temporale.

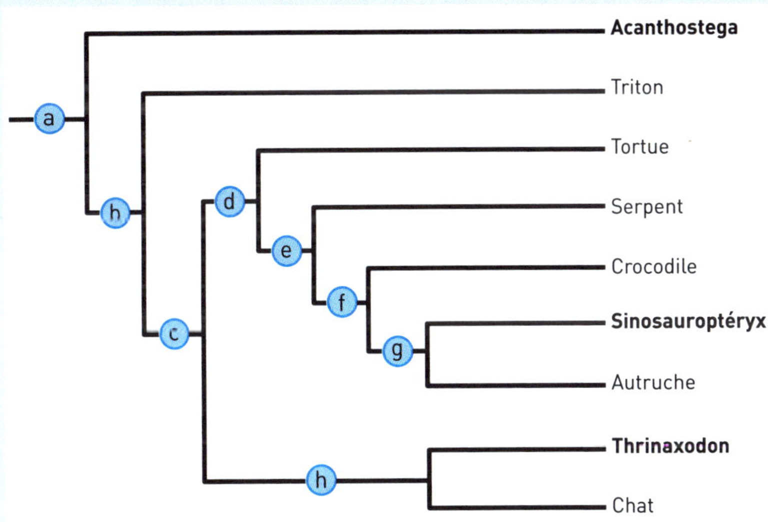

CORRIGÉS

1 QUELQUES MOTS-CLÉS

Évolution : mécanisme permettant la création de nouvelles espèces.

Sélection naturelle : mécanisme permettant de sélectionner des innovations de manière ciblée.

Dérive génétique : mécanisme permettant de sélectionner des innovations de manière aléatoire.

Mutation : mécanisme permettant la création d'innovation génétique.

2 LA BIODIVERSITÉ

a. Faux : c'est la diversité de tous les êtres vivants.

b. Faux : elle existe entre individus d'une même espèce à cause de la variété des allèles.

c. Faux : elle varie au cours du temps car des espèces disparaissent et d'autres apparaissent.

d. Vrai : elle est différente selon les écosystèmes car les milieux de vie sont différents.

3 LES NOTIONS LIÉES À L'ÉVOLUTION

a. Une mutation est une modification de la séquence d'ADN d'un gène qui donne un nouvel allèle.

b. La dérive génétique sélectionne de manière aléatoire un caractère, s'il est transmis aux descendants.

c. La sélection naturelle peut entraîner la disparition d'un allèle dans une population s'il confère un désavantage à l'individu qui le porte.

4 LECTURE D'UN ARBRE PHYLOGÉNÉTIQUE

a. Le lézard possède des poumons : vrai, car le lézard est sur une branche placée après l'innovation poumon.

b. L'aigle possède un placenta : faux, car cette innovation est apparue chez un ancêtre commun au groupe (Homme-babouin-chat), donc l'aigle n'ayant pas cet ancêtre n'a pas l'innovation.

c. La lamproie possède une mâchoire : faux, car cette innovation est apparue chez un ancêtre commun à tous les autres vertébrés de l'arbre (après la ramification de la lamproie).

d. L'Homme, le babouin et le chat sont les seuls individus de l'arbre à posséder un amnios : faux, car le lézard, l'aigle et le crocodile possèdent aussi un amnios.

e. L'ancêtre commun au crocodile et à l'aigle possédait des mâchoires, une fenêtre mandibulaire et un placenta : faux, il ne possédait pas de placenta.

5 COMPLÉTER UN ARBRE PHYLOGÉNÉTIQUE

Doc. 22. **Arbre phylogénétique complété**

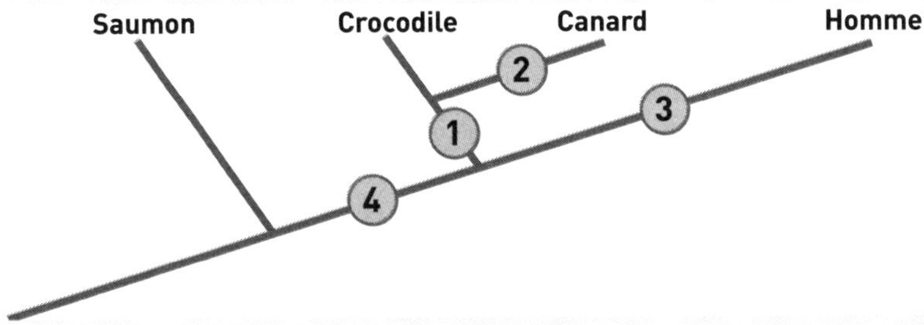

6 UNE SÉLECTION NATURELLE CHEZ L'ESCARGOT

Les informations sont principalement dans le tableau, mais il ne faut pas oublier le texte où il est judicieux de surligner les renseignements importants.

a. Vrai : les escargots à coquille sombre et à coquille claire font partie de la même espèce *Cepaea nemoralis*.
b. Faux : les escargots de couleur foncée survivent plus dans le milieu forestier, car on note que seulement 46,5 % sont mangés au lieu de 62,2 % pour les clairs.
c. Vrai : c'est l'action prédatrice de la grive musicienne qui agit sur la proportion des escargots des deux couleurs, en mangeant préférentiellement les escargots clairs.
d. Vrai : les observations sur la composition des populations d'escargots dans un milieu donné peuvent s'expliquer par un phénomène de sélection naturelle. Il y a sélection des populations à coquille foncée car les claires, plus visibles, sont davantage capturées et mangées.
e. Faux : à force, on peut imaginer que la population d'escargots à coquille foncée sera de plus en plus majoritaire, car ces escargots survivent mieux, se reproduisent plus et engendrent donc plus de descendants (à coquille foncée) que les escargots clairs. Même si, au départ, il semble y avoir plus d'escargots clairs.

7 MOUSTIQUES ET INSECTICIDES DANS LA RÉGION DE MONTPELLIER

a. Le produit qui a été épandu est un insecticide : au début du traitement, il tue 95 % des larves de moustique. Mais au cours du temps, son efficacité diminue car après 20 mois de traitement, 20 % des larves seulement sont tuées par la même dose.
b. Au début du traitement, toutes les larves n'ont pas été tuées, 5 % survivent.
Certaines larves doivent être naturellement résistantes à cet insecticide. Il existe au sein des moustiques des différences entre individus ; une biodiversité au sein de l'espèce qui est liée ici à la résistance à l'insecticide.
Lors d'un épandage, l'insecticide tue les larves non résistantes mais ne tue pas les larves résistantes qui vont donner des moustiques adultes qui vont se reproduire. Au cours du temps, la population de moustiques contient de plus en plus d'individus résistants.
L'insecticide a sélectionné les larves qui lui sont résistantes.

c. C'est le milieu de vie qui sélectionne les individus les plus adaptés (résistants à l'insecticide) et donc le matériel génétique qui leur permet cet avantage, c'est donc un phénomène de sélection naturelle.

8 LIENS DE PARENTÉ ENTRE QUELQUES VERTÉBRÉS

a. Les espèces qui possèdent des doigts sont toutes celles qui se sont différenciées à partir d'un ancêtre commun le plus ancien ayant déjà des doigts. Cet ancêtre est placé sur l'arbre juste au-dessus de l'apparition des doigts, c'est donc C. Les espèces ayant des doigts sont donc la grenouille, le crocodile, l'autruche et le lapin.
b. L'autruche présente une parenté plus étroite avec le crocodile qu'avec les autres espèces car ils ont l'ancêtre commun le plus récent (E). De plus, ils partagent le plus d'innovations en commun (①, ②, ③, ④).
c. Le crocodile partage deux innovations (① et ②) avec la grenouille, alors que la carpe ne partage que l'innovation ①. C'est donc le crocodile qui est l'espèce la plus proche de la grenouille.

9 LA SÉLECTION DE LA PHALÈNE DU BOULEAU

Dans un premier temps, il faut trouver dans le texte les informations sur les allèles et les caractères des phalènes.

a. Toutes les phalènes étaient claires avant 1848, l'allèle c déterminant cette forme était donc présent avant. L'allèle s, qui confère au papillon sa couleur sombre, est apparu par mutation.
b. Les individus clairs sont largement majoritaires dans les régions rurales avec 80 % de la population, alors qu'ils sont pratiquement absents dans les zones industrialisées avec 95 % de phalènes sombres.
c. Dans la région de Birmingham, les papillons clairs lâchés représentaient 29 % du total et ne sont plus que 16 % des recapturés. Ce sont surtout les formes claires qui ont disparu car elles sont mangées par les oiseaux. Dans la région du Dorset, la tendance est inverse car c'est la proportion de papillons sombres qui diminue de 51 à 26 %.
d. Dans la région de Birmingham qui est polluée, les troncs des bouleaux sont recouverts de suie et donc sombres. Les formes claires, plus visibles, sont donc plus mangées : leur proportion diminue dans la population.
Dans le Dorset, ce sont les formes sombres qui sont désavantagées car les troncs sont clairs.
e. Ce mécanisme de sélection des individus non aléatoire effectué par le milieu est la sélection naturelle. Les papillons sombres ont un avantage sur les clairs dans les zones polluées, alors que les formes claires ont un avantage en milieu rural.

10 ACTION DE L'HOMME SUR LA BIODIVERSITÉ

Après avoir découpé les résultats du graphique en fonction de la présence ou non de pesticide, il faut étudier les populations des deux espèces et en déduire l'action de l'insecticide.

De 0 à 8 mois : présence de pesticides dans le sol.
Suite à l'ajout de pesticides, il en reste dans le sol pendant 8 mois (courbe bleue). La population des gamases diminue et la population des collemboles augmente.
Les pesticides tuent les gamases, mais ne tuent pas les collemboles.
Dans le texte, il est précisé que les gamases se nourrissent de collemboles. Comme la population de gamases diminue, il y a moins de prédateurs. N'étant plus mangés par les gamases, la population des collemboles augmente.
De 8 à 16 mois : absence de pesticides dans le sol.
La quantité de pesticide dans le sol est nulle. La population des gamases augmente et celle des collemboles diminue.
En l'absence de pesticides, les gamases ne sont plus tués et leur population augmente. Comme les gamases se nourrissent de collemboles, leur population diminue.

11 LA BIODIVERSITÉ ET L'ACTION DE L'HOMME

La biodiversité est à la fois :
– la diversité des écosystèmes (les êtres vivants diffèrent suivant les milieux de vie) ;
– la diversité des espèces (dans un écosystème vivent des êtres vivants très différents) ;
– la diversité génétique des individus au sein des espèces (à l'intérieur d'une espèce, les individus sont différents).

L'Homme peut modifier la biodiversité par son activité. La conséquence est le plus souvent la diminution de cette biodiversité. La pêche et la chasse intensive peuvent faire disparaître complètement certaines espèces. C'est le cas aussi de la déforestation qui élimine des arbres mais aussi l'habitat d'animaux. On peut aussi noter la pollution et l'urbanisation.
Il ne faut pas oublier l'agriculture qui utilise de nombreux produits chimiques afin de ne faire pousser qu'une seule espèce dans un champ, en détruisant toutes celles qui ne l'intéresse pas.

12 L'ÉVOLUTION DE POPULATIONS D'OISEAUX

a. L'éradication des rats a entraîné une augmentation importante du nombre de couples de pipits, qui est multiplié par 4 en 4 ans. En revanche, elle n'entraîne pas de changement notable dans le nombre de couples d'hirondelles, qui reste à peu près stable.

b. La disparition des rats permet le développement des pipits car les rats mangeaient leurs œufs et poussins à leur portée sur le sol. Les rats limitaient la population d'oiseaux. Par contre, la présence des rats n'a pas d'influence sur le nombre d'hirondelles, car ils ne peuvent pas atteindre leurs nids placés en hauteur.

13 LIRE UN ARBRE PHYLOGÉNÉTIQUE

Le raisonnement se fait par étude des innovations partagées et non des différences entre ces êtres vivants.

a. Les innovations acquises par le chat sont ⓐ, ⓑ, ⓒ et ⓗ (membres pairs locomoteurs, deux vertèbres cervicales spécialisées, amnios, une seule fenêtre temporale). Ce sont toutes les innovations acquises sur la « branche » du chat.

b. Le dernier ancêtre commun a déjà les innovations communes aux deux espèces.

Doc. 23. Arbre phylogénétique complété

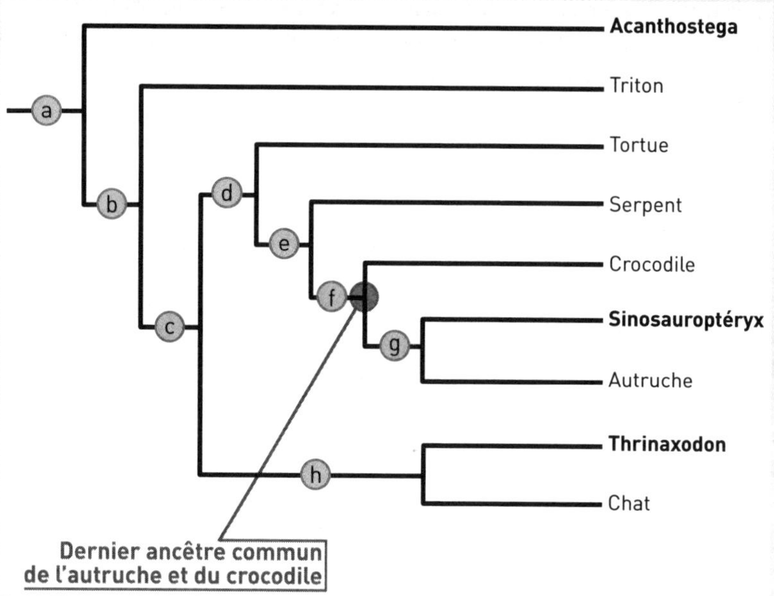

c. Les innovations de l'ancêtre commun le plus récent du crocodile et de l'autruche sont celles entourées sur le **doc. 23** car elles ont été acquises avant lui. Ce sont les caractères ⓐ, ⓑ, ⓒ, ⓓ, ⓔ, ⓕ (membres pairs locomoteurs, deux vertèbres cervicales spécialisées, amnios, acide ornithurique, deux fenêtres temporales, membrane nictitante). Par contre, les caractères ⓗ et ⓖ sont absents, il n'a pas de plumes, ni une seule fenêtre temporale.

d. Le serpent est plus proche du crocodile, car il partage avec lui 5 innovations (ⓐ, ⓑ, ⓒ, ⓓ, ⓔ) alors qu'il partage seulement 4 innovations (ⓐ, ⓑ, ⓒ, ⓓ) avec la tortue.

Enjeux planétaires contemporains

5 Énergie solaire et synthèse de matière organique

Les cultures agricoles utilisent le principe de la photosynthèse des végétaux chlorophylliens pour produire de la matière organique, indispensable à la nourriture de l'Homme. Or, la croissance démographique mondiale place l'humanité face à un enjeu majeur : selon la FAO, l'organisation des Nations unies pour l'alimentation et l'agriculture, « il faudra augmenter la production agricole de 70 % d'ici à 2050 pour pouvoir nourrir 9,1 milliards de personnes ».

L'ESSENTIEL

I PRODUCTION DE MATIÈRE ORGANIQUE PAR PHOTOSYNTHÈSE

- Pour nourrir l'humanité, l'Homme a développé des **cultures** qui utilisent la **photosynthèse** des **végétaux chlorophylliens** pour la production d'aliments (légumes, fruits, graines…).
- La photosynthèse utilise l'**énergie solaire** captée par la **chlorophylle** des végétaux verts pour produire un **glucide** dont une partie est stockée dans les graines (blé, maïs, riz) ou dans les tubercules (pomme de terre). La photosynthèse permet la production de **matière organique** à partir de **matière minérale**.

II RELATIONS ALIMENTAIRES AU SEIN DE LA BIOSPHÈRE

- Un végétal chlorophyllien est un **producteur primaire** car c'est le premier être vivant à produire de la matière organique à partir de matière minérale. Les **producteurs secondaires** (herbivores) ou **tertiaires** (carnivores) produisent de la matière organique à partir de matière organique consommée.
- À la mort de l'être vivant, la matière organique est minéralisée : elle est transformée en matière minérale par les **décomposeurs**.

Les mots-clés du lexique

Autotrophe, biomasse, biosphère, chlorophylle, décomposeur, glucide, hétérotrophe, photosynthèse, producteurs primaire, secondaire et tertiaire, réseau trophique.

LE COURS

I PRODUCTION DE MATIÈRE ORGANIQUE PAR PHOTOSYNTHÈSE

1. À l'échelle de la parcelle cultivée

Pour satisfaire les besoins alimentaires de l'humanité, l'Homme a développé des cultures qui utilisent la **photosynthèse** des **végétaux chlorophylliens** pour la production d'aliments. Les céréales sont cultivées pour leurs graines riches en amidon (blé, riz, maïs, avoine, sorgho…), les légumineuses pour leurs graines riches en amidon et en protéines (haricot, pois, lentille, soja…), les solanées pour les fruits (tomate) ou encore les tubercules (pomme de terre).

2. À l'échelle du végétal chlorophyllien

■ La **photosynthèse** (*photo* = lumière, synthèse = fabrication) est un mécanisme qui utilise l'**énergie solaire** captée par la **chlorophylle** pour réaliser la synthèse d'un glucide à partir d'eau et de dioxyde de carbone. La photosynthèse rejette aussi du dioxygène dans le milieu.

■ Le **glucide** produit par photosynthèse dans le végétal sera :
– utilisé par les cellules du végétal pour produire de l'énergie ;
– stocké sous forme d'amidon dans les graines, les tubercules… ;
– utilisé pour la production de sa matière organique (protides, lipides, acides organiques). Cette synthèse nécessite des minéraux (nitrates, phosphates…).

3. À l'échelle moléculaire

La photosynthèse est un mécanisme qui permet la production de matière organique à partir de matière minérale.

■ La **matière minérale** qui constitue les planètes et les étoiles est constituée de petites molécules (souvent moins de 10 éléments chimiques) comme l'eau (H_2O), le dioxyde de carbone (CO_2), le dioxygène (O_2)…

■ La **matière organique** est constituée de grosses molécules (de 10 à plusieurs milliers d'éléments chimiques) construites principalement avec les éléments **C**, **H**, **O**, **N**, comme le glucose ($C_6H_{12}O_6$), le saccharose ($C_{12}H_{22}O_{11}$)…

EXEMPLE : la photosynthèse chez la pomme de terre **(doc. 1)**.

Ce qu'il faut savoir	Exercices pour s'entraîner
Le bilan chimique de la photosynthèse	2, 9, 14 et 15
Expliquer le devenir du principal produit de la photosynthèse chez le végétal	13
Nommer les différences entre matière organique et minérale en citant des exemples	3, 13

Doc. 1. **La photosynthèse chez la pomme de terre**

L'énergie solaire captée par la chlorophylle des feuilles permet la synthèse d'un glucide selon l'équation :

dioxyde de carbone + eau ⟶ glucide + dioxygène

CO_2 H_2O $C_6H_{12}O_6$ O_2

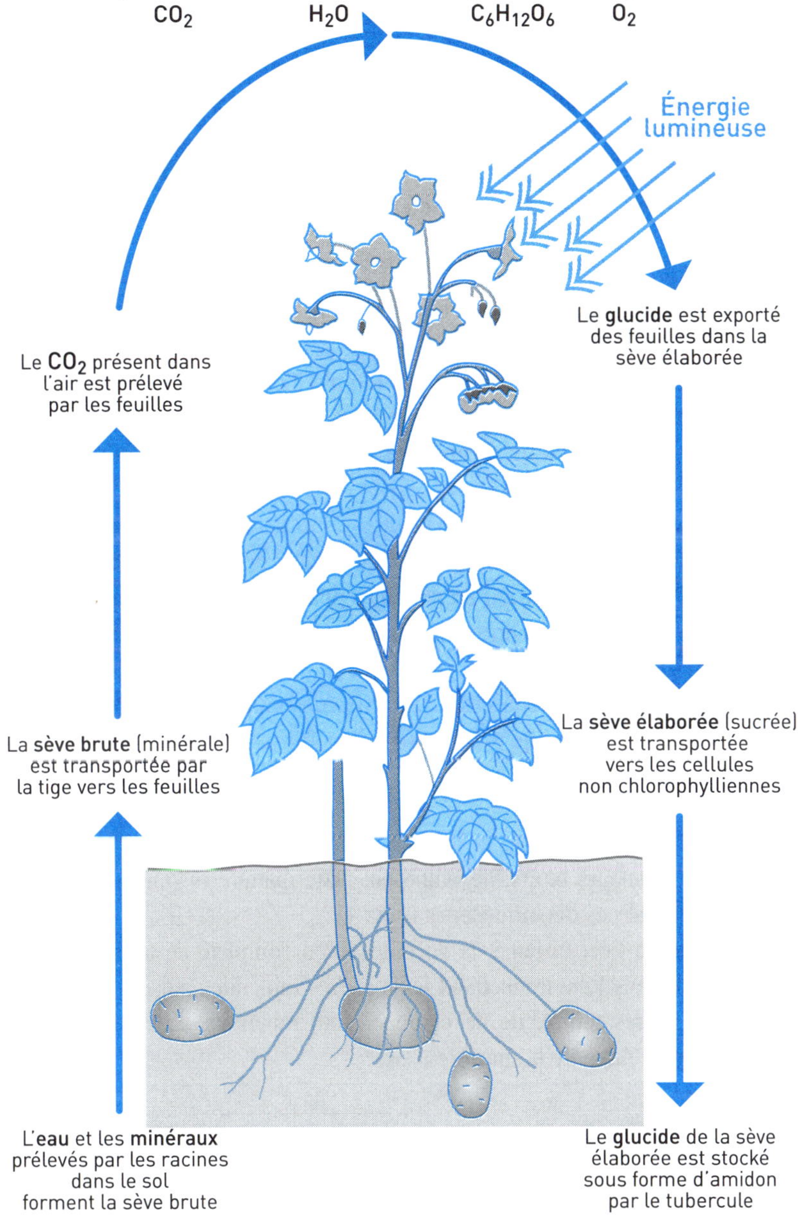

II RELATIONS ALIMENTAIRES AU SEIN DE LA BIOSPHÈRE

Les relations alimentaires qui existent au sein de la **biosphère** (ensemble des êtres vivants qui peuplent la Terre) peuvent être représentées par des **réseaux trophiques** (du grec *trophe* = nourriture).

1. Les producteurs primaires

Dans un réseau trophique, les végétaux chlorophylliens sont qualifiés d'êtres vivants **autotrophes** car ils peuvent produire de la matière organique à partir de matière minérale. Les autotrophes occupent toujours la première place d'un réseau trophique : ce sont des **producteurs primaires**.

2. Les consommateurs et producteurs secondaires

Les êtres vivants qui se nourrissent de matière organique sont des **hétérotrophes**.

■ **Aspect qualitatif**

Un animal qui se nourrit de végétaux chlorophylliens est un consommateur de matière organique végétale, qu'il utilise pour produire sa propre matière organique : c'est un **producteur secondaire**. Le carnivore est un **producteur tertiaire** (doc. 2).

■ **Aspect quantitatif**

Le terme de **biomasse** désigne la quantité de matière organique des êtres vivants. La représentation quantitative d'un réseau trophique ressemble à une pyramide : la biomasse des producteurs primaires est beaucoup plus importante que celle des producteurs secondaires (doc. 3).

Pour l'Homme, manger de la viande est une consommation de biomasse totale beaucoup plus importante qu'avec la consommation de légumes !

3. Les décomposeurs et le recyclage de la matière

■ Vers, insectes, champignons et bactéries, en se nourrissant de la matière organique des producteurs morts, décomposent cette matière organique en matière minérale : ce sont des **décomposeurs** (doc. 4).

■ À l'échelle de l'écosystème, la décomposition complète de la matière organique restitue dans l'environnement les matières minérales puisées par les producteurs primaires : dioxyde de carbone, eau, minéraux. Les décomposeurs assurent un **recyclage de la matière** (doc. 5).

Ce qu'il faut savoir	Exercices pour s'entraîner
Ce qu'est un producteur primaire	7, 12, 14 et 15
L'organisation d'un réseau trophique	4, 11, 14 et 15
Expliquer le recyclage de la matière	5, 6, 13

Doc. 2. Aspect qualitatif. L'Homme est un producteur secondaire lorsqu'il se nourrit de végétaux et un producteur tertiaire lorsqu'il mange de la viande.

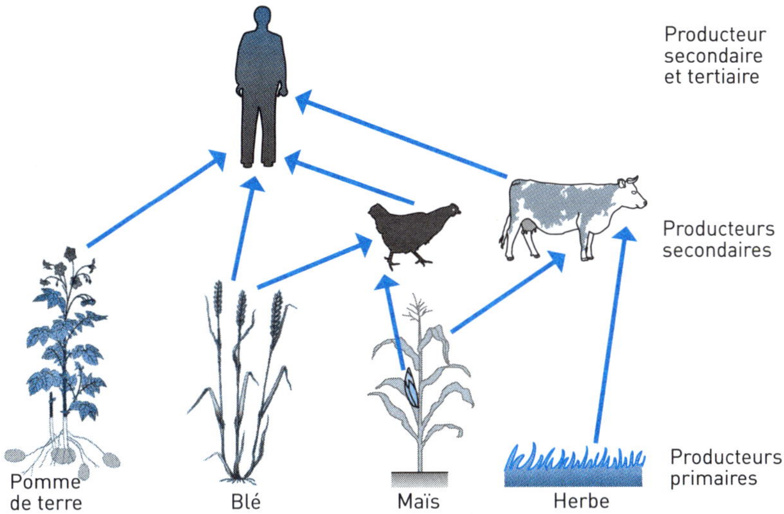

Doc. 3. Aspect quantitatif. Manger de la viande ou manger des végétaux ne requient pas les mêmes surfaces agricoles.

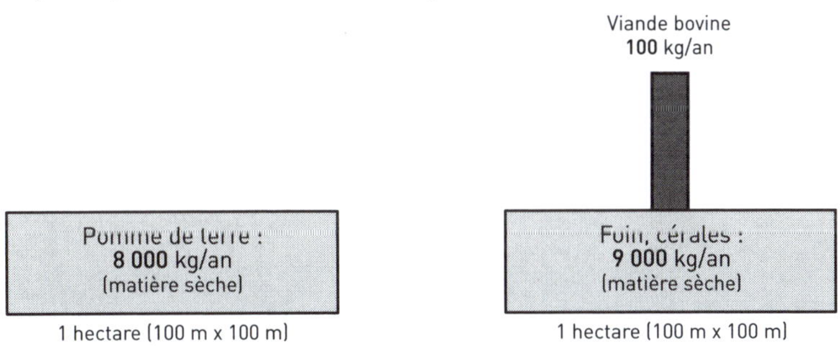

Doc. 4. Les décomposeurs minéralisent la matière organique

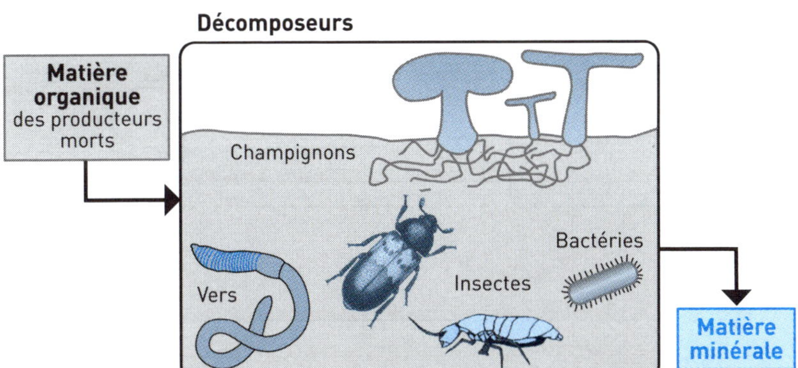

BILAN

Doc. 5. **Cycle de la matière dans un écosystème**

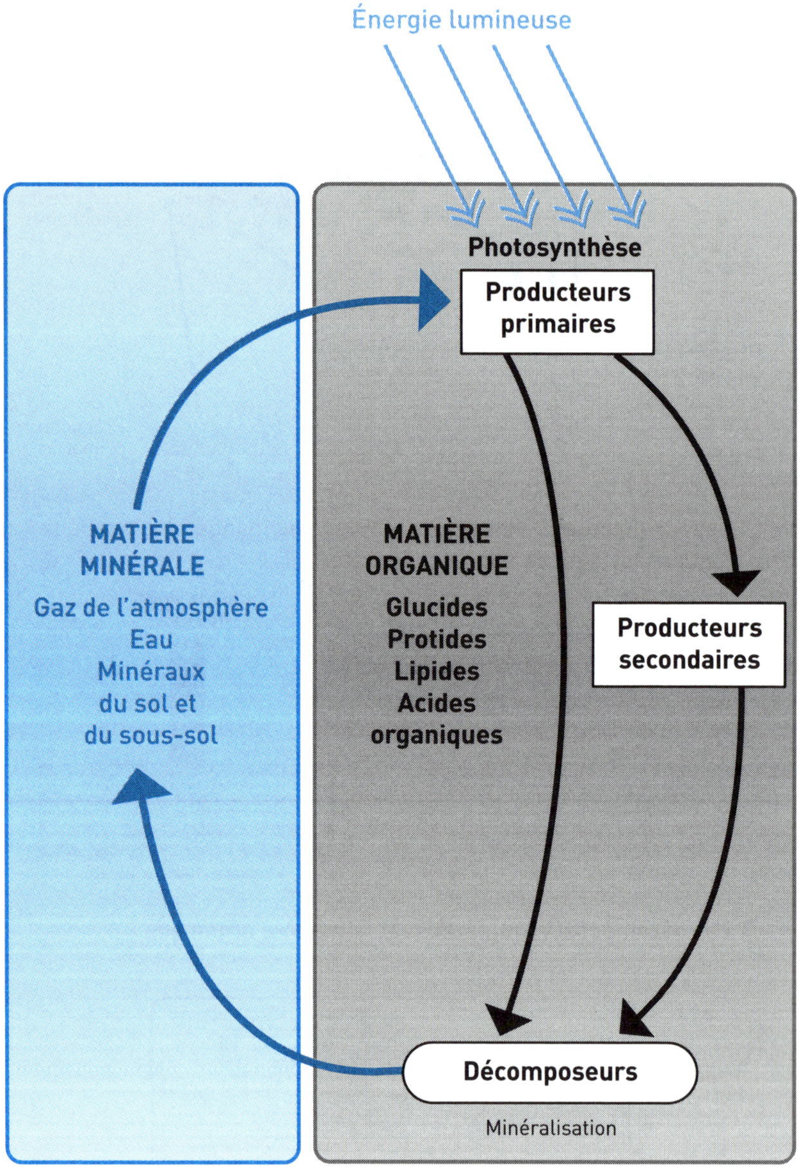

SAVOIR-FAIRE

1. Construire un protocole expérimental

MÉTHODE

Étape 1. Formuler l'**hypothèse** à éprouver.

Étape 2. Faire l'inventaire des **paramètres** susceptibles d'agir sur le résultat.

Étape 3. Concevoir au moins deux expériences qui ne diffèrent que par le paramètre présenté dans l'hypothèse : la **variable**. Tous les autres paramètres doivent être identiques : les **constantes**.

On appelle **témoin** l'expérience qui sert de référence.

EXEMPLE

L'été, et uniquement l'été, les algues prolifèrent dans une eau enrichie en nitrates et en phosphates. Pour expliquer ce phénomène limité à la période estivale, l'hypothèse de l'allongement de la durée du jour est formulée.

On se propose de vérifier expérimentalement cette hypothèse en laboratoire avec les algues prélevées sur les lieux de prolifération.

Étape 1. Pour expliquer ce phénomène limité à la période estivale, l'hypothèse de l'allongement de la durée du jour en été est formulée.

Étape 2. Les paramètres susceptibles d'agir sur le résultat sont ceux qui interviennent dans la photosynthèse : durée de l'éclairement, température de l'eau, composition en nitrates et phosphates.

Étape 3. Seule la durée d'éclairement doit varier pour valider l'hypothèse émise. Les deux autres paramètres doivent rester constants.

Un exemple de protocole scientifiquement acceptable

	Constantes			Variable
	Culture d'algues	Eau enrichie en nitrates et phosphates	Température	Durée d'éclairement
Expérience 1	1 mL	200 mL	22 °C	18 h
Expérience 2	1 mL	200 mL	22 °C	12 h

L'expérience 1 est proche des conditions d'été avec 18 h d'éclairement : c'est l'expérience de référence ou expérience **témoin**.

2. Étudier les résultats d'une expérience

MÉTHODE

Étape 1. Présenter le paramètre étudié ou **l'hypothèse** formulée.

Étape 2. Analyser (présenter les faits) en **comparant** les expériences qui ne diffèrent que par une variable.

Étape 3. Conclure en validant ou non l'hypothèse. Utiliser les connaissances pour proposer une explication.

EXEMPLE

Un protocole a été mis en œuvre pour étudier le problème de la prolifération des algues en été présenté dans le paragraphe précédent.

	Culture d'algues	Eau enrichie en nitrates et phosphates	Température	Durée d'éclairement	Résultats : quantité d'algues
Expérience 1	1 mL	200 mL	22 °C	15 h/jour	++++
Expérience 2	1 mL	200 mL	14 °C	15 h/jour	++
++++ : très important (eau très verte) ; ++ : peu important (eau légèrement verte)					

Étape 1

Pour connaître l'hypothèse éprouvée avec ce protocole, il faut identifier la variable et les constantes.

	Culture d'algues	Eau enrichie en nitrates et phosphates	Température	Durée d'éclairement	Résultats : Quantité d'algues
Expérience 1	1 mL	200 mL	22 °C	15 h/jour	++++
Expérience 2	1 mL	200 mL	14 °C	15 h/jour	++
++++ : très important (eau très verte) ; ++ : peu important (eau légèrement verte)					

La température est la seule variable. L'hypothèse éprouvée avec ce protocole est celle de l'influence de la température sur la prolifération des algues.

Étape 2

Présenter les faits (lien entre paramètres et résultats) : c'est **l'analyse**.

En comparant les expériences 1 et 2, on remarque que des algues placées dans une eau enrichie en nitrates et phosphates et éclairées 15 h prolifèrent davantage dans une eau à 22 °C que dans une eau à 14 °C.

Étape 3

Proposer une conclusion ou une **interprétation** de ces faits.

Il faut ici répondre à l'hypothèse : l'augmentation de la température est une cause de la multiplication des algues en été.

EXEMPLE DE PRODUCTION ÉCRITE

Hypothèse éprouvée. La température agit sur la prolifération des algues.
Analyse. Comparons les expériences 1 et 2. Des algues placées dans une eau enrichie en nitrates et phosphates et éclairées pendant 15 h par jour sont soumises à des températures différentes. La quantité d'algues est plus importante dans une eau à 22 °C que dans une eau à 14 °C.
Conclusion. La température agit sur la prolifération des algues : augmenter la température, c'est augmenter la multiplication des algues.
Remarque. En été, la durée d'ensoleillement et la température augmentent. Il faudrait tester l'influence de la durée d'éclairement sur la prolifération des algues.

3. Exemples de protocoles scientifiquement faux

Ces protocoles sont établis pour étudier le problème de la prolifération des algues présenté dans les exemples précédents.

Protocole A

	Culture d'algues	Eau enrichie en nitrates et phosphates	Température	Durée d'éclairement
Expérience	1 mL	200 mL	20 °C	18 h

Une seule expérience ne permet pas de savoir quel paramètre provoquera le résultat. Il faut faire au moins deux expériences pour pouvoir **comparer**.

Protocole B

	Culture d'algues	Eau enrichie en nitrates et phosphates	Température	Durée d'éclairement
Expérience 1	1 mL	200 mL	22 °C	18 h
Expérience 2	1 mL	200 mL	18 °C	12 h

Ce protocole ne permet pas de comparer les expériences car deux paramètres, lumière et température, peuvent agir sur le résultat. Un seul paramètre doit intervenir (la **variable**), les autres doit être identiques (les **constantes**).

Exercices 8, 9, 12, 13, 14 et 15

EXERCICES D'APPLICATION

1 QUELQUES MOTS-CLÉS ★ 5 min ▸ P. 114

Associer une définition à un mot clé de la liste.

a. Être vivant qui produit de la matière organique à partir de matière minérale.

b. Mécanisme qui utilise l'énergie solaire pour la synthèse d'un glucide.

c. Molécule qui capte l'énergie solaire pour permettre la synthèse d'un glucide.

d. Être vivant qui minéralise la matière organique des producteurs morts.

e. Masse de matière organique produite par une population d'êtres vivants.

f. Ensemble des êtres vivants qui peuplent la Terre.

Liste des mots clés : biosphère, décomposeur, producteur primaire, biomasse, chlorophylle, photosynthèse.

2 LE BILAN CHIMIQUE DE LA PHOTOSYNTHÈSE ★ 10 min ▸ P. 114

Vrai ou faux ? Proposer une correction pour les affirmations fausses.

a. La photosynthèse permet la production de matière minérale à partir de la matière organique puisée dans le sol et dans l'air.

b. Sans dioxyde de carbone, la photosynthèse est impossible.

c. Le végétal réalise la photosynthèse pour produire du dioxygène.

d. Les racines, ne pouvant pas réaliser la photosynthèse faute de lumière, se nourrissent grâce à la matière organique présente dans le sol.

Classer par ordre chronologique les différentes étapes de la production primaire chez un pied de pomme de terre.

– Photosynthèse.
– Absorption par les feuilles de CO_2 atmosphérique.
– Circulation de sève élaborée (sucrée).
– Circulation de sève brute (minérale).
– Absorption d'eau et d'ions par les racines
– Stockage du glucide sous forme d'amidon.

3 MATIÈRE ORGANIQUE ET MATIÈRE MINÉRALE ★ 10 min ▸ P. 114

Identifier les matières minérales et organiques présentées dans le tableau suivant.

Molécule	Formule	Origine	Minérale ou organique ?
Dioxyde de carbone	CO_2	Atmosphère	
Amidon	$(C_6H_{10}O_5)_n$	Farine de blé	
Saccharose	$(C_{12}H_{22}O_{11})$	Canne à sucre	
Dioxygène	O_2	Atmosphère	
Eau	H_2O	Océan	

4 L'ORGANISATION D'UN RÉSEAU TROPHIQUE ★ 10 min ▶ P. 115

Placer chaque être vivant dans le réseau trophique du doc. 6.

Doc. 6. Réseau trophique

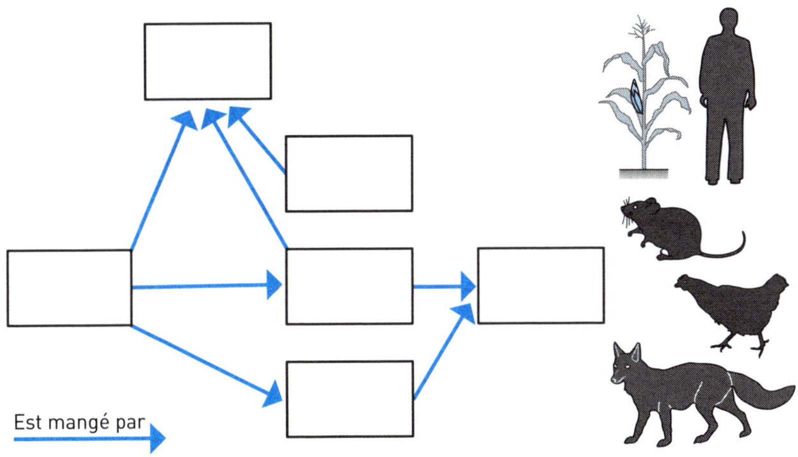

5 LE RECYCLAGE DE LA MATIÈRE ★ 10 min ▶ P. 115

Compléter le schéma bilan avec les mots suivants : décomposeur, producteur primaire, producteur secondaire, producteur tertiaire.

Doc. 7. Schéma bilan

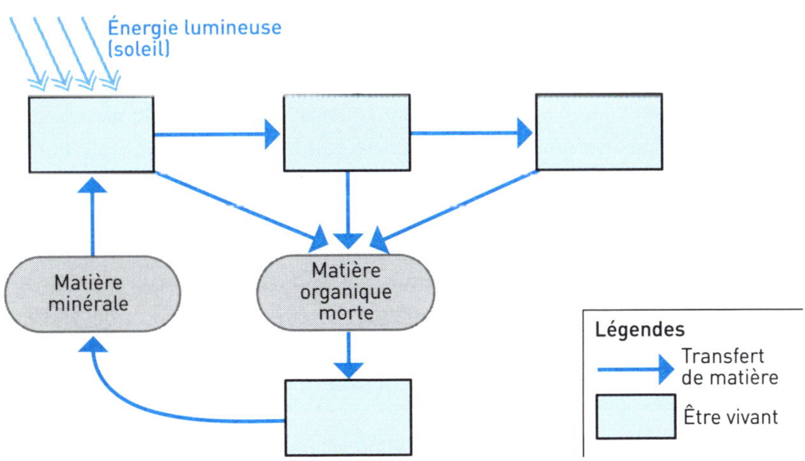

6 COMPRENDRE UN BILAN ★ 15 min ▶ P. 116

Traduire sous forme de texte le doc. 5 présenté en bilan page 102.

EXERCICES D'ENTRAÎNEMENT

7 L'AMÉLIORATION DES RENDEMENTS | ★ | 5 min | ▸ P. 116

Nourrir une population en forte augmentation au 20e siècle a été un défi relevé par l'agriculture. La sélection des espèces végétales pour leur productivité, la mécanisation des cultures qui a nécessité un regroupement des petits champs pour réaliser des parcelles de plusieurs hectares, l'emploi d'engrais et l'irrigation ont permis une multiplication par 6 des rendements du blé et du maïs en France.
Identifier dans ce texte les causes de l'amélioration des rendements.

8 UNE EXPÉRIMENTATION EN PARCELLE | ★★ | 15 min | ▸ P. 116

Plusieurs protocoles d'expérimentation en plein champ sont proposés pour choisir, parmi trois espèces de blé, celle qui apporte le meilleur rendement.
Un seul protocole est scientifiquement acceptable : lequel ? Justifier la réponse.

1. Cultiver ces trois espèces sur trois parcelles différentes.
2. Cultiver dans la même parcelle une espèce différente tous les ans.
3. Cultiver ces trois espèces dans une parcelle qui a été découpée en trois mini parcelles de même surface.

Se reporter au savoir-faire pages 103 à 105.

9 L'AMÉLIORATION DES RENDEMENTS DU BLÉ | ★★ | 20 min | ▸ P. 116

Pour savoir comment améliorer les rendements en blé, une expérimentation est conduite dans un champ sur trois mini parcelles avec la variété de blé talent. Le tableau ci-dessous présente le protocole de culture et les rendements obtenus exprimés en kg par hectare (kg/ha). L'année du test, la pluviométrie a été dans les moyennes saisonnières.

Mini parcelle	Variété	Engrais	Irrigation	Rendement
A	Talent	non	non	600 kg/ha
B	Talent	oui	non	900 kg/ha
C	Talent	oui	oui	920 kg/ha

a. À l'aide de vos connaissances, expliquer le lien entre les apports en eau et en engrais et la croissance d'un végétal.
b. Quelles informations apporte cette expérimentation ? Une réponse structurée est attendue.

Étudier les explications développées dans le savoir-faire pages 103 à 105.

10 QUELLE POPULATION EN 2100 ? | ★ | 10 min | ▸ P. 117

Fin 2011, la population mondiale a dépassé le chiffre de 7 milliards d'habitants, elle a augmenté de 5 milliards au cours du dernier siècle ! S'il est scientifiquement impossible de prédire un avenir, il est possible d'élaborer des scénarios sur la base des données disponibles. Trois scénarios pour 2100 peuvent être retenus :

Doc. 8. Évolution de la population mondiale au fil des siècles

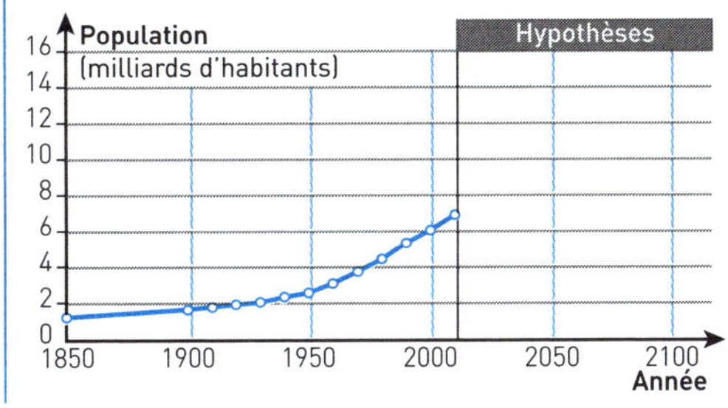

– Scénario haut : évolution continue de la population, sur un rythme actuel.
– Scénario moyen : baisse de la natalité dans les pays émergents.
– Scénario bas : mise en œuvre de politiques de restriction de la natalité.

Pour chacun de ces trois scénarios, tracer sur le graphique une évolution possible de la population et estimer la valeur de la population pour 2100.

11 DES RECETTES POUR NOURRIR LA PLANÈTE | ★★ | 20 min | ▸ P. 117

Doc. 9. Extraits du *Journal du CNRS*

« L'augmentation de la population au cours des cinquante prochaines années va entraîner un accroissement de la demande de nourriture, ainsi qu'un changement des habitudes alimentaires. À l'image des pays développés aujourd'hui, les pays en développement, où se concentrera l'essentiel du boom démographique, consommeront plus de viande. Or, pour produire un seul kilogramme de viande, il faut entre 3 et 10 kg de céréales. »

« L'augmentation de la population entraîne une demande importante de terres et on se dirigera forcément vers les limites physiques de la planète. Les rendements, qui plafonnent dans les principales régions productives, ne sont obtenus qu'au prix d'une utilisation intensive d'eau et de produits chimiques, ce qui présente des risques importants pour l'environnement. L'usage intensif d'engrais a entraîné l'eutrophisation (prolifération d'algues) de rivières, de lacs et de côtes. Les pesticides sont à l'origine de contaminations de la nappe phréatique et d'atteintes à la biodiversité. 30 % des émissions de gaz à effet de serre sont imputables à l'agriculture. Difficile d'imaginer qu'une telle agriculture puisse nourrir 9 milliards de personnes en 2050 tout en préservant l'environnement. Pour toutes ces raisons, il faut des technologies nouvelles pour sortir de l'impasse. »

« Les recettes pour nourrir la planète », Fabrice Demarthon,
Le Journal du CNRS, n° 224, 2008

a. Expliquer, à l'aide vos connaissances, pourquoi pour produire 1 kg de viande nécessite entre 3 et 10 kg de céréales.

b. « Il faut des technologies nouvelles pour sortir de l'impasse ». Faire un exposé structuré des arguments développés pour justifier cette affirmation.

Identifier et regrouper les arguments pour les deux thèmes abordés : l'impact sur l'environnement et les deux limites de la planète.

EXERCICES D'APPROFONDISSEMENT

12 LES AVANTAGES DE LA ROTATION DES CULTURES

★★★ 30 min ▸ P. 118

La rotation des cultures désigne la succession de cultures sur une parcelle selon un cycle de 2 ans (exemple : colza/blé), 3 ans (ray-grass d'Italie/maïs ensilage/blé) ou 4 ans (colza/blé/moutarde/maïs). À l'inverse, la monoculture désigne la répétition d'une même culture sur la même parcelle (exemple : blé/blé/blé…). Les documents qui suivent présentent deux avantages attribués à la rotation des cultures.

Étudier ces documents pour identifier les deux avantages attribués à la rotation des cultures.

Chaque document présente un avantage. Ils peuvent donc être étudiés l'un après l'autre.

Doc. 10. Rendements

Année 1	Blé	Betterave	Ray-grass
Année 2 : blé (tonne/ha)	3,5	5	5

L'étude a été réalisée sur une parcelle expérimentale pendant plusieurs années. Seul un apport d'engrais azoté a été réalisé sur la parcelle avant la culture du blé. On mesure le rendement de la culture de blé la deuxième année.

Doc. 11. Adventices

L'étude porte sur le développement des adventices (« mauvaises herbes »). Elle a été conduite sur 200 parcelles sur lesquelles sont pratiquées différents cycles de rotations des cultures.

Nature des cultures sur 4 ans	% de parcelles la 4e année	
	Sans aucune adventice l'été	Infestées par les adventices
Colza | Blé | Pois | Maïs	33	0
Blé | Maïs | Blé | Maïs	26	38
Maïs | Maïs | Maïs | Maïs	0	60

Voici un tableau regroupant les cultures préférées par les adventices.

Culture	Adventices			
	Géranium	Chénopode	Brome	Vulpins
Colza	XXX			
Pois		XXX	X	
Blé	000	000	XX	XX
Maïs		XXX		X

X : favorable ; 0 : défavorable.

13 LES CULTURES INTERMÉDIAIRES PIÈGES À NITRATES (CIPAN)

★★★ 30 min ▸ P. 117

La minéralisation de la matière organique du sol (humus) en nitrate (oxyde d'azote minéral) par les décomposeurs du sol se poursuit en automne et en hiver lorsque le sol n'est pas couvert par une culture. Pendant cette période d'interculture, les nitrates sont entraînés en profondeur dans les nappes par l'infiltration des eaux de pluie. La concentration en nitrates dans l'eau pompée dans cette nappe pour l'alimentation en eau potable peut dépasser la limite de potabilité fixée à 50 mg/L.

Étudiez les documents proposés pour montrer que :
– la moutarde est une CIPAN (Culture Intermédiaire Piège à Nitrates) ;
– la moutarde constitue une source d'azote minéral pour les cultures suivantes.

Le texte d'introduction apporte des informations importantes qui permettent de comprendre les deux documents proposés ensuite.

Doc. 12. Expérimentation

Une expérimentation est conduite sur des microparcelles de 5 m^2 qui reçoivent à l'automne le même apport en nitrates.

Parcelles de type A : le sol est laissé sans végétation jusqu'au printemps.

Parcelles de type B : de la moutarde est semée à l'automne après la récolte de colza. Elle se développe et couvre le sol en hiver, elle est enfouie dans le sol au printemps avant le semis de maïs.

Un dosage des nitrates du sol exprimé en kg d'N/ha (kg d'azote par hectare) est réalisé au printemps pour chacune des deux parcelles.

	Parcelle A	Parcelle B
Azote minéral (kg d'N/ha)	170	90
Azote contenu dans la matière organique de la moutarde (kg d'N/ha)	–	150

Doc. 13. Devenir de l'azote (N) présent dans la matière organique d'une CIPAN

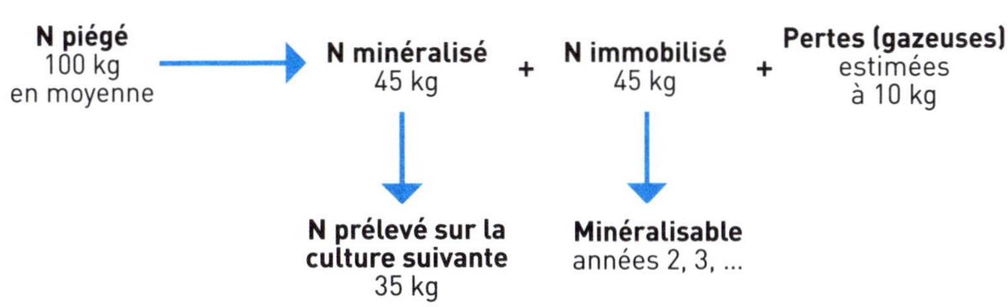

CONTRÔLE

14 DE LA MATIÈRE MINÉRALE À L'AMIDON | ★ | 20 min | ▸ P. 119

Expliquer comment un végétal chlorophyllien produit l'amidon qu'il stocke dans les grains (céréales) ou dans un tubercule (pomme de terre) à partir de matières minérales puisées dans le milieu.

Ce résumé fera 20 lignes maximum. Utiliser un vocabulaire précis.

15 LA LUTTE CONTRE LA PYRALE DU MAÏS | ★★ | 40 min | ▸ P. 119

Le maïs, comme toutes les cultures, est parasité par des insectes. La pyrale en particulier peut faire chuter les rendements de 30 %. La larve de la pyrale creuse des galeries dans les tiges qui deviennent fragiles et cassent, ainsi que dans les grains du maïs. Après métamorphose, les larves donnent naissance à des papillons. Après le vol d'accouplement, la femelle va pondre ses œufs sur un pied de maïs.

a. Utilisez les informations fournies par ce texte et vos connaissances pour expliquer la baisse de rendement en maïs provoquée par la pyrale.

b. Quelles techniques de lutte contre la pyrale sont évoquées dans le **doc. 14** ?

Doc. 14. Extraits du forum www.agri-convivial.com

Tf76 Chez moi, sur la variété DKC 6085, c'est du 100 % attaqué, 4 à 5 pyrales par épi, et les tiges environ plus de 50 % attaquées...

Henry Chez moi aussi j'ai des pyrales cette année. Ça fait une petite dizaine d'années que je ne traite plus les maïs avec des insecticides, il n'y avait pas de pyrales.

Alex Pourquoi ne mettez-vous pas des trichogrammes ?!

Fly 49 T'en a déjà épandu ?

Alex Ça se met à la main, ça ne s'épand pas, ce sont des insectes ! Oui, bien sûr, j'ai fait 10 ha en une heure, ça se met tous les 20 mètres sur 26 mètres donc ça va vite.

Antoine C'est vraiment dommage de ne pas pouvoir utiliser les variétés d'OGM résistantes à la pyrale.

Bajou On va pas refaire le débat des OGM, perso je suis anti OGM.

Doc. 15. La lutte contre la pyrale en Limagne

L'expérimentation est mise en place sur une parcelle au nord de Clermont-Ferrand. La présence de pyrale y est très importante. Les parcelles élémentaires sont composées de 4 rangs de maïs. Le traitement réalisé le 6 juillet 2008 teste trois insecticides : DPX, Horizon, Cyper. Une parcelle témoin n'est pas traitée. Le comptage des larves est réalisé le 24 septembre sur les deux rangs centraux et 5 pieds consécutifs par parcelle élémentaire.

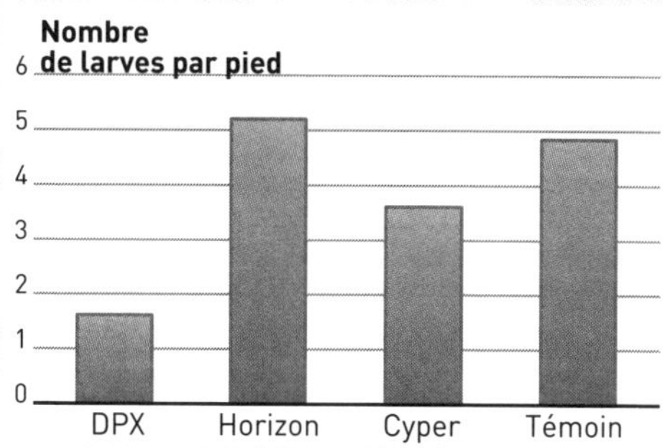

c. Montrer que le protocole expérimental adapté pour cette expérimentation est scientifiquement correct **(doc. 15)**.

d. Quel insecticide se révèle le plus efficace ? Justifier le choix.

e. En utilisant le **doc. 16**, expliquer pourquoi le trichogramme permet de détruire la pyrale sans endommager le maïs. Pourquoi peut-on parler de lutte biologique ?

f. L'utilisation du trichogramme est-elle efficace ? Justifier la réponse.

Doc. 16. Expérimentation avec des trichogrammes

Les trichogrammes, « microguêpes » d'environ 0,5 mm, ont la particularité de parasiter les œufs de la pyrale. La méthode consiste à produire des trichogrammes pour les lâcher dans des champs de maïs. Les femelles vont pondre dans les œufs de la pyrale.

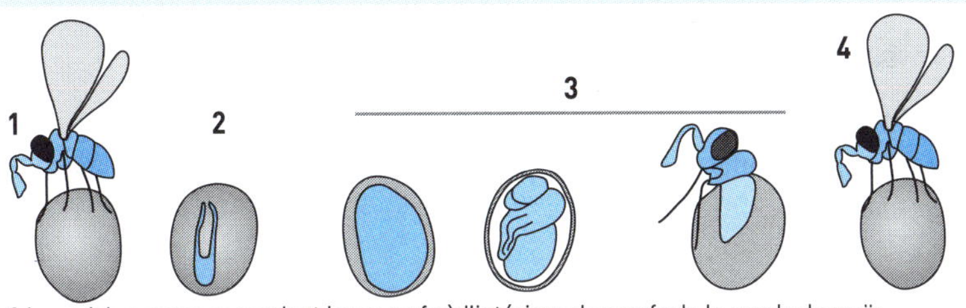

1 Les trichogrammes pondent leurs œufs à l'intérieur des œufs de la pyrale du maïs.
2 Le développement des trichogrammes dans les œufs de la pyrale provoque leur destruction.
3 De ces œufs de pyrale détruits éclosent de nouveaux trichogrammes.
4 Cette nouvelle génération de trichogrammes part également à la recherche d'œufs de pyrale du maïs, le cycle continue…

Des essais ont été réalisés sur plusieurs années afin de vérifier l'efficacité parasitaire des trichogrammes, utilisées en lâcher unique. Pour chaque expérimentation, 5 parcelles de maïs sont choisies (surface minimum d'1 hectare) dans une même région. Les pontes de pyrale sont dénombrées chaque semaine sur 100 plantes par parcelle de manière à connaître le pourcentage de pontes parasitées par les trichogrammes. Les résultats sont présentés sur le graphique suivant.

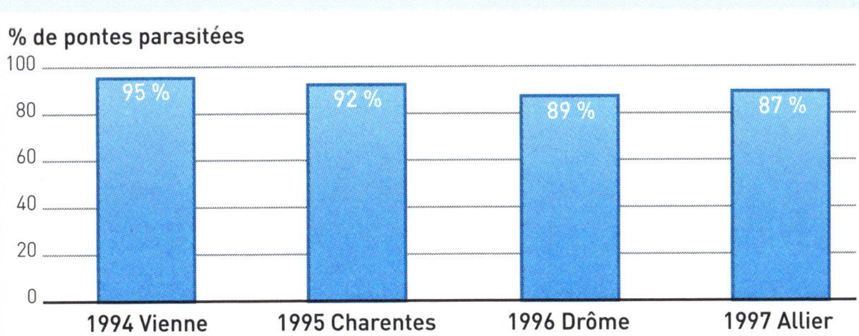

CORRIGÉS

1 QUELQUES MOTS CLÉS

a. Producteur primaire : être vivant qui produit de la matière organique à partir de matière minérale.

b. Photosynthèse : mécanisme qui utilise l'énergie solaire pour la synthèse d'un glucide.

c. Chlorophylle : molécule qui capte l'énergie solaire pour permettre la synthèse d'un glucide.

d. Décomposeur : être vivant qui minéralise la matière organique des producteurs morts.

e. Biomasse : masse de matière organique produite par une population d'êtres vivants.

f. Biosphère : ensemble des êtres vivants qui peuplent la Terre.

2 LE BILAN CHIMIQUE DE LA PHOTOSYNTHÈSE

a. **Faux.** La photosynthèse permet la production de matière organique à partir de matière minérale.

b. **Vrai.**

c. **Faux.** Le dioxygène est un « déchet » de la photosynthèse dont la fonction est la production d'un glucide.

d. **Faux.** Les racines se nourrissent de la matière organique produite grâce à la photosynthèse apportée par la sève élaborée (sucrée).

Chronologie des différentes étapes de la production primaire chez un pied de pomme de terre :

1. Absorption d'eau et d'ions par les racines.
2. Circulation de sève brute (minérale).
3. Absorption par les feuilles de CO_2 atmosphérique.
4. Photosynthèse.
5. Circulation de sève élaborée (sucrée).
6. Stockage du glucide sous forme d'amidon

3 MATIÈRE ORGANIQUE ET MATIÈRE MINÉRALE

Deux critères peuvent être utilisés pour cette reconnaissance : une molécule organique est produite par un être vivant et elle possède toujours les éléments carbone et hydrogène.

Dioxyde de carbone, eau et dioxygène : molécules minérales.
Amidon et saccharose : molécules organiques.

4 L'ORGANISATION D'UN RÉSEAU TROPHIQUE

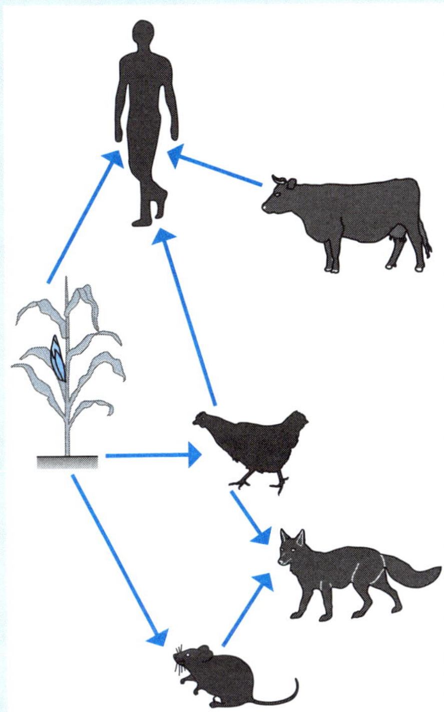

5 LE RECYCLAGE DE LA MATIÈRE

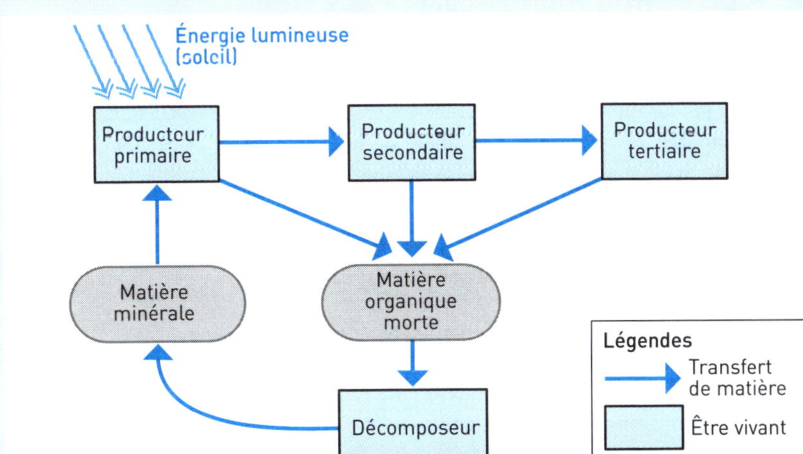

6 COMPRENDRE UN BILAN

Grâce à la lumière captée par la chlorophylle, un producteur primaire produit de la matière organique à partir de matières minérales puisées dans le milieu. La matière organique des producteurs morts (primaires, secondaires…) est décomposée en matière minérale par les décomposeurs.

7 L'AMÉLIORATION DES RENDEMENTS

Quatre causes de l'amélioration des rendements : la sélection d'espèces pour leur productivité, la mécanisation de l'agriculture, l'emploi d'engrais et l'irrigation.

8 UNE EXPÉRIMENTATION EN PARCELLE

Un protocole est scientifiquement correct lorsque les expériences à comparer ne diffèrent que par une seule variable : l'espèce végétale pour cette expérimentation. Tous les autres paramètres doivent être identiques (constantes).

Protocole 1

Deux parcelles distinctes ne vont pas avoir le même sol, et des différences de pluviométrie et de température peuvent intervenir. Il y a trop de variables dans ce protocole.

Protocole 2

Deux années consécutives ne vont pas soumettre les espèces aux mêmes conditions climatiques. Par ailleurs, la composition du sol en minéraux ne sera pas la même (d'une année à l'autre). Ce protocole n'est pas acceptable non plus.

Protocole 3

Diviser une parcelle en lots expérimentaux, c'est avoir le même sol, exposé aux mêmes conditions climatiques. Ce protocole doit cependant être reproduit sur d'autres parcelles et sur deux ou trois ans pour fournir des résultats significatifs.

9 L'AMÉLIORATION DES RENDEMENTS DU BLÉ

a. Le blé, comme tous les végétaux chlorophylliens, a besoin d'eau pour réaliser la photosynthèse. Pour produire sa matière organique, le végétal utilise le glucide produit par la photosynthèse et les minéraux prélevés dans le sol. Sans eau, la photosynthèse est limitée, ce qui réduit la synthèse de matière organique. Sans minéraux, la synthèse de matière organique est aussi réduite.

b. Deux comparaisons peuvent être faites :
– comparer les parcelles A et B : la variable est l'apport d'engrais ;
– comparer les parcelles B et C : la variable est l'irrigation.

Les réponses sont complètes en présence de donnés chiffrées.

Hypothèse 1. L'apport d'engrais améliore les rendements.

Analyse. Comparons les mini parcelles A et B. Les cultures sont soumises aux mêmes conditions : climat, sol, variété de blé, absence d'irrigation. L'apport d'engrais améliore le rendement de 300 kg/ha soit une augmentation de 50 %.

Conclusion. Pour cette parcelle, l'apport d'engrais permet une augmentation importante du rendement en blé.

Hypothèse 2. L'irrigation améliore les rendements.
Analyse. Comparons les mini parcelles B et C. Les cultures sont soumises aux mêmes conditions : climat, sol, variété de blé, apport d'engrais. L'irrigation améliore le rendement de 20 kg/ha soit une augmentation de 3 %.
Conclusion. Pour cette parcelle, l'amélioration du rendement apportée par l'irrigation est faible.
Bilan. Un apport d'engrais peut améliorer les rendements en blé pour cette parcelle, mais l'amélioration apportée par l'irrigation est trop faible pour être adoptée.

Irriguer, c'est disposer d'une source d'eau (rivière ou puits d'accès à une nappe), un système de pompage, des tuyaux et une (des) rampe(s) d'arrosage. Le coût de cette solution doit être compensée par le gain obtenu par l'augmentation du rendement.

10 QUELLE POPULATION EN 2100 ?

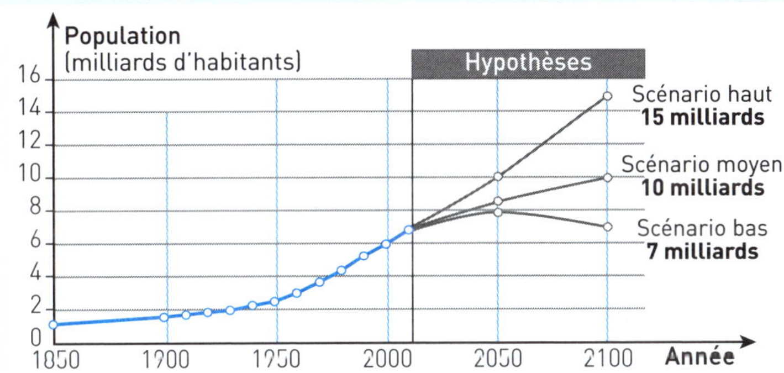

11 DES RECETTES POUR NOURRIR LA PLANÈTE

a. Le blé est un végétal chlorophyllien, c'est un producteur primaire qui produit de la matière organique à partir de matières minérales puisées dans le milieu : eau, dioxyde de carbone, minéraux. La viande provient d'un producteur secondaire, un animal qui se nourrit de végétaux : bœuf, mouton, poulet. Ces animaux produisent leur matière organique en se nourrissant de la matière organique des producteurs primaires (foin et céréales pour les bovins, céréales pour les poules…). Dans un réseau trophique, la biomasse produite par un producteur secondaire est bien inférieure à celle du producteur primaire consommé. La production d'1 kg de viande nécessite donc la consommation de plusieurs kg de céréales.

b. Les arguments développés dans le texte pour justifier la nécessité « de nouvelles technologies pour sortir de l'impasse » peuvent être regroupés autour de deux thèmes.
L'impact sur l'environnement : l'agriculture actuelle produit de la nourriture pour 7 milliards d'habitants grâce aux rendements élevés des cultures obtenus par un usage intensif d'engrais, d'eau pour l'irrigation et de pesticides. Mais cet usage intensif s'accompagne d'un impact important sur l'environnement : développement des algues dans les eaux polluées par les nitrates, contamination des nappes et atteintes à la biodiversité par les pesticides et la production de gaz à effet de serre.

Les deux limites de la planète

– La limite des rendements. Nous sommes aujourd'hui 7 milliards d'habitants, mais nous serons 2 milliards de plus en 2050, soit une augmentation de 28 %. Or, actuellement, les rendements dans les principales régions productives plafonnent ! Il y a une limite à la productivité.

– La limite physique. À l'image des pays développés, le développement économique des pays émergents s'accompagnera d'une augmentation de la consommation de viande. La production d'1 kg de viande nécessite une surface agricole 3 à 10 fois plus importante que celle qui permet la production de céréales. Cultiver plus de terre va se heurter aux limites physiques de la planète.

12 LES AVANTAGES DE LA ROTATION DES CULTURES

Les réponses sont considérées comme complètes en présence de données chiffrées.

Analyse du doc. 10

Une expérimentation sur 2 ans est réalisée sur des parcelles.

La première année, des cultures différentes sont réalisées sur les parcelles : blé, betterave, ray-grass.

La deuxième année, toutes les parcelles sont cultivées avec du blé. Les rendements les plus importants (5 t/ha) sont obtenus sur les parcelles pour lesquelles il y a eu rotation des cultures. Le rendement des parcelles en monoculture blé/blé est 30 % plus faible (3,5 t/ha).

Conclusion : cette expérience montre que la rotation des cultures améliore les rendements de la culture du blé.

Analyse du doc. 11

L'expérimentation est réalisée sur 200 parcelles. Les plantes qualifiées d'adventices sont dénombrées après la culture du maïs en fin de 4e année. Les trois années précédentes, certaines parcelles étaient en monoculture maïs, d'autres en rotation sur 2 ans avec le blé, les autres en rotation sur 4 ans.

Les parcelles en monoculture de maïs sont celles qui possèdent le plus d'adventices (60 % des parcelles infestées), et les parcelles en rotation sur 4 ans sont celles qui en possèdent le moins (0 % infestées).

Conclusion : la rotation des cultures permet de diminuer le développement des adventices. C'est une solution pour éviter l'emploi d'herbicides.

Comment expliquer cet effet ?

Analyse. Les quatre plantes adventices présentées dans le doc. 11 ont un développement différent selon la culture pratiquée. Le chénopode, par exemple, se développe très bien sur une culture de pois et de maïs, mais très mal avec le blé.

Interprétation. En monoculture, certaines adventices vont se développer et coloniser un peu plus la parcelle année après année. Avec une rotation des cultures, une adventice trouvera, lors des rotations, des conditions favorables puis défavorables : son développement sera stoppé ou ralenti.

Bilan. Ces documents montrent deux avantages à la rotation des cultures : l'amélioration des rendements et la forte diminution du nombre des adventices.

13 LES CULTURES INTERMÉDIAIRES PIÈGES À NITRATES (CIPAN)

Montrer que la moutarde est une CIPAN

La moutarde est semée et couvre le sol en hiver entre deux cultures, celle du colza et celle à venir du maïs. C'est bien une culture intermédiaire.

Analyse du doc. 12

Comparons la teneur en nitrates des parcelles de type A et B. Les deux parcelles ont reçu le même apport en nitrates à l'automne. Le sol des parcelles de type B couvertes pendant l'hiver par de la moutarde contient au total 240 kg d'azote par ha, soit 40 % de plus que le sol des parcelles de type A qui est resté sans couvert végétal.

La plus grande réserve d'azote du sol des parcelles B se trouve dans la matière organique de la moutarde enfouie au printemps.

Conclusion. Pendant l'hiver, la moutarde a puisé dans le sol des nitrates pour produire sa matière organique. L'azote qui manque dans le sol des parcelles A a été entraîné en profondeur par infiltration des eaux de pluie. La moutarde est bien un piège à nitrates.

Montrer que la moutarde est une source d'azote minéral pour les cultures suivantes

Analyse du doc. 13

45 % de l'azote piégé dans la matière organique de la moutarde sera minéralisé et utilisé par la culture suivante, mais 45 % sera minéralisé plus tard ; cet azote sera utilisé par les cultures des années suivantes.

Conclusion. La matière organique de la moutarde enfouie dans le sol est minéralisée lentement par les décomposeurs du sol, cette minéralisation produit des nitrates qui sont disponibles pour les plantes cultivées les deux ou trois années suivantes.

14 DE LA MATIÈRE MINÉRALE À L'AMIDON

Importation des matières minérales. Le végétal chlorophyllien puise dans le milieu des matières minérales :

– avec les racines, il puise de l'eau et des minéraux dans le sol qui forment la sève brute qui est transportée jusqu'aux feuilles ;

– au niveau des feuilles, du dioxyde de carbone est puisé dans l'air.

Photosynthèse. Dans les parties chlorophylliennes des feuilles et en présence de lumière se produit la photosynthèse ; un glucide est produit selon la réaction :

$$\text{eau} + \text{dioxyde de carbone} \rightarrow \text{glucide} + \text{dioxygène}$$

Exportation du glucide et synthèse de l'amidon. Le glucide produit par la photosynthèse est exporté des feuilles vers les parties non chlorophylliennes qui l'utilisent pour leur fonctionnement. Dans les tubercules de la pomme de terre ou dans les grains des céréales, ce glucide est transformé en amidon et stocké.

15 LA LUTTE CONTRE LA PYRALE DU MAÏS

a. C'est dans la tige que circule la sève brute qui apporte l'eau et les minéraux aux feuilles et la sève élaborée destinée aux parties non chlorophylliennes de la plante. En creusant des galeries dans la tige, la larve de pyrale détruit les vaisseaux. La feuille d'un végétal fait la photosynthèse, elle produit de la matière organique à partir de matières minérales. Quand les tiges cassent, les feuilles flétrissent et la photosynthèse s'arrête.

b. Trois techniques sont évoquées dans ce forum :
– une lutte chimique à l'aide d'insecticides ;
– une lutte biologique avec des insectes, les trichogrammes ;
– la culture de maïs OGM résistant à la pyrale.

c. **Constantes et variable.** L'expérimentation est réalisée sur une grande parcelle divisée en parcelles élémentaires. Plusieurs paramètres sont identiques : conditions climatiques, nature et composition du sol, même variété de maïs. Le traitement est la seule variable de cette expérimentation.

Témoin. Certaines parcelles élémentaires ne reçoivent pas de traitement et constituent un témoin : une référence pour servir de base aux comparaisons.

d. **Analyse.** La comparaison des parcelles traitées avec la parcelle témoin montre que :
– les parcelles traitées avec l'insecticide Horizon présentent quasiment autant de larves de pyrale par pied de maïs que la parcelle témoin ;
– les parcelles traitées avec l'insecticide DPX présentent 3 fois moins de larves par pied que les parcelles témoin, et deux fois moins que les parcelles traitées avec du Cyper.

Conclusion. L'insecticide le plus efficace pour lutter contre cette espèce de pyrale est le DPX.

e. Le trichogramme pond et sa larve se développe uniquement dans l'œuf de pyrale qui est détruit. C'est un trichogramme adulte qui sort de l'œuf et s'envole, sans endommager le végétal.

C'est le développement du trichogramme qui détruit la larve de pyrale. Par ailleurs, l'œuf de la pyrale offre les conditions de la reproduction des trichogrammes. On peut donc parler de lutte biologique car aucun produit chimique n'intervient.

f. **Analyse.** Quels que soient les départements où sont réalisés les tests et quelles que soient les années, le pourcentage de larves de pyrale parasitées par les trichogrammes est très important, entre 87 et 95 %.

Conclusion. Sur ces parcelles, ce sont donc 87 à 95 % des larves de pyrale qui ont été détruites. L'utilisation des trichogrammes est efficace.

6 Le sol, un patrimoine durable ?

Alors que le population mondiale augmente, la surface des terres cultivées ne cesse de décroitre. En France, 80 000 hectares de terres agricoles sont perdus chaque année. Routes, parkings, habitations... les surfaces urbanisées, en constante augmentation, occupent aujourd'hui près de 10 % de la surface de la métropole.
Et dans le monde, selon la FAO (Food and Agriculture Organization), les terres dégradées représentent plus de 20 % de l'ensemble des terres cultivées, 30 % des forêts et 10 % des pâturages.

L'ESSENTIEL

I LE SOL, UNE RÉSERVE D'EAU ET DE SELS MINÉRAUX

■ Pour nourrir l'humanité, l'Homme cultive des végétaux qui puisent dans le sol, à l'aide de leurs racines, des matières minérales indispensables à leur croissance : de l'**eau** et des **sels minéraux**.

■ Le sol est un milieu vivant, les décomposeurs qui vivent dans le sol minéralisent l'**humus** ; les sels minéraux produits sont fixés par les **complexes argilo-humiques**. Le sol retient de l'eau dans les interstices.

II LE SOL, UNE RESSOURCE FRAGILE ET VULNÉRABLE

■ Un sol se forme lentement par l'altération de la **roche mère** du sous-sol sous l'influence du climat et de l'action des êtres vivants. C'est aussi une ressource menacée par l'action de l'Homme : érosion des sols en pente mis à nu, dégradation chimique, diminution des surfaces suite à l'urbanisation…

■ Cette **dégradation des sols** est observée depuis quelques dizaines d'années, mais c'est en milliers d'années que s'exprime la durée nécessaire à la **formation d'un sol** : à l'échelle humaine, le sol est une ressource non renouvelable. Le sol est donc une ressource fragile, vulnérable et menacée.

Les mots-clés du lexique
Altération, complexe argilo-humique, horizon, humus, hydrolyse, nappe, roche mère.

LE COURS

Pour nourrir l'humanité, l'agriculture a un double besoin pour les sols :
– un besoin quantitatif associé aux surfaces cultivables disponibles ;
– un besoin qualitatif lié aux propriétés du sol à retenir l'eau et les minéraux.

I LE SOL, UNE RÉSERVE D'EAU ET DE SELS MINÉRAUX

C'est dans le sol que les racines des végétaux chlorophylliens puisent l'eau et les sels minéraux nécessaires à la production de matière organique (chapitre 5).

1. Le sol, un milieu de vie

Le sol est un milieu de vie pour de nombreuses espèces : petits animaux du sol (acariens, araignées, insectes…), micro-organismes (bactéries, champignons…). Ces êtres vivants sont des **décomposeurs**.

2. Le sol, une réserve de minéraux

■ Les **décomposeurs** du sol transforment la matière organique des résidus de végétaux en **humus**, puis l'humus en matière minérale. Cette **minéralisation**, lente et permanente, produit des **sels minéraux** qui sont retenus à la surface des **complexes argilo-humiques**, agrégats d'**argile** et d'**humus** (doc. 1).

■ La diminution de la réserve minérale a deux origines : le prélèvement par les cultures et le lessivage des minéraux lorsque la pluviométrie est importante.

■ La réserve minérale du sol peut être reconstituée avec des engrais chimiques ou par l'apport de matière organique (fumier, culture d'hiver enfouie).

3. Le sol, une réserve d'eau

■ L'eau est retenue dans les pores du sol. Cette **réserve d'eau**, limitée par la nature et l'épaisseur du sol, est cependant faible au regard des besoins d'une culture. Quand le sol est **saturé**, l'eau s'infiltre par les pores et les fissures de la roche et s'accumule au-dessus d'une roche imperméable pour former une **nappe** (réserve d'eau trop profonde pour les racines). Quand le sous-sol est **imperméable**, l'eau ruisselle, l'infiltration est réduite et les nappes sont peu importantes (doc. 1).

■ La diminution de la réserve d'eau du sol est due à l'évaporation et au prélèvement d'eau par les cultures.

■ La reconstitution de la réserve du sol est assurée par la pluie ou par irrigation lorsque de l'eau peut être pompée dans une nappe ou dans une rivière.

Ce qu'il faut savoir	Exercices pour s'entraîner
Expliquer en quoi le sol est une reserve de sels minéraux	3, 7
Expliquer en quoi le sol est une réserve d'eau	3, 5

Doc. 1. Le sol est une réserve d'eau et une réserve de minéraux pour les végétaux (coupe dans une région calcaire)

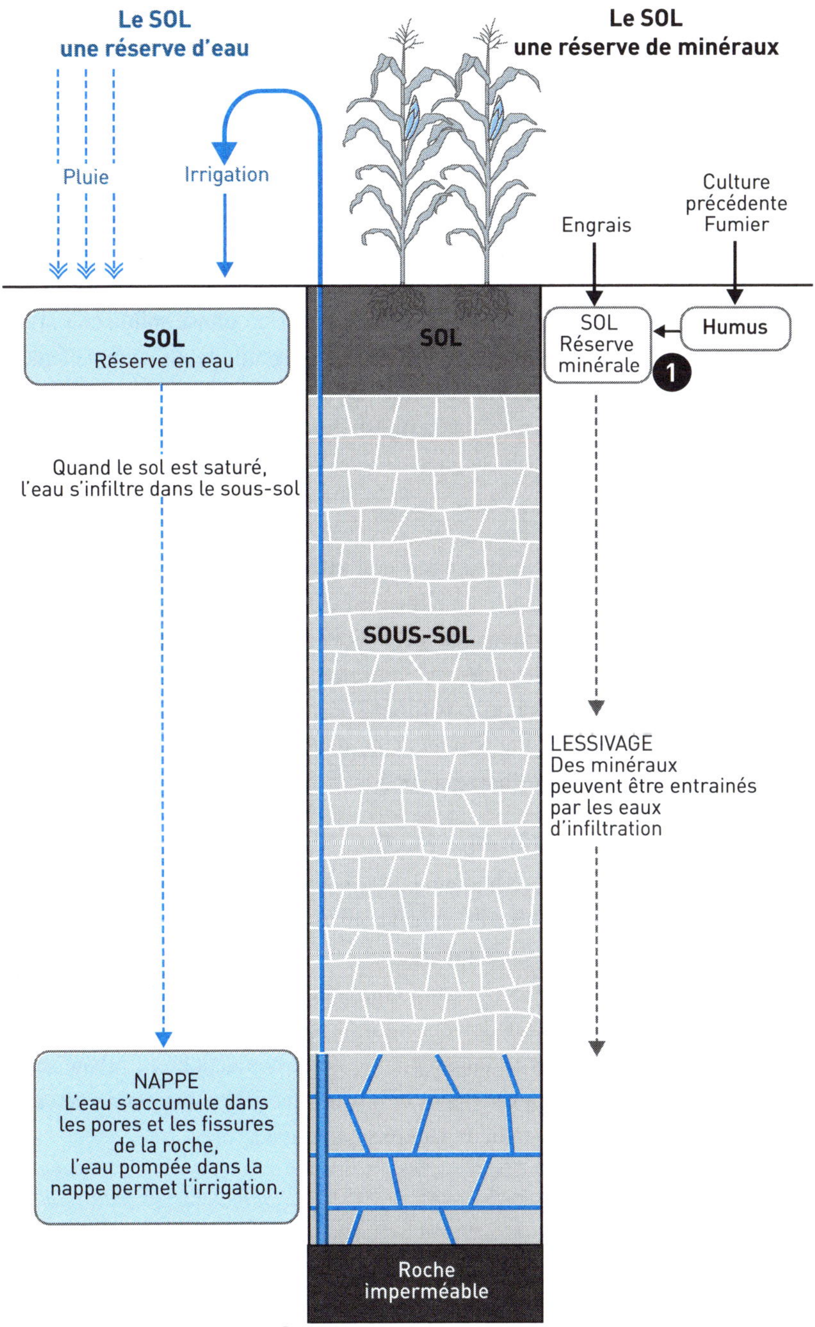

❶ Les décomposeurs du sol minéralisent la matière organique de l'humus

II LE SOL, UNE RESSOURCE FRAGILE ET VULNÉRABLE

Le **sol** est la fine couche superficielle, meuble et fragile, de la croûte terrestre dans laquelle se développent les racines des végétaux terrestres.

1. Un exemple : le sol d'une parcelle cultivée

■ L'épaisseur du sol peut varier d'une dizaine de cm à plus d'un mètre. La coupe d'un sol montre des **horizons** (des couches). Dans le sol cultivé présenté par le doc. 2, la partie supérieure du sol est un horizon remanié par le labourage, riche en argile et en humus. En dessous, l'horizon est surtout argileux avec des débris de la roche mère du **sous-sol** avec lequel il est en contact.

■ Trois phases peuvent être distinguées dans le sol. Une **phase solide** comprend une **fraction minérale**, argileuse, et une **fraction organique** en renouvellement permanent par l'apport de débris de végétaux et l'action des décomposeurs du sol. Dans les pores du sol se trouvent la **phase liquide**, constituée par l'eau et des sels minéraux dissous, et la **phase gazeuse** avec les gaz de l'air.

2. La formation du sol

■ Un sol se forme très lentement à partir de l'**altération** de la roche du sous-sol appelée **roche mère**. L'influence du climat est déterminante : l'infiltration d'eau de pluie **hydrolyse** les minéraux de la roche, la vitesse de cette réaction augmente avec la température. L'eau de pluie, en s'infiltrant, transporte certains produits de l'altération, ce qui forme les horizons (doc. 3).

■ Les racines des végétaux, l'apport en matière organique des débris végétaux et les décomposeurs modifient l'horizon supérieur du sol.

3. Le sol, une ressource menacée

Ressource vitale pour l'espèce humaine, le sol est un milieu menacé.

■ **Dégradation physique :** les sols en pente mis à nu par les labours sont soumis au ravinement lors des fortes précipitations.

■ **Dégradation chimique :** les polluants chimiques provoquent une acidification ou une salinisation des sols qui deviennent impropres aux cultures.

■ **Diminution des surfaces :** l'augmentation de la population et l'urbanisation entraînent une diminution des surfaces cultivées, que l'Homme essaie de compenser par la destruction de milieux naturels comme les forêts.

Ce qu'il faut savoir	Exercices pour s'entraîner
Décrire une coupe de sol	2
Expliquer la formation d'un sol	2
Argumenter, comprendre : le sol, un patrimoine durable ?	4, 6, 9, 10, 11 et 12

Doc. 2. Coupe de sol d'une parcelle cultivée

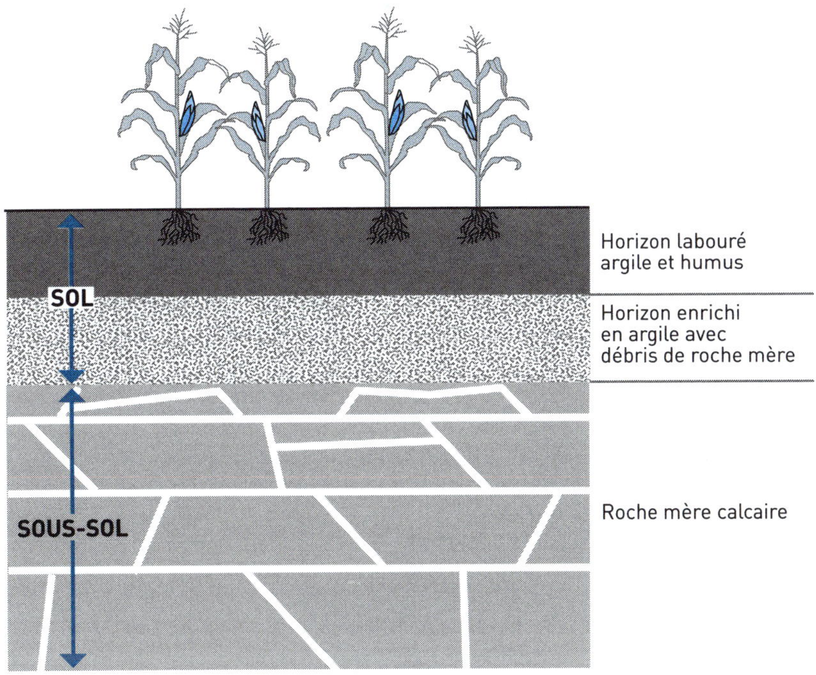

Doc. 3. Formation d'un sol. Il faut plusieurs milliers d'années pour former un sol. Le sol n'est pas une ressource renouvelable.

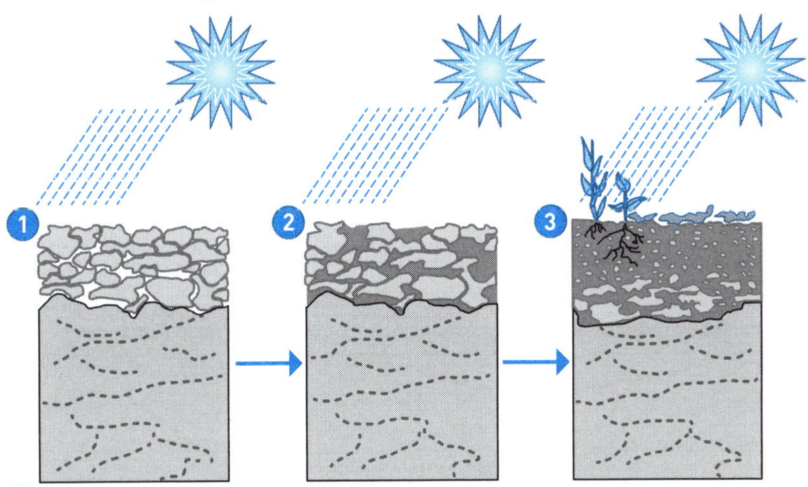

1. L'érosion fragmente la partie supérieure de la roche mère.
2. L'hydrolyse des minéraux de la roche mère forme des minéraux argileux.
3. La colonisation biologique du sol par les débris de végétaux et les décomposeurs créent un horizon superficiel, source d'eau et de minéraux pour les végétaux terrestres.

BILAN

Doc. 4. Le sol, un patrimoine durable ?

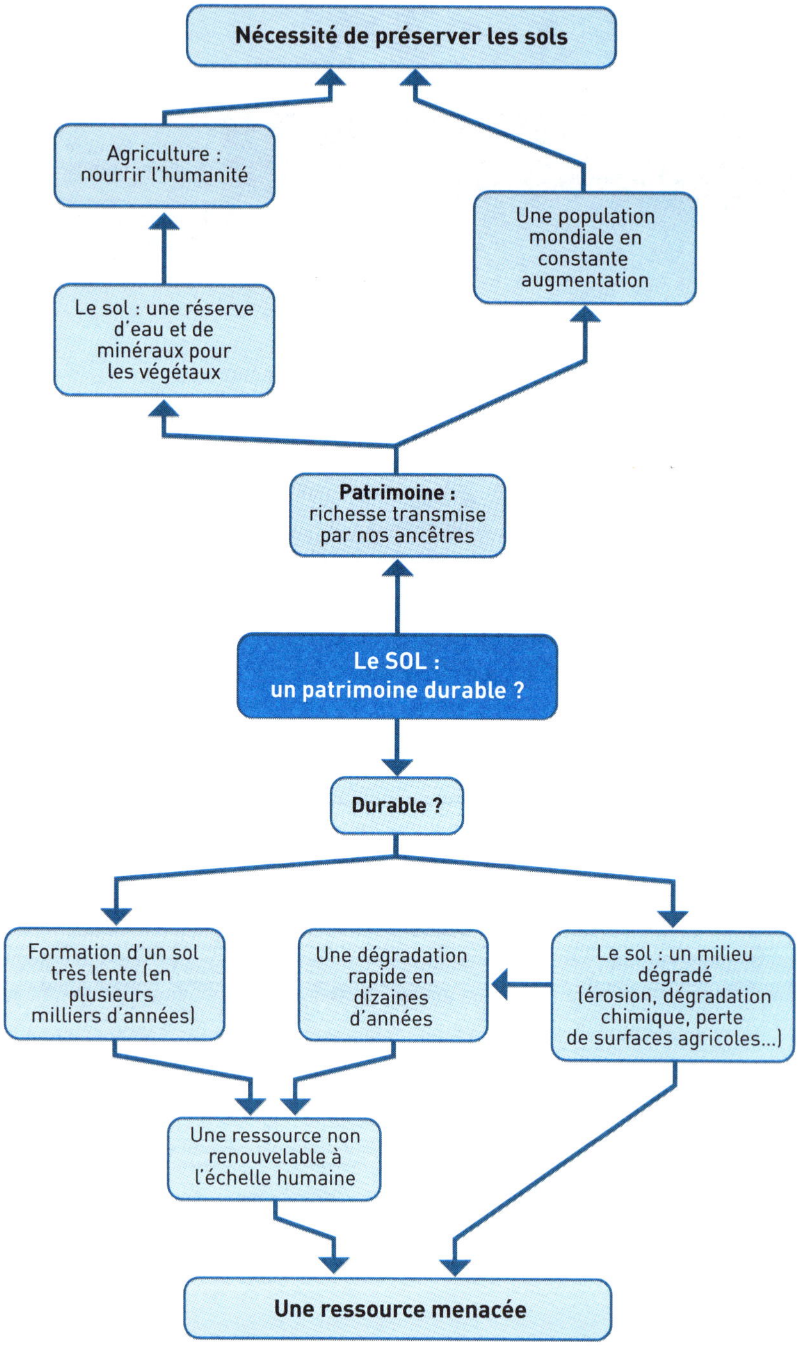

SAVOIR-FAIRE

1. Reconnaître un type de graphique

■ **Courbes et nuages de points** (doc. 5). Ces graphiques sont utilisés pour présenter une relation entre des données **uniquement numériques**.

Doc. 5. Exemples d'une courbe et d'un nuage de points

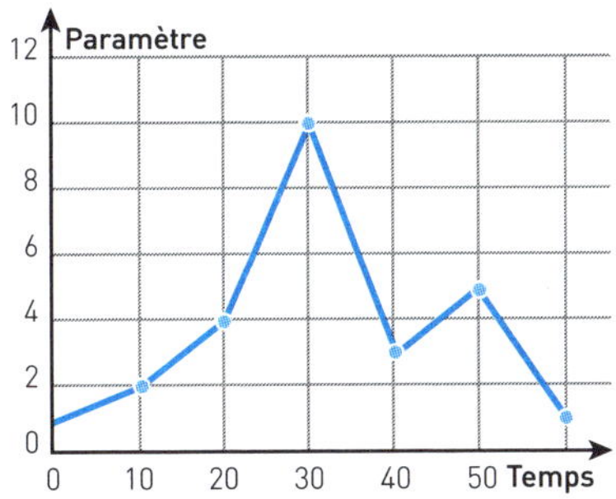

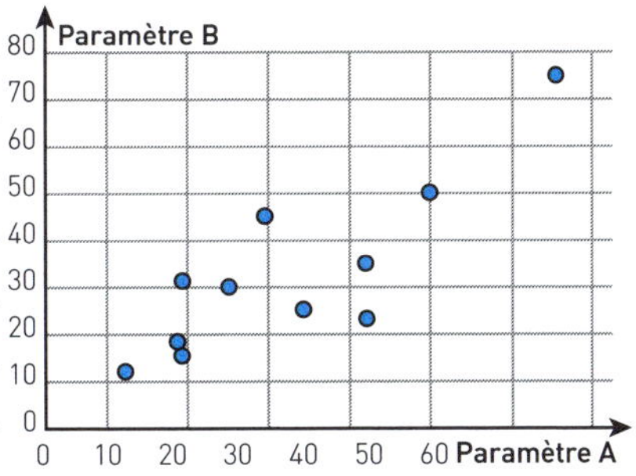

■ **Histogrammes ou barres** (doc. 6). Ces graphiques sont utilisés pour présenter une relation entre des données **numériques** et des catégories **alphabétiques**.

Doc. 6. Exemple d'histogramme

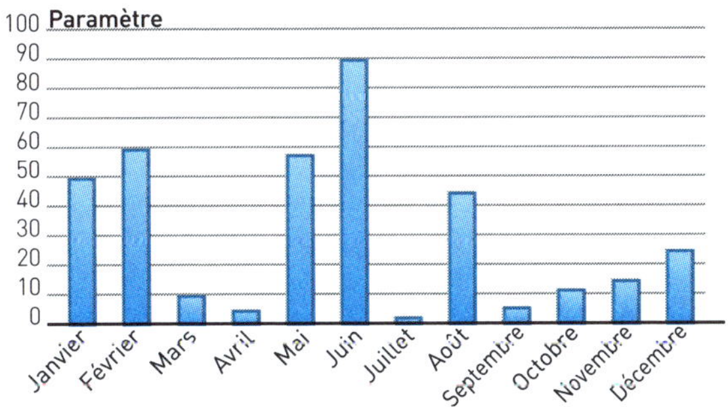

■ **Diagrammes circulaires ou barres empilées** (doc. 7). Ces graphiques sont utilisés pour présenter une **proportion**, souvent exprimée en **pourcentage**.

Doc. 7. Exemples d'un diagramme circulaire et de barres empilées

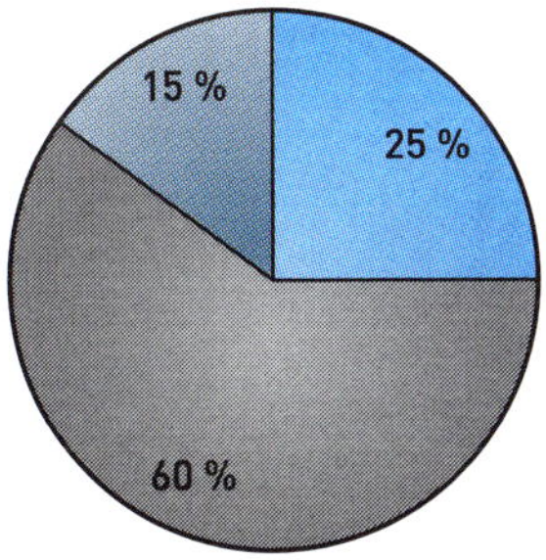

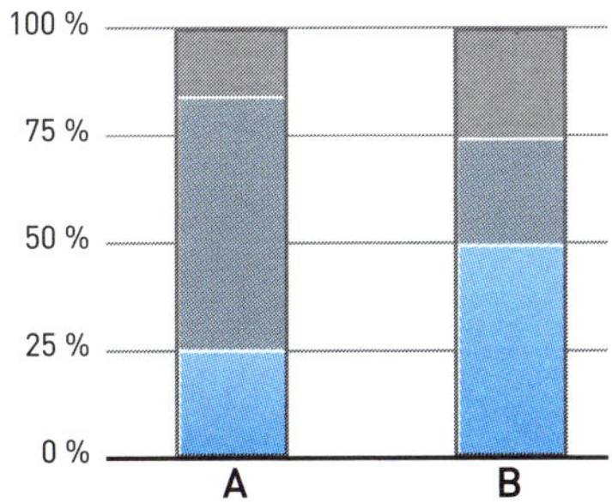

2. Traduire des données sous forme de graphique

■ **Choisir un type de graphique.** Il faut, dans un premier temps, choisir parmi les trois principaux types de graphique celui qui est le plus adapté aux données à présenter.

■ **Associer un paramètre à un axe.** Le temps pour les courbes et les catégories pour les histogrammes sont toujours mis en abscisse.

■ **Paramétrer les axes avec les valeurs numériques.** Pour choisir une échelle des valeurs pour les axes, repérer dans la série de données les valeurs minimales et maximales, puis les arrondir pour obtenir une échelle simple pour l'axe qui englobe toutes les données (il n'est pas obligatoire de placer 0 à l'origine).

■ **Communiquer.** Des informations doivent compléter le graphique.
– Donner un **titre aux axes** : nom du paramètre et unités.
– Donner un **titre au graphique** pour présenter son contenu.

EXEMPLE 1. L'occupation des surfaces en France métropolitaine

Type de sols en 2010	Sols artificialisés	Sols naturels	Sols agricoles
Surface (en milliers d'hectares)	4 900	21 700	28 200

Cette série de données comprend des valeurs numériques qui expriment une grandeur et des catégories avec des libellés en texte : il faut choisir un graphique de type histogramme, avec 0 en minimum sur l'axe des ordonnées et 30 000 en maximum.

Doc. 8. L'occupation des sols en France en 2010

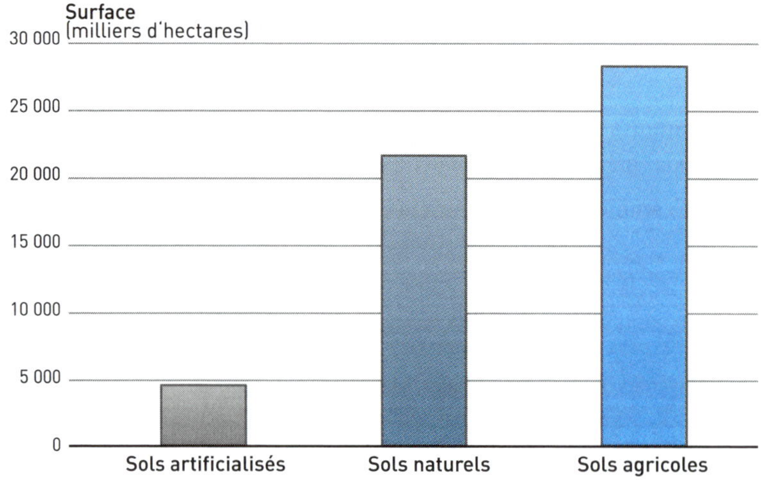

EXEMPLE 2. La dégradation des sols dans le monde

– Localisation des sols dégradés en pourcentage :

Afrique	Asie	Amérique	Europe	Océanie
25 %	38 %	21 %	11 %	5 %

– Causes de la dégradation des sols dans le monde :

Déboisement	Surpâturage	Agriculture	Industrie
35 %	36 %	28 %	1 %

Ces deux séries présentent des pourcentages mais pour des domaines différents, non comparables. Le choix va se porter sur la réalisation de deux diagrammes circulaires. Les valeurs et les catégories seront affichées sur chaque diagramme.

Doc. 9. Diagramme circulaire représentant la localisation des sols dégradés dans le monde

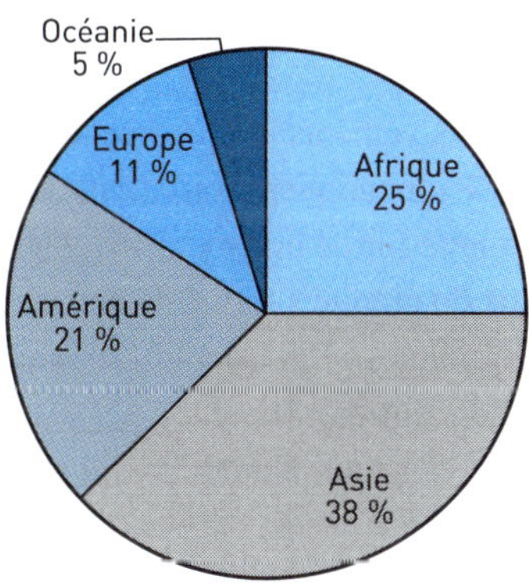

Doc. 10. Diagramme circulaire représentant les principales causes de la dégradation des sols

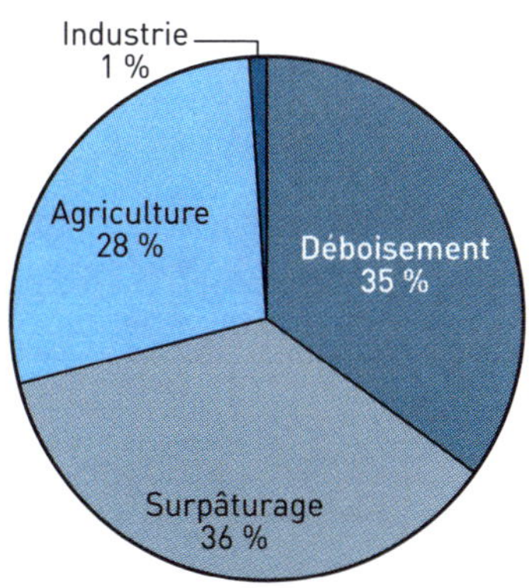

EXERCICES D'APPLICATION

1 QUELQUES MOTS-CLÉS | ★ | 5 min | ▸ P. 138

Associer un mot de la liste à une définition.

a. Transformation chimique provoquée par l'eau.
b. Réserve d'eau profonde.
c. Roche à partir de laquelle s'est formé un sol.
d. Couche identifiable dans un sol.
e. Matière organique issue d'une décomposition incomplète de résidus végétaux.
f. Ensemble de mécanismes qui transforment une roche.

Liste de mots clés : altération, horizon, humus, hydrolyse, nappe, roche mère.

2 UNE FORMATION DE SOL | ★ | 10 min | ▸ P. 138

À l'aide du doc. 11, compléter le texte ci-dessous avec des mots parmi la liste suivante : la roche mère, l'altération, l'hydrolyse, les décomposeurs, l'humus, le sol.

❶ Sous la contrainte des mouvements de l'écorce terrestre, le granite se fissure.

❷ Soumis aux conditions climatiques (variations de température, action de l'eau), __________ du granite forme une roche meuble appelée arène granitique. __________ des minéraux du granite a formé de nouveaux minéraux, comme des argiles et des éléments chimiques : fer, calcium, sodium…

❸ Des végétaux se développent dans l'arène, ______ issu de la décomposition de résidus organiques des végétaux s'ajoute à l'argile de l'arène pour former ______.

Doc. 11. La formation du sol en région granitique

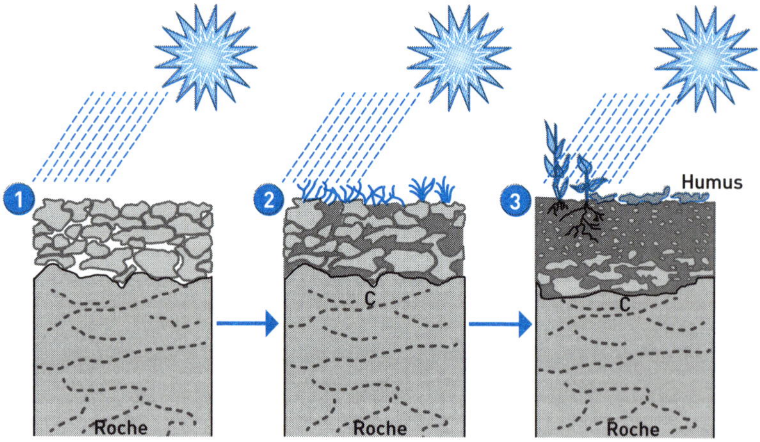

3 LE SOL, UNE RÉSERVE DE SELS MINÉRAUX | ★ | 15 min | ▸ P. 138

Associer une légende à chaque numéro du schéma bilan du doc. 12.
Sous-sol, sol, altération, résidus de végétaux, minéralisation par les décomposeurs, décomposition incomplète, absorption racinaire.

Doc. 12. Schéma bilan

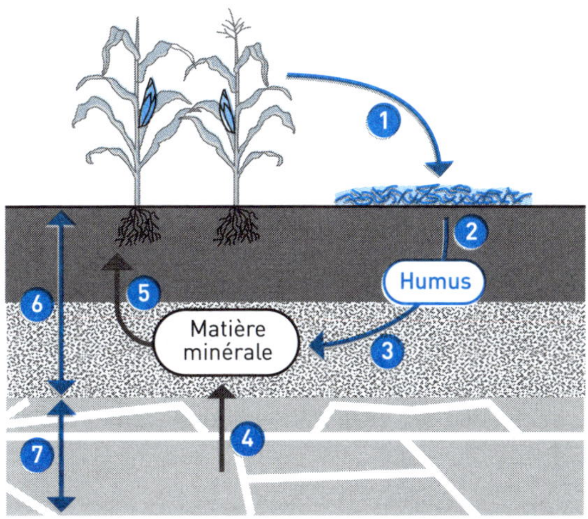

4 LE SOL, UN PATRIMOINE DURABLE ? | ★ | 15 min | ▸ P. 138

Identifier dans les propositions suivantes les arguments qui montrent :
– que le sol est un patrimoine (une richesse …) ;
– que les activités humaines posent le problème de l'avenir des sols.

❶ Le sol est un milieu dégradé par les activités humaines : érosion, acidification et salinisation, urbanisation.

❷ L'agriculture a besoin de sols pour cultiver et nourrir l'humanité.

❸ Des milieux naturels comme les forêts sont détruits pour créer de nouvelles surfaces agricoles. La déforestation augmente l'érosion des sols en pente.

❹ La formation d'un sol est très lente (plusieurs milliers d'années), mais leur dégradation est rapide (plusieurs dizaines d'années).

❺ La population mondiale augmente rapidement (7 milliards aujourd'hui, 10 milliards en 2050 ?). Pour nourrir l'humanité, il faudra augmenter les surfaces à cultiver et/ou augmenter les rendements.

❻ Le sol est une réserve d'eau et de sels minéraux pour les végétaux.

❼ L'augmentation de la population et de l'urbanisation entraîne une diminution des surfaces cultivées, tendance amplifiée par l'augmentation de la population mondiale.

EXERCICES D'ENTRAÎNEMENT

5 RÉSERVE EN EAU ET CROISSANCE DU BLÉ | ★★ | 15 min | ▸ P. 138

Du blé est semé sur une parcelle en octobre. Pour comprendre l'évolution de la réserve d'eau du sol, des mesures sont réalisées de novembre à juin. La réserve maximale en eau pour le sol de cette parcelle est de 60 L/m^2 **(doc. 13)**.

Compléter le tableau pour montrer que l'infiltration d'eau dans la nappe s'arrête fin mars. Comment l'expliquer ?

Il faut considérer ce tableau comme un bilan entrées-sorties.
1. Identifier les entrées et les sorties d'eau du sol, puis faire un bilan.
2. Comprendre le mode de calcul pour les trois premiers mois.
3. Compléter le tableau.

Doc. 13. Évolution de la réserve en eau du sol d'une parcelle

Les valeurs sont exprimées en L/m^2.

* ETR : pertes du sol en eau par évaporation et prélèvement racinaire.

Mois de l'année	11	12	1	2	3	4	5	6
Taille du blé (cm)	2	3	5	15	50	65	70	70
Réserve du sol en début de mois	30	47	60	60				
Pluie	20	100	92	40	34	25	25	50
ETR*	3	4	4	6	12	45	40	35
Réserve du sol en fin de mois	47	143	148					
Infiltration nappe	0	83	88					

6 LES SOLS DE L'ÎLE DE PÂQUES | ★★ | 15 min | ▸ P. 138

Les causes de la dégradation des sols de l'île de Pâques font l'objet d'un débat. Le **doc. 14** présente l'une des hypothèses.

Construire un résumé des événements à l'origine de la dégradation des sols.

1. Trier : identifier dans le texte les événements associés à la dégradation des sols.
2. Regrouper les événements de même nature.
3. Choisir un mode de résumé (texte, carte des idées, liste...).

Doc. 14. La dégradation des sols de l'île de Pâques

Les études scientifiques récentes ont prouvé que l'île de Pâques abritait jadis des bois abondants. Alors, pourquoi à l'arrivée du navigateur hollandais Jacob Roggeveen en 1722, cette île était-elle nue de toute végétation ? La surexploitation est une hypothèse plausible. Il a fallu couper des arbres pour construire des maisons, confectionner des pirogues pour la pêche, aménager les clairières pour l'agriculture. Les 800 bustes gigantesques des statues Moaïs, furent taillés dans la roche, puis déplacés sur des troncs d'arbres à travers l'île. La déforestation entraînée par la surconsommation des ressources en bois offertes par l'île de Pâques marqua le point de départ du déclin de la civilisation *Rapa nui*... Le sol de l'île, autrefois protégé par l'épaisse couverture d'arbres, souffrait alors de l'érosion causée par les fréquentes pluies qui arrosaient la région, érosion aggravée par la pente des terrains de cette île volcanique.

7 LA FERTILISATION D'UN SOL

★★ | 20 min | ▸ P. 139

a. Attribuer à chaque graphique du **doc. 15** un commentaire ci-dessous.

1. Le rendement d'une culture est limité par le minéral qui manque le premier.

2. Le blé a besoin de deux fois plus d'azote que de phosphore.

3. La croissance d'un végétal est freinée aussi bien par un manque que par un excès d'azote.

Lecture d'un graphique

1. Lire les titres : titre du graphique, titre des axes et unités.
2. Comprendre ce qu'exprime le graphique : une proportion, une quantité, une relation entre paramètres, une évolution chronologique...

b. Justifier l'affirmation suivante avec un texte court (5 lignes).
Pour obtenir de bons rendements, une analyse de sol est indispensable pour connaître la composition de l'engrais à utiliser pour corriger la réserve minérale du sol.

Doc. 15. Réserve minérale du sol, fertilisation et croissance végétale

Pour améliorer les rendements d une culture, le sol doit apporter au végétal les sels minéraux dont il a besoin au cours de sa croissance. Ces trois graphiques permettent de comprendre les règles de base de la fertilisation d'un sol.

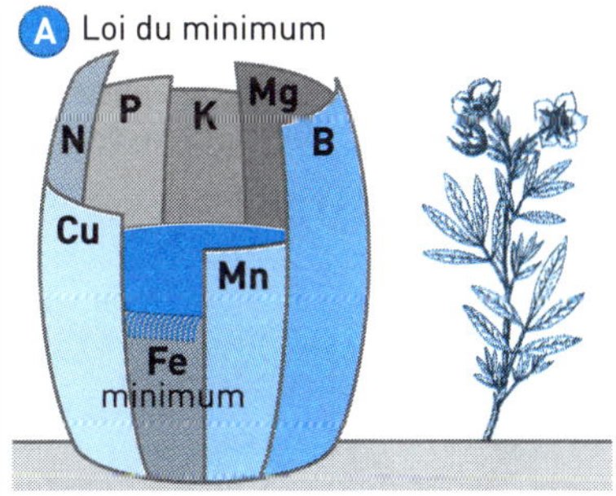

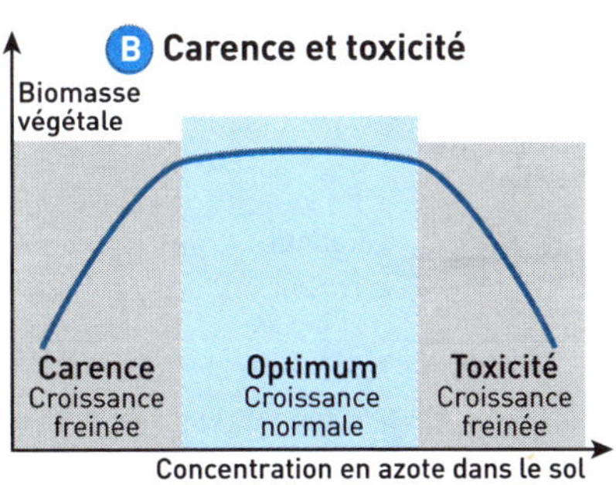

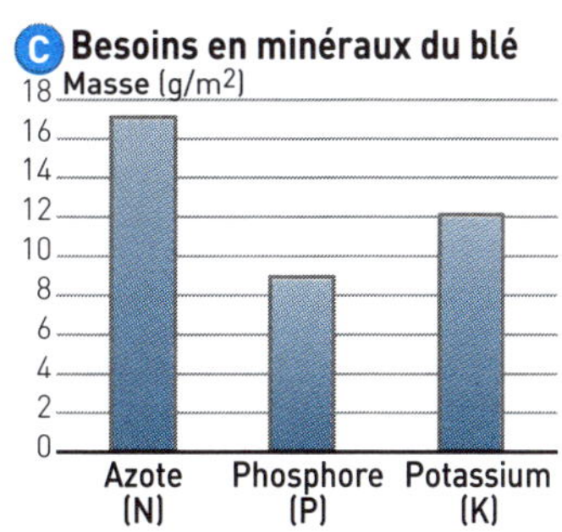

8 LE SOL, UN PATRIMOINE DURABLE

★★ | 15 min | ▸ P. 139

Traduire sous forme d'un texte le bilan présenté page 126.

EXERCICES D'APPROFONDISSEMENT

9 VERS LA FIN DU LABOUR ? ★★★ 30 min ▸ P. 139

Le labour est une technique de retournement de la partie superficielle du sol utilisée pour enfouir les résidus de végétaux et rendre le sol plus meuble. Depuis plusieurs années se développent des Techniques Culturales Sans Labour (TCSL). La technique du travail superficiel limite le travail du sol entre 5 et 15 cm de profondeur, sans retournement. Les résidus de culture qui restent en surface limitent l'érosion. Le semis direct limite le travail du sol à 5 cm de profondeur sur la ligne de semis, ce qui maintient en surface la quasi-totalité des résidus de culture.

Utiliser les informations présentées dans les doc. 16 et 17 et vos connaissances pour montrer que les Techniques Culturales Sans Labour constituent une solution pour limiter l'érosion des sols sans perte de rendement.

Doc. 16. TCSL et les vers de terre

Les galeries creusées par les vers de terre assurent une bonne aération du sol, les galeries verticales améliorent nettement l'absorption, le stockage, l'infiltration et le drainage de l'eau dans le sol, ce qui contribue fortement à empêcher le ruissellement et l'érosion. Les vers de terre incorporent chaque année dans le sol jusqu'à 6 tonnes de matière organique morte par hectare.

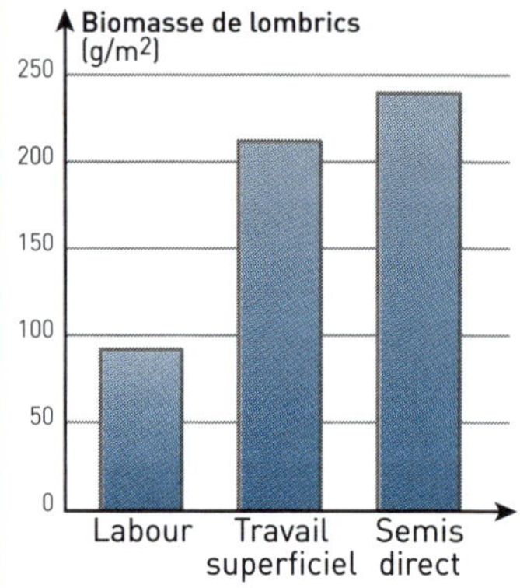

Doc. 17. TCSL et rendement

Les expérimentations conduites sur des parcelles à Boigneville ont permis de comparer les rendements en blé obtenus après la mise en œuvre de ces différentes techniques. Le graphique ci-dessous présente les résultats obtenus entre 2002 et 2005.

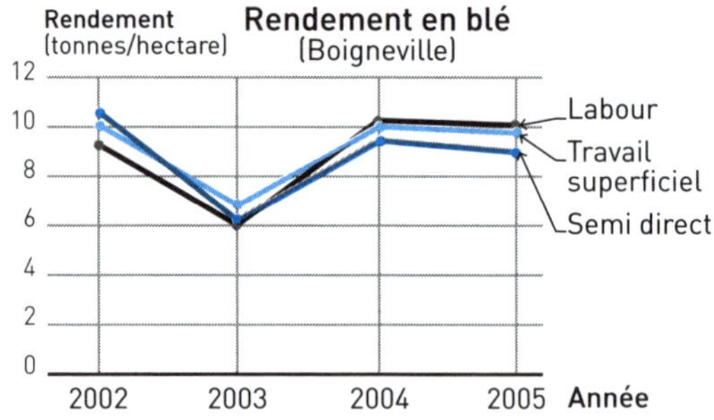

10 XYNTHIA ET LA SALINISATION DES SOLS ★★★ 30 min ▸ P. 140

À partir des informations apportées par l'ensemble des documents, expliquer les dégâts provoqués par la salinisation des sols et le rôle du gypse pour y remédier.

Doc. 18. Reportage de France 3 sur les dégâts provoqués par la tempête Xinthia (février 2010). La tempête Xynthia de février 2010 a provoqué une surcote de 1,5 m du niveau de l'océan, inondant à marée haute le continent en Charente-Maritime et en Vendée.

« Des tournesols deux fois plus petits que la normale, des cultures clairsemées, des rendements divisés par 7. Cinq mois après le passage de la tempête Xynthia, les parcelles agricoles ont toujours les stigmates des inondations. L'eau salée a brulé les cultures et elle a rendu les terres agricoles en partie inexploitables. Pour tenter d'évacuer ce sel, une vaste campagne d'épandage de gypse vient de débuter. »

Doc. 19. Le complexe argilo-humique

Les racines des végétaux absorbent l'eau du sol dans laquelle se trouvent des minéraux à l'état dissous. Des échanges de minéraux se produisent entre l'eau du sol et le complexe argilo-humique (CAH). Grâce aux forces électrostatiques, ce complexe électronégatif retient en première couronne les ions électropositifs (Ca^{2+}, K^+, Mg^{2+}), et plus faiblement en deuxième couronne les ions électronégatifs (PO_4^{3-}, NO_3^-).

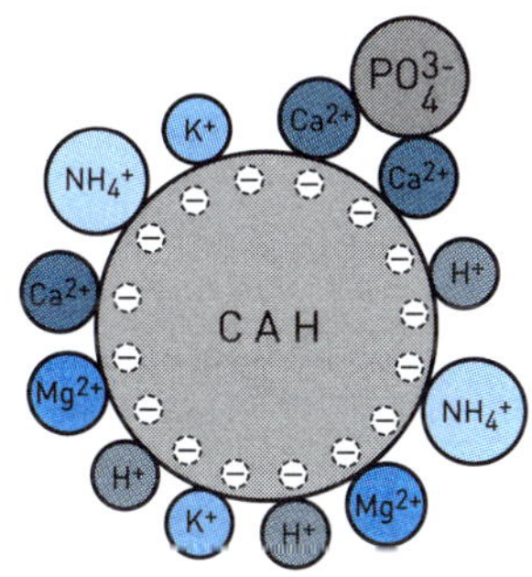

Les minéraux ainsi fixés ne sont pas entraînés en profondeur lors des fortes pluies, ils constituent une réserve minérale stable pour le sol. Le sel apporte des ions Na^+ et Cl^-. Si l'apport de sel est important, les ions sodium (Na^+) chassent les ions électropositifs de la première couronne, la deuxième couronne fixe les ions chlorure (Cl^-). Le chlorure de sodium à trois effets négatifs sur le sol :

- les ions Na^+ et Cl^- de ce sel sont toxiques pour la plupart des végétaux ;
- il retient l'eau et réduit l'absorption d'eau par les racines ;
- il modifie la structure du sol favorisant la formation en surface de croûtes.

Doc. 20. Le gypse

Le gypse est un sulfate de calcium. En présence d'eau, il se dissocie assez facilement en Ca^{2+} et SO_4^{2-}. Ces ions ne sont pas toxiques pour le végétal.

CONTRÔLE

11 LE SOL, UN PATRIMOINE DURABLE ? | ★ | 20 min | ▸ P. 140

Exposer les arguments à l'origine de l'interrogation de ce titre.

12 DÉSERTIFICATION ET PROTECTION DES SOLS AU BURKINA FASO | ★★ | 40 min | ▸ P. 140

Le Burkina Faso (Afrique de l'Ouest) est l'un des pays les plus défavorisés du monde. Son nom est souvent associé à la famine. Ce pays connaît de graves problèmes dus à la sécheresse et à la désertification.

a. Utiliser les informations fournies par le **doc. 21** pour présenter et expliquer les causes de la dégradation des sols au Burkina Faso.

b. Expliquer pourquoi la technique ancestrale du zaï apparaît comme une solution adaptée pour la récupération de sols dégradés (**doc. 22**).

c. Que peut-on conclure des expérimentations présentées par le **doc. 23** ?

Pour l'étude de ce document, se reporter aux savoir-faire du chapitre 5.

Doc. 21. La dégradation des sols

Le nord du Burkina Faso appartient au Sahel, territoires situés au sud du Sahara et caractérisés par une steppe avec des arbustes bas, de nombreux acacias et baobabs, beaucoup de sable, et aucun cours d'eau permanent. La coupe abusive du bois, les feux de brousse utilisés comme moyen de défrichage, la surexploitation des sols conjugués à la sécheresse provoquent une raréfaction de la végétation. Une importante érosion en résulte : lors de la saison des pluies (juin à septembre), les pluies torrentielles ravinent les sols dénudés, le vent et le soleil les assèchent pendant les 8 mois de la saison sèche. Devenues stériles, ces terres ne permettent pas l'infiltration de l'eau lors de la saison des pluies suivantes. Toute culture devient impossible.

Doc. 22. Les sols dégradés sont-ils récupérables ?

Il s'agit en effet de récupérer des terres abandonnées, dégradées par une succession de cultures, complètement dénudées, décapées et encroûtées où le ruissellement est si fort qu'il emporte les graines et les résidus organiques. Ces zones désertifiées, malgré 400 à 700 mm de pluie, ont augmenté de 11 % en 20 ans. L'un des projets mis en œuvre au Burkina Faso a pour objectif d'améliorer une pratique ancestrale abandonnée depuis plusieurs dizaines d'années, le zaï.

Le zaï correspond à la formation de trous creusés en saison sèche. Avant la saison des pluies, 300 g de fumier sont mis dans chaque trou et recouverts d'une couche de terre. Aux premières pluies, les cuvettes du zaï sont ensemencées. Chaque trou devient un collecteur de l'eau qui ruisselle sur le sol croûté en légère pente, le zaï reçoit ainsi deux fois plus d'eau que le sol. L'humidité du sol et les matières organiques favorisent la prolifération des termites qui vont creuser des trous dans le sol, améliorant l'infiltration des pluies et l'enracinement des cultures.

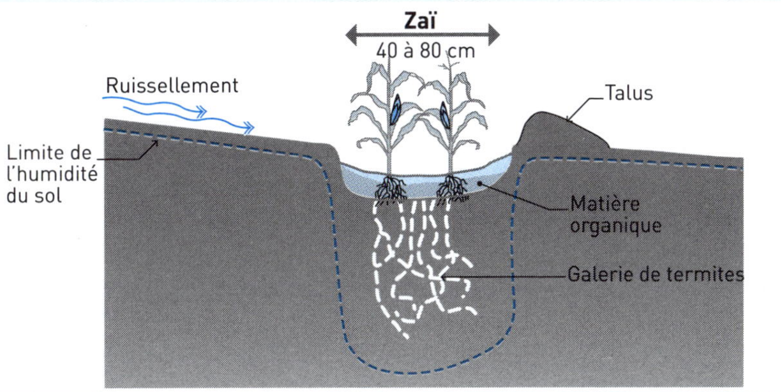

Doc. 23. Résultats des expérimentations conduites en 1992 sur quatre parcelles situées au nord du Burkina, ensemencées avec du sorgho

T : témoin semé selon les méthodes traditionnelles.

P : poquet, creusement du trou seulement.

P + C : poquet avec enfouissement de 100 g/trou de compost.

P + C + E : poquet + compost (matière organique en cours de décomposition) + engrais.

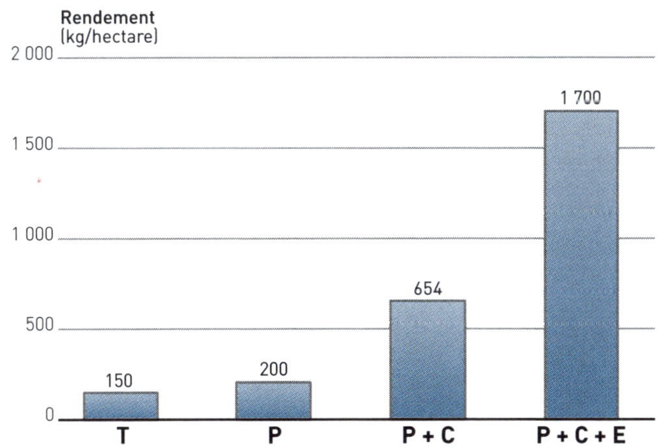

CORRIGÉS

1 QUELQUES DES MOTS-CLÉS

a. Hydrolyse. b. Nappe. c. Roche mère. d. Horizon. e. Humus. f. Altération.

2 UNE FORMATION DE SOL

❶ Sous la contrainte des mouvements de l'écorce terrestre, le granite se fissure.
❷ Soumis aux conditions climatiques (variations de température, action de l'eau), **l'altération** du granite forme une roche meuble appelée arène granitique. **L'hydrolyse** des minéraux du granite a formé de nouveaux minéraux, comme des argiles et des éléments chimiques : fer, calcium, sodium…
❸ Des végétaux se développent dans l'arène, **l'humus** issu de la décomposition de résidus organiques des végétaux s'ajoute à l'argile de l'arène pour former **le sol**.

3 LE SOL, UNE RÉSERVE DE SELS MINÉRAUX

❶ Résidus de végétaux. ❷ Décomposition incomplète. ❸ Minéralisation par les décomposeurs. ❹ Altération. ❺ Absorption racinaire. ❻ Sol. ❼ Sous-sol.

4 LE SOL, UN PATRIMOINE DURABLE ?

Le sol est un patrimoine : ❷, ❹, ❻.
Les activités humaines posent le problème de l'avenir des sols : ❶, ❸, ❺, ❼.

5 RÉSERVE EN EAU ET CROISSANCE DU BLÉ

À partir de mars débute la croissance des végétaux, les pertes par évaporation et par transpiration deviennent importantes. L'apport d'eau de pluie ne permet plus la saturation du sol, et par voie de conséquence, l'infiltration d'eau vers la nappe.

Doc. 24. Évolution de la réserve en eau du sol d'un parcelle (complété)
Les valeurs sont exprimées en L/m^2.

Mois de l'année	11	12	1	2	3	4	5	6
Taille du blé (cm)	2	3	5	15	50	65	70	70
Réserve du sol en début de mois	30	47	60	60	60	60	40	25
Pluie	20	100	92	40	34	25	25	50
ETR*	3	4	4	6	12	45	40	35
Réserve du sol en fin de mois	47	143	148	94	82	40	25	40
Infiltration nappe	0	83	88	34	22	0	0	0

6 LES SOLS DE L'ÎLE DE PÂQUES

L'île de Pâques est une île volcanique ; le sol est souvent en pente. Une part importante des pluies va ruisseler sur le sol. Quand l'île était couverte de forêts, les racines des arbres retenaient le sol. L'utilisation du bois des arbres pour la construction de maisons et de pirogues, l'utilisation des troncs pour le transport de statues, la mise à nu des terres pour l'agriculture, ont provoqué une déforestation importante de l'île ; les sols mis à nus ont été ravinés par les pluies. Selon cette hypothèse, les activités humaines sont à l'origine de la dégradation des sols.

7 LA FERTILISATION D'UN SOL

Correspondances : 1-B ; 2-C ; 3-A. Il existe une concentration optimale en azote, concentration pour laquelle la croissance du végétal est maximale. Trop ou pas assez d'azote réduit la croissance du végétal. D'après le **doc. 15 C**, les besoins en azote du blé sont de 18 g/m^2, c'est la quantité que le sol doit fournir. Avant la culture, une analyse de sol va donner la valeur de la teneur en azote du sol. La comparaison de la demande et du stock permet de calculer la quantité d'engrais à apporter.

Il faut faire le même calcul pour les autres minéraux dont la concentration doit aussi être voisine de leur optimum pour éviter l'effet limitant d'un minéral.

8 LE SOL, UN PATRIMOINE DURABLE

Le sol est une richesse, un patrimoine dont nous avons hérité et que nous allons transmettre. Cette partie superficielle des continents est une réserve d'eau et une réserve de minéraux pour les végétaux cultivés pour nourrir l'humanité. La population mondiale est en constante augmentation, nourrir des Hommes de plus en plus nombreux nécessite la préservation des sols cultivables.

Le sol est-t-il un patrimoine durable ? La formation d'un sol est très lente, elle s'aborde sur une échelle de temps exprimée en milliers d'années alors que c'est en quelques dizaines d'années seulement que se produit une dégradation des sols. À l'échelle humaine, le sol détruit ne sera pas remplacé, c'est une ressource non renouvelable. Les activités humaines et l'urbanisation provoquent une dégradation des sols et une diminution des surfaces cultivables. Le sol est une ressource vitale menacée.

9 VERS LA FIN DU LABOUR ?

Diviser la réponse en deux parties :

1. Étudier le lien entre TCSL et érosion des sols avec le **doc. 16**.
2. Montrer que les TCSL modifient peu les rendements avec le **doc. 17**.

1. Limiter l'érosion des sols…

Le travail superficiel et surtout le semis direct limite le travail du sol et laisse de la matière organique en surface, ce qui contribue fortement à empêcher le ruissellement qui provoque l'érosion des sols.

Analyse. La biomasse de lombrics dans le sol est plus de deux fois plus importante dans le sol d'une parcelle où une technique sans labour a été mise en œuvre.

Interprétation. Les vers de terre, non détruits par les labours, creusent des galeries verticales dans le sol, ce qui augmente l'infiltration de l'eau dans le sol. Si l'infiltration de l'eau augmente, le ruissellement diminue, et avec lui l'érosion des sols. Les lombrics limitent l'érosion des sols en pente.

Les vers de terre participent aussi à l'incorporation de la matière organique dans le sol et sa minéralisation. Leur action enrichit la réserve minérale du sol.

2. … sans perte de rendement

Analyse. Une expérimentation a été conduite à Boigneville pour comparer les rendements en blé sur des parcelles pour lesquelles des méthodes culturales différentes ont été mises en œuvre. Pour les parcelles avec et sans labour, les rendements sont très voisins (écart d'une tonne/hectare en moyenne), mais les rendements peuvent être très différents d'une année sur l'autre (variation de 4 tonnes/hectare entre 2002 et 2003), quelle que soit la technique employée.

Interprétation. La technique culturale a moins d'influence sur les rendements que les variations climatiques. Les techniques culturales sans labour n'impactent pas les rendements.

10 XYNTHIA ET LA SALINISATION DES SOLS

Diviser la réponse en deux parties :

1. Identifier puis expliquer les dégâts de la salinisation des sols.
2. Expliquer le rôle du gypse.

1. Les dégâts provoqués par la salinisation des sols

La baisse des rendements. Le reportage du **doc. 18** explique que les rendements des cultures ont été divisés par 7. Le **doc. 19** montre que le sel marin est du chlorure de sodium : les ions sodium (Na^+) et chlore (Cl^-) sont toxiques pour les végétaux. Le **doc. 19** montre que la réserve d'ions dans le sol est localisée au niveau des couronnes d'ions retenues par des forces électrostatiques autour du complexe argilo-humique. L'arrivée d'une grande quantité d'ions Cl^- et Na^+ chasse les ions retenus par le complexe et s'y installent : les ions Na^+ en première couronne, les ions Cl^- en deuxième couronne. Privée de minéraux indispensables, la croissance du végétal est réduite.

Aspect brûlé des cultures. Le sel marin retient l'eau et réduit l'absorption d'eau par les racines (**doc. 19**), les végétaux sont déshydratés et présentent un aspect « brûlé ».

2. Un remède : l'épandage de gypse

Le **doc. 20** montre que le gypse est du sulfate de calcium, qui se dissocie assez facilement en Ca^{2+} et SO_4^{2-} en présence d'eau.

L'apport d'une grande quantité de ces ions peut chasser les ions Na^+ et Cl^- fixés par le complexe argilo-humique, ces ions non retenus sont alors entraînés en profondeur par les eaux de pluie, ce qui diminue la toxicité du sol.

11 LE SOL, UN PATRIMOINE DURABLE

La réponse à cette question de cours est très voisine de celle proposée par l'exercice 8. Se reporter au corrigé de cet exercice.

12 DÉSERTIFICATION ET PROTECTION DES SOLS AU BURKINA FASO

a. Les causes de la dégradation des sols au Burkina

L'érosion est la principale dégradation du sol. Trois causes peuvent être identifiées.

– La pente des terrains : le ravinement de l'eau emporte le sol.

– Le climat : une saison sèche très longue qui encroûte le sol, une saison des pluies avec des apports d'eau abondants qui ravinent les sols.

– La raréfaction de la végétation qui retient naturellement le sol. Cette raréfaction est due à la conjugaison de trois facteurs : les températures élevées détruisent la végétation et laissent le sol nu ; l'action de l'Homme : couper les arbres pour utiliser le bois, utiliser le brûlis comme technique pour défricher la brousse afin de la cultiver ; la dégradation des sols ravinés par les eaux qui ruissellent empêchant le développement de la végétation.

b. Le zaï est une solution pour la récupération des sols dégradés

Le zaï est une cuvette de 40 à 80 cm creusée sur un terrain en pente, la terre enlevée du trou permet la formation d'un talus en aval de la cuvette. La cuvette va récupérer une partie de l'eau qui ruisselle, le talus constitue lui aussi un obstacle au ruissellement. Ces deux modifications permettent de multiplier par deux la quantité d'eau reçue par le sol.

Le fumier installé au fond de la cuvette du zaï est une source de matière organique et de décomposeurs. La minéralisation de la matière organique par les décomposeurs apporte les minéraux nécessaires à la croissance du végétal cultivé.

Les termites attirées par l'humidité et les matières organiques creusent des galeries profondes. Ces galeries profondes permettent une infiltration de l'eau qui s'accumule dans la cuvette du zaï, ce qui permet à la fois d'éviter le débordement de la cuvette du zaï et l'humidification du sol en profondeur.

c. Zaï et rendement des cultures

L'expérimentation a été conduite sur des parcelles ensemencées avec du sorgho.

Analyse. Comparons les parcelles T et P. La parcelle T est un témoin, le sol n'est pas creusé, alors que dans les parcelles P, seuls les trous du zaï ou poquets sont réalisés. Le rendement est 25 % plus important pour la parcelle avec poquet.

Interprétation. Cette augmentation de rendement est provoquée par la seule accumulation d'eau au niveau du poquet.

Analyse. Comparons les parcelles P et P + C. Dans les deux parcelles, les trous ou poquets sont réalisés, mais dans les parcelles P + C, du compost est placé au fond du trou. Le rendement est 3 fois plus élevé dans la parcelle qui reçoit du compost.

Interprétation. La nette amélioration du rendement est due à l'apport de compost, matière organique dont la minéralisation par les décomposeurs a permis la formation de minéraux nécessaires à la croissance du sorgho.

Analyse. Comparons les parcelles P + C et P + C + E. Dans les deux parcelles sont creusés des zaï qui reçoivent du compost, mais la parcelle P + C + E reçoit un engrais minéral en plus. Le rendement en sorgho est 2,5 fois plus important dans la parcelle avec compost + engrais.

Interprétation. La minéralisation du compost ne permet pas un apport suffisant en minéraux pour la croissance du sorgho.

Bilan. La technique du zaï (creusement de trous dans le sol et apport de matière organique et d'engrais minéraux) permet la multiplication par 12 des rendements en sorgho des parcelles de l'expérimentation.

7 Deux combustibles fossiles : pétrole et charbon

La révolution industrielle qui a marqué le XIXe siècle s'est caractérisée par le passage d'une société à dominante agricole et artisanale à une société commerciale et industrielle. La mécanisation issue de cette révolution utilise le charbon et le pétrole comme sources d'énergie ; deux ressources massivement exploitées au XXe siècle, sans véritable prise de conscience de leur origine fossile et donc de leur limite. Il faudra attendre le début de ce XXIe siècle pour nous rappeler l'urgence de réfléchir à l'après-pétrole.

L'ESSENTIEL

- Le **pétrole**, le **charbon** et le **gaz naturel** sont les principales **sources d'énergie** utilisées aujourd'hui, ils sont aussi utilisés pour la production de produits dérivés : **fonte** et **acier** avec le charbon, **plastiques** et **polyester** avec le pétrole.
- Ce sont des **énergies fossiles**, issues de la très lente transformation d'une **biomasse marine** pour le pétrole et le gaz naturel, d'une **biomasse terrestre** pour le charbon et le gaz de houille. La durée de la transformation d'une biomasse en énergie fossile se compte en millions d'années. Pétrole, charbon et gaz sont donc des **énergies non renouvelables**.
- La photosynthèse est à l'origine de la biomasse qui a été transformée ; pétrole, charbon et gaz sont des formes de **fossilisation de l'énergie solaire**.
- La connaissance de leur formation et de leurs **gisements** guide la prospection pour la recherche de nouveaux gisements.

Les mots-clés du lexique

Biomasse, charbon, décomposeur, énergie fossile, énergie renouvelable/non renouvelable, faille, gisement, kérogène, pétrole, roche sédimentaire, roche réservoir, roche couverture, subsidence.

LE COURS

I LE PÉTROLE

1. L'exploitation du pétrole

■ Le **pétrole** (de *pétra* = roche et *oléum* = huile) est un **hydrocarbure** composé d'**hydrogène** (hydro) et de **carbone** (carbure), caractéristiques de la **matière organique**. La composition chimique est un indice de son **origine biologique**.

■ Le pétrole est un **combustible fossile**. Il est utilisé en tant que carburant, pour la production d'électricité, le chauffage des maisons…

2. La formation du pétrole

■ La matière organique à l'origine du pétrole provient principalement de la photosynthèse du plancton marin, dans un océan où la productivité est importante.
Le pétrole est donc une forme fossile de l'énergie solaire.

■ Quand un être vivant meurt, sa matière organique est recyclée par les **décomposeurs** (chapitre 5). Mais une petite partie de la biomasse est mélangée au sable et aux argiles qui se déposent par couches successives sur des dizaines de mètres. Dans ce milieu peu oxygéné, les décomposeurs ne survivent pas, la biomasse échappe ainsi au recyclage. **La décomposition est alors incomplète et la matière carbonée est partiellement conservée** (doc. 1. A).

■ Sous le poids des sédiments, les couches s'enfoncent (subsidence) et la température augmente. Jusqu'à une profondeur de 1 000 m, les bactéries transforment la matière organique en **kérogène**. Entre 2 000 et 3 000 m (60 °C – 120 °C), le kérogène est transformé en pétrole. Au-delà de 3 000 m ($t > 120$ °C) se forme du gaz (doc. 1. B et C).

■ 2 % du pétrole qui s'est formé va très lentement **migrer** dans une **roche réservoir**. Si la migration est stoppée par une **roche couverture**, le pétrole s'accumule dans le piège géologique (doc. 1. C). Les 98 % du pétrole restant dans la roche mère forment l'**huile de schiste**.

■ Le pétrole est présent dans une roche réservoir, il s'est accumulé sous une roche couverture imperméable qui forme un **piège géologique** (doc. 1. D).

■ **60 millions d'années**, c'est le temps minimum nécessaire pour **transformer une biomasse en hydrocarbures**. Le pétrole est donc une énergie **non renouvelable**.

Ce qu'il faut savoir	Exercices pour s'entraîner
Nommer les utilisations du pétrole	6, 14
Décrire un gisement de pétrole, de gaz naturel	7, 13, 16
Expliquer la formation du pétrole	4, 9, 11, 12, 15, 16
Argumenter : le pétrole est une source d'énergie non renouvelable	3, 8, 9

Doc. 1. 100 millions d'années pour former du pétrole. « Gaz » sous-entend « gaz naturel » (méthane, propane...).

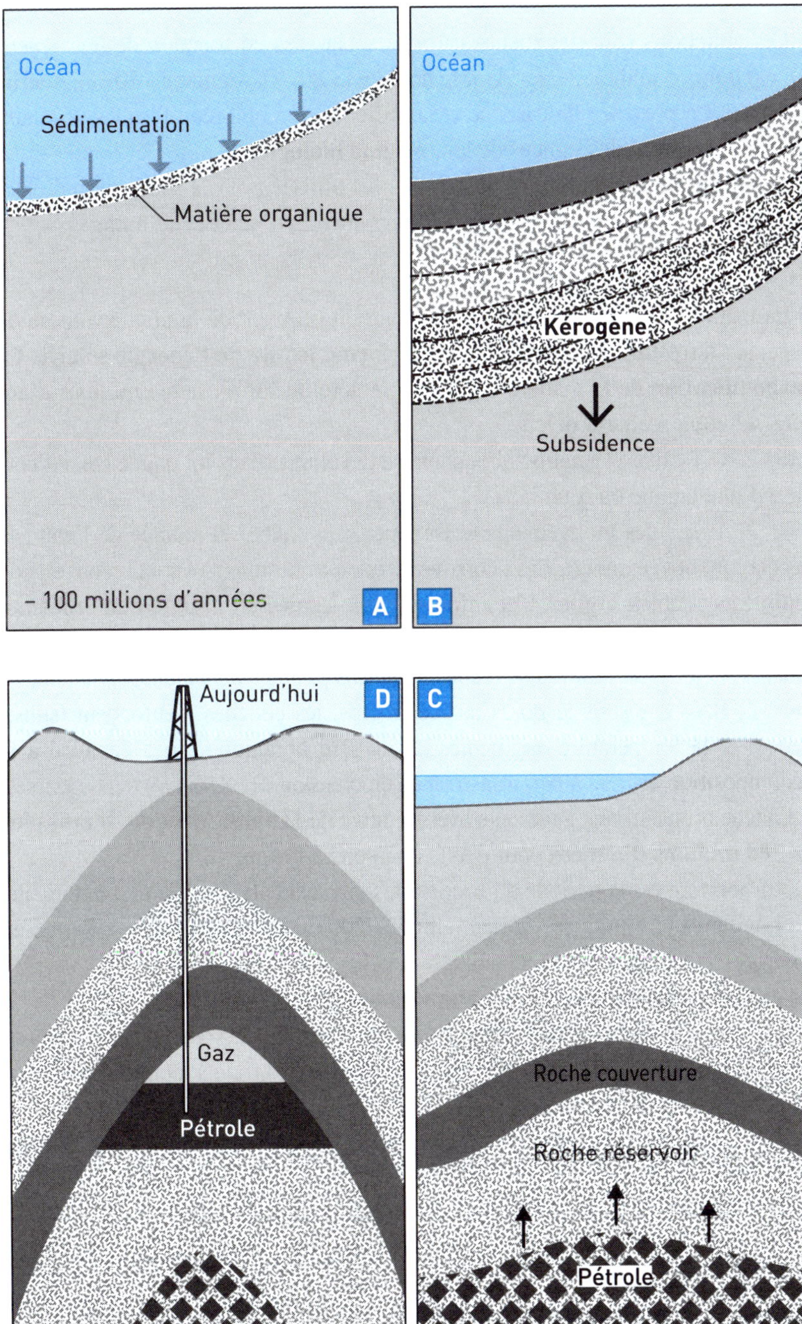

II LE CHARBON

1. L'exploitation du charbon

■ Les **charbons** sont des roches carbonées classées en fonction de leur teneur en **carbone** : anthracite (> 90 %), houille (≈ 80 %), lignite (≈ 70 %), tourbe (≈ 50 %). La présence de carbone et la présence de nombreux fossiles végétaux dans la roche sont des indices de leur **origine biologique**.

■ Le charbon est la **source d'énergie** la plus utilisée pour la production d'électricité. Il est utilisé en sidérurgie pour la production d'acier et de fonte.

2. La formation du charbon

■ La matière organique à l'origine du charbon provient de la photosynthèse de végétaux terrestres. **Le charbon est une forme fossile de l'énergie solaire.** La **carbonification** de la matière organique se déroule sur plusieurs millions d'années selon un scénario précis.

Doc. 2. A. 1 : une végétation abondante se développe dans un marécage, en bordure d'une lagune ou d'un lac.

Doc. 2. A. 2 : des mouvements tectoniques provoquent la montée de l'eau ; la végétation, noyée, meurt. Les débris végétaux s'accumulent et sont recouverts de sédiments : sables, argiles. Cet enfouissement les met à l'abri de l'air et ralentit l'action des décomposeurs **(chapitre 5)**.

Doc. 2. A. 3 : la végétation se reconstitue... jusqu'au prochain enfouissement.

Doc. 2. B et C : sous le poids des sédiments, les couches s'enfoncent (subsidence) et la température augmente. La matière organique qui a échappé à la décomposition est peu à peu transformée en charbon.

■ La teneur en carbone augmente avec la durée de la transformation. **Il faut plus de 300 millions d'années** pour que le charbon se forme.

Le carbonifère est la période à l'origine des gisements de houille et d'anthracite. La houille et la lignite se forment en 65 à 200 millions d'années, la tourbe en environ 10 000 ans.

Le charbon est donc une énergie **non renouvelable**.

■ Le charbon est une **roche sédimentaire** présente dans le sous-sol à une profondeur variant de 10 à plus de 1 000 m. Les veines de charbon sont intercalées avec d'autres roches sédimentaires.

Ce qu'il faut savoir	Exercices pour s'entraîner
Citer des utilisations du charbon	6
Décrire un gisement de charbon	7
Expliquer la formation du charbon	5, 11, 15
Argumenter : le charbon est une source d'énergie non renouvelable	3, 8, 14

Doc. 2. **300 millions d'années pour former du charbon**

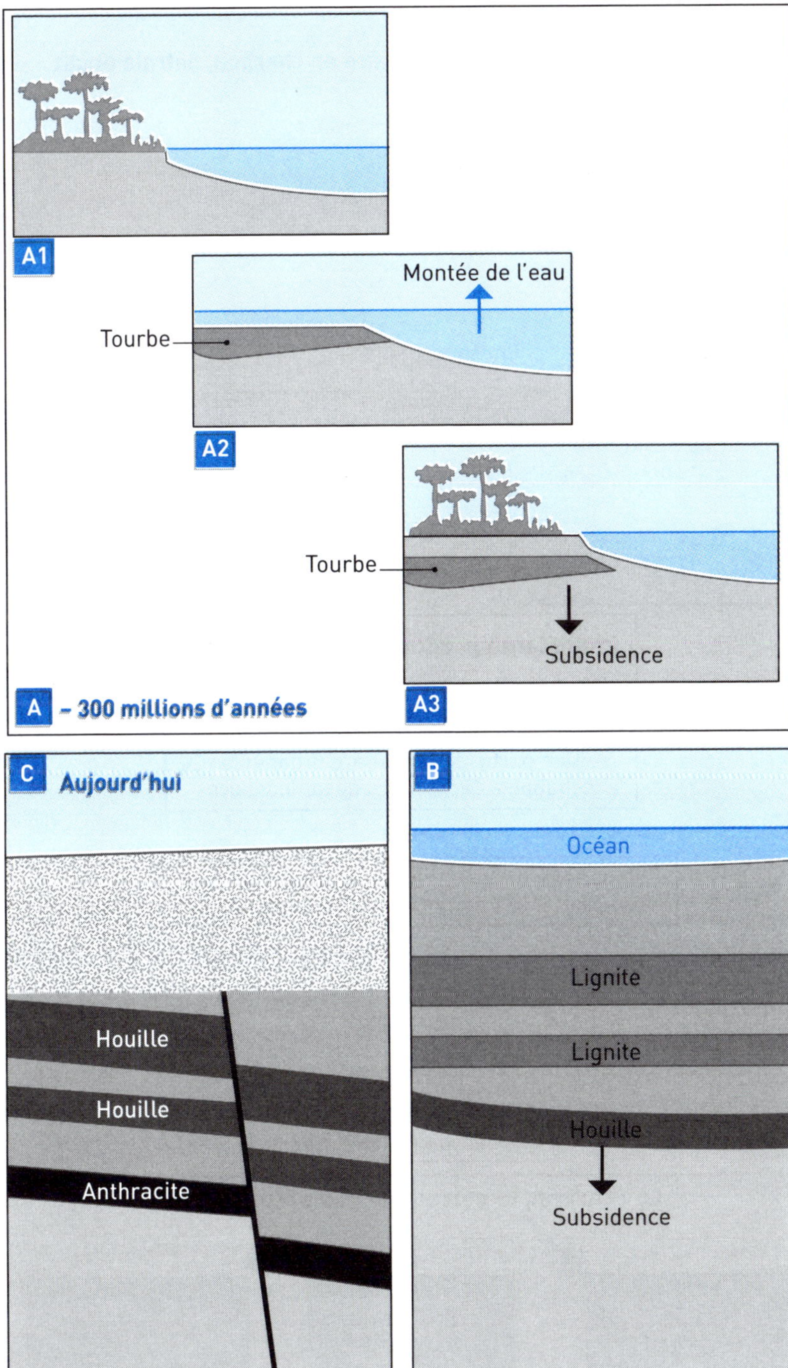

BILAN

Doc. 3. **La fossilisation de l'énergie solaire en charbon, pétrole et gaz naturel**

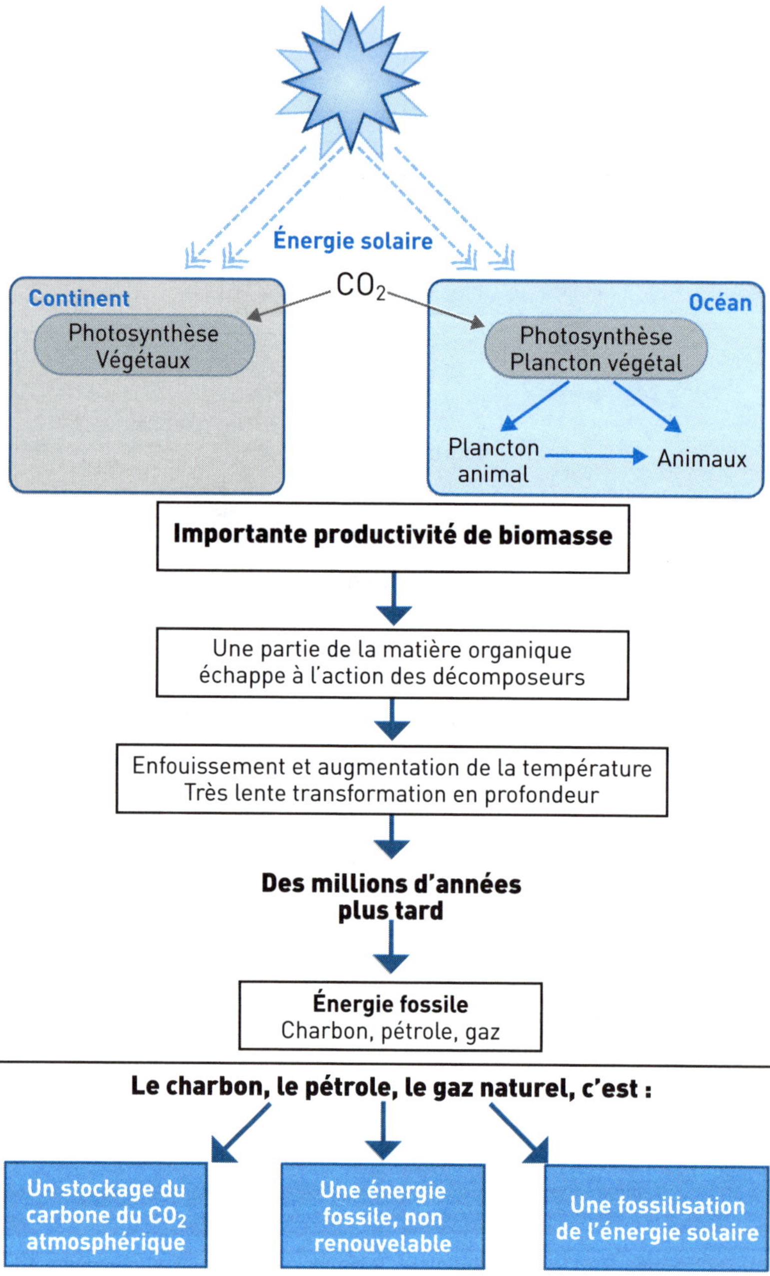

SAVOIR-FAIRE

Savoir lire et exploiter une coupe géologique

Pourquoi effectuer et étudier une coupe géologique ?

Doc. 4. **Exemple d'une coupe d'un piège à pétrole**

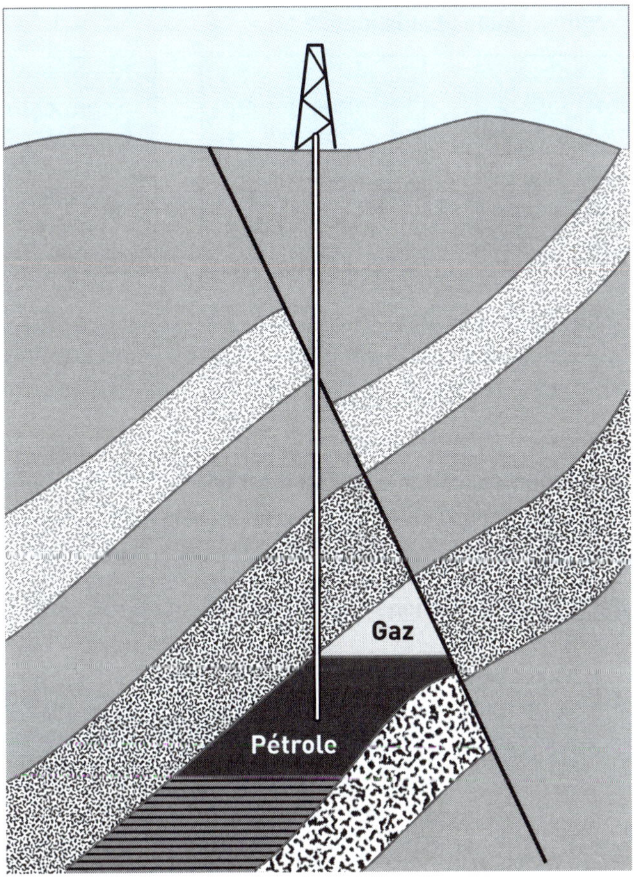

L'étude de cette coupe permet :
- d'identifier la nature des roches présentes ;
- d'identifier la roche réservoir et la roche couverture ;
- d'expliquer le piège à pétrole ;
- de dater relativement le pétrole par rapport à l'âge des autres roches.

Pour lire une coupe géologique, il faut savoir comment se forme le pétrole, avoir quelques notions de géologie et surtout de la logique. C'est ce que nous allons voir dans les deux pages suivantes.

Quelles sont les notions de géologie à avoir pour interpréter une coupe géologique ?

Les **sédiments** marins, boues calcaires, argiles, sables… se déposent les uns sur les autres en **couches** au fond des océans. Comme la coque d'un bateau qui s'enfonce quand on la charge, le poids des sédiments qui s'accumulent provoque l'enfoncement : il y a **subsidence** du socle ; la profondeur de l'océan varie peu.

Doc. 5. Sédimentation et subsidence

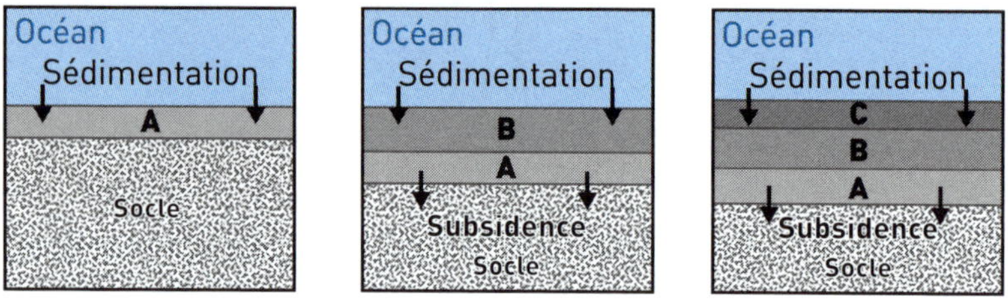

– Sur une coupe, les roches sédimentaires sont disposées en couches parallèles.
– La couche la plus profonde est la plus ancienne. Sur le **doc. 5**, A est la plus ancienne, C est la plus récente.

Les mouvements de l'écorce terrestre peuvent modifier la disposition des roches. Une tectonique cassante se traduit par une faille, ligne de glissement des blocs. Une tectonique plastique déforme les couches et crée un pli. Les reliefs créés par ces mouvements sont adoucis par l'**érosion**.

Doc. 6. Tectonique et érosion

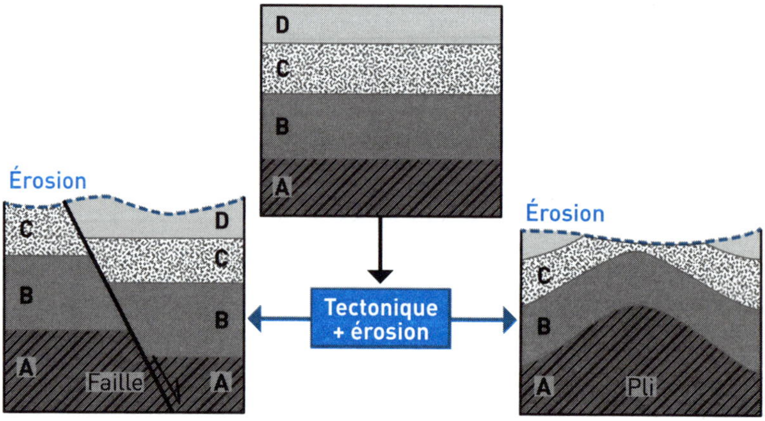

– Les couches des roches sédimentaires ne sont pas toujours horizontales.
– Failles et plis forment des pièges pour un pétrole qui migre vers la surface.
– Le pétrole est plus ancien que la roche réservoir qui le contient.

Comment expliquer un piège à pétrole ?

Doc. 7. Comprendre un piège à pétrole

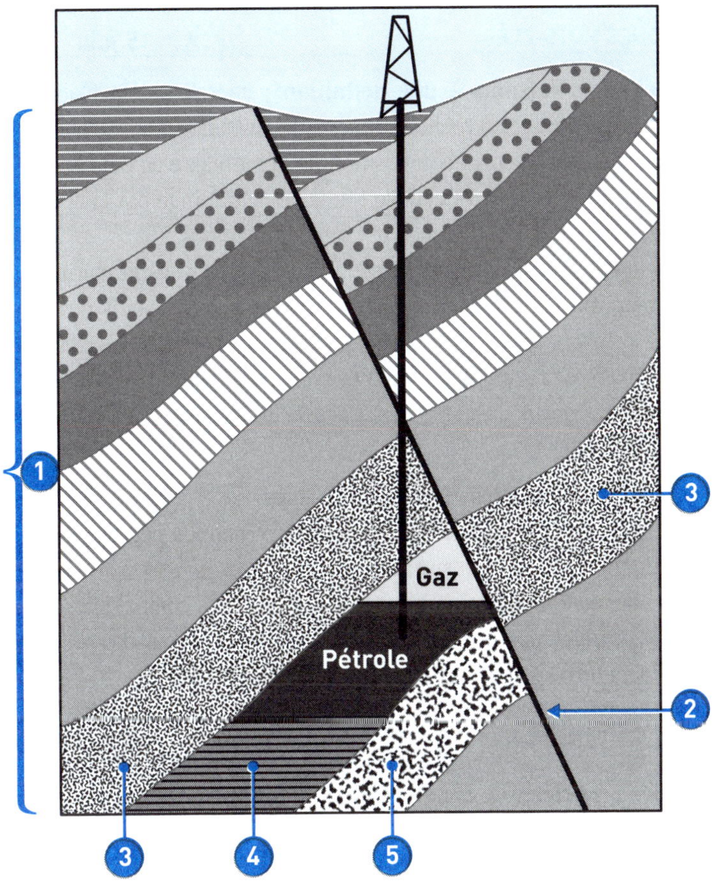

L'étude de cette coupe permet de dégager plusieurs explications.

– Les roches ❶ sont disposées en couches parallèles : ce sont des roches sédimentaires.

– Le pétrole et le gaz naturel ne franchissent pas les couches ❸ et ❺ : ce sont des roches sédimentaires imperméables au pétrole.

– ❷ est une faille qui a placé une roche imperméable sur le trajet de migration du pétrole vers la surface. Cela a ainsi créé un piège à pétrole.

– Le pétrole se trouve dans la roche ❹ : c'est la roche réservoir ; ❸ est la roche couverture. Le pétrole est donc plus ancien que ❸.

Exercices 7, 13 et 16

EXERCICES D'APPLICATION

1 QUELQUES MOTS-CLÉS | ★ | 5 min | ▸ P. 160

Associer les mots suivants à une définition : énergie renouvelable, énergie fossile, biomasse, kérogène, roche sédimentaire, subsidence.

a. Stade intermédiaire de la décomposition de la biomasse en pétrole.
b. Énergie dont l'utilisation à l'échelle humaine ne diminue pas la ressource.
c. Source d'énergie qui s'est formée il y a très longtemps.
d. Roche issue de la solidification de sédiments le plus souvent marins.
e. Enfoncement progressif du plancher océanique sous le poids des sédiments accumulés.
f. Masse de matière organique produite par une population d'êtres vivants.

2 PLANCTON VÉGÉTAL | ★ | 10 min | ▸ P. 160

Vrai ou faux ? Corriger les réponses inexactes.

Les molécules organiques du plancton végétal évoluent en pétrole :

a. si la production primaire en surface est faible.
b. s'il existe des conditions qui freinent la décomposition, comme l'absence de O_2.
c. si les molécules organiques du plancton sont enfouies dans des sédiments.
d. si la température des sédiments reste inférieure à 60 °C.

3 SOURCES D'ÉNERGIE | ★ | 10 min | ▸ P. 160

Identifier les propriétés de chaque source d'énergie (O = oui ; N = non).

Source d'énergie	Charbon	Uranium	Solaire	Éolien	Gaz naturel	Pétrole
Énergie fossile						
Énergie renouvelable						

4 FORMATION DU PÉTROLE | ★ | 10 min | ▸ P. 160

Classer dans l'ordre chronologique les étapes de formation du pétrole.

– Transformation en pétrole quand la température est supérieure à 60 °C.
– Migration du pétrole dans la roche réservoir.
– Décomposition incomplète en milieu peu oxygéné.
– Productivité importante de biomasse dans un océan.
– Transformation en profondeur de la biomasse en kérogène.
– Accumulation du pétrole dans un piège.

5 FORMATION DU CHARBON | ★ | 10 min | ▸ P. 160

Classer dans l'ordre chronologique les étapes de formation du charbon.

– Le poids des sédiments accumulés provoque leur subsidence.
– Une nouvelle végétation se reconstitue... jusqu'au prochain enfouissement.
– La hausse du niveau de l'océan noie la végétation qui meurt.
– Les débris de végétaux sont enfouis dans les sédiments.
– Très lentement, en profondeur, la matière organique est transformée en charbon.
– Dans les sédiments, la décomposition de la biomasse est très ralentie.
– Productivité importante de biomasse terrestre dans un marécage.

6 UTILISATIONS DU PÉTROLE ET DU CHARBON | ★ | 10 min | ▸ P. 161

Cocher les utilisations de chaque énergie fossile.

	Carburant (autos, avions)	Chauffage	Électricité	Acier, fonte	Polyester, nylon
Charbon					
Pétrole					

7 GISEMENTS DE PÉTROLE, DE CHARBON | ★ | 10 min | ▸ P. 161

Mettre en relation un numéro et une annotation.

Faille | Pétrole | Houille | Anthracite | Roches sédimentaires | Roche couverture | Roche réservoir.

Doc. 8. Gisements de pétrole et de charbon

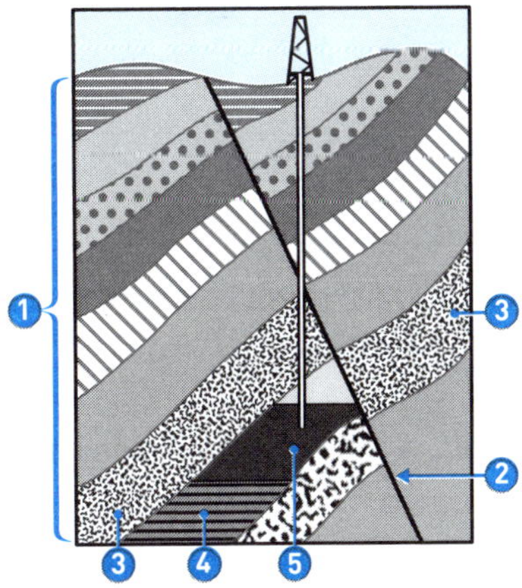

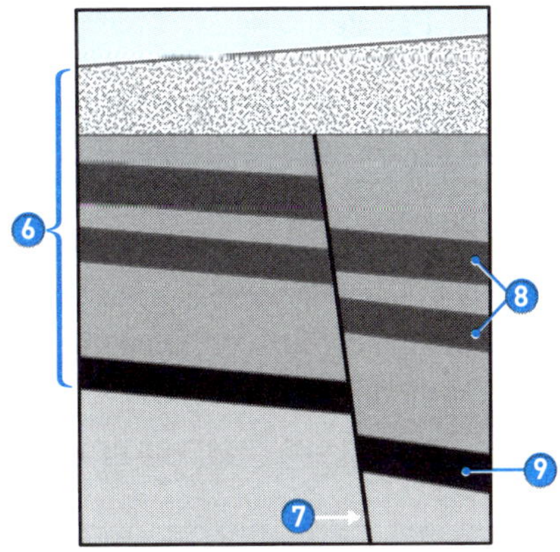

8 ÉNERGIE NON RENOUVELABLE ? | ★ | 10 min | ▸ P. 161

Exposer en 5 lignes maximum les arguments qui justifient cette affirmation : le pétrole et le charbon sont des énergies non renouvelables.

EXERCICES D'ENTRAÎNEMENT

9 CONDITIONS DE FORMATION DU PÉTROLE | ★★ | 15 min | ▸ P. 161

Vrai ou faux ? Corriger les réponses inexactes.

D'après le doc. 9 :

a. Jusqu'à – 1 000 m, la matière organique est transformée en kérogène.

b. Au-delà de – 1 000 m, la matière organique est transformée en pétrole et gaz.

c. À – 3 000 m, il se forme du pétrole et du gaz.

d. Au-delà de – 4 000 m, il ne se forme que du pétrole.

Dans les questions, le signe – indique la profondeur. Sur le **doc. 9**, le texte à gauche est mis en relation avec les profondeurs représentées dans le graphique.

Doc. 9. Hydrocarbures générés en fonction de la profondeur d'enfouissement

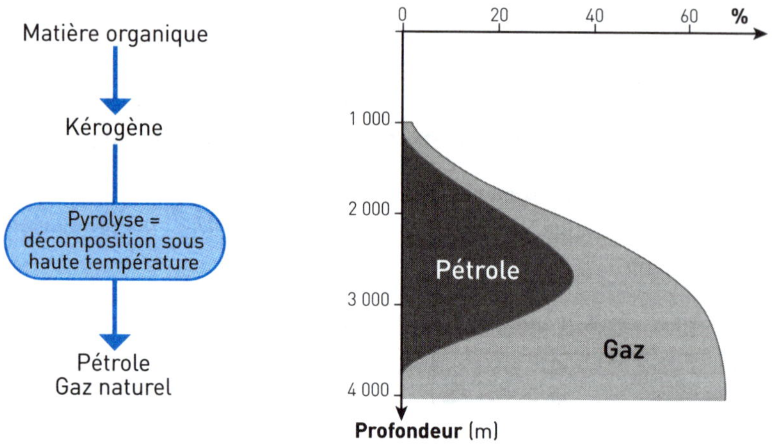

10 RÉSERVES DE PÉTROLE | ★★ | 15 min | ▸ P. 161

British Petroleum publie chaque année les chiffres concernant les réserves prouvées de pétrole et ceux concernant la consommation mondiale. Ces valeurs sont exprimées en milliards de tonnes.

Doc. 10. Tableau des réserves prouvées et de la consommation mondiale en pétrole

Date de publication	1992	2002	2012
Total mondial des réserves	137	174	220
Consommation mondiale	3,2	3,7	4,2

Pourquoi les chiffres des réserves peuvent sembler incohérents ?
Après une lecture plus précise, proposer une explication logique.

11 DE LA BIOMASSE AUX ÉNERGIES FOSSILES ★★ | 15 min | ▸ P. 161

Vrai ou faux ? Corriger les réponses inexactes.

Le doc. 11 montre que :

a. Une grande partie de la biomasse n'est pas transformée en kérogène.

b. L'ensemble du kérogène se transforme en une petite partie de la biomasse.

c. Biomasse et kérogène ont environ la même masse.

d. La plus grande partie de la biomasse subit une minéralisation totale.

e. La plus grande partie du kérogène est transformée en énergie fossile.

Doc. 11. Bilan quantitatif de la formation des énergies fossiles

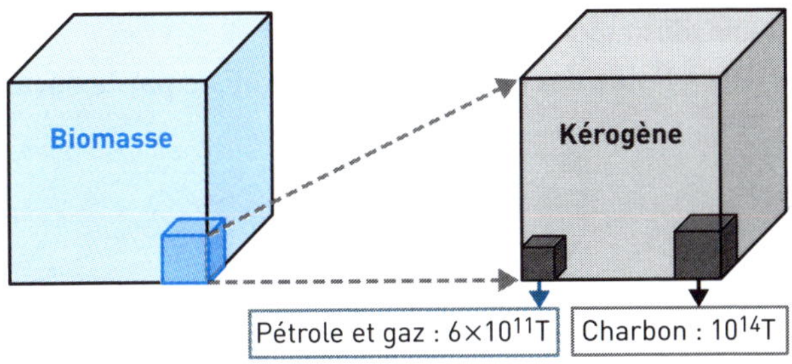

12 LES SCHISTES BITUMINEUX ★★ | 15 min | ▸ P. 162

Les réserves mondiales de schistes bitumineux, particulièrement abondantes en Amérique du Nord, sont un peu inférieures aux réserves du pétrole.

Les composants organiques des schistes bitumineux dérivent d'une multitude d'organismes, tels que pollens, algues, cuticules végétales, débris cellulaires de plantes terrestres et aquatiques. Les schistes bitumineux sont classés, selon leur environnement de dépôts, en « terrestres », « lacustres » ou « marins ». Le kérogène contenu dans un schiste bitumineux marin peut être converti en pétrole à travers le processus chimique de la pyrolyse, qui utilise le principe de la décomposition d'une matière organique par la chaleur. Le schiste bitumineux est pour cela chauffé à une température suffisamment élevée (450/500 °C) dans une enceinte privée d'air (anaérobie).

À l'aide de ces informations et du doc. 9 de l'exercice 9, commenter les affirmations suivantes.

a. Les schistes bitumineux sont la forme fossile d'un kérogène marin.

b. Le kérogène des schistes bitumineux marins a été enfoui à une profondeur supérieure à 1 500 m.

c. Les gisements de schistes bitumineux ne sont pas profonds.

d. Le terme de schiste bitumineux qualifie plus le degré de transformation que l'origine de la biomasse.

e. Un schiste bitumineux terrestre a pour origine une biomasse comparable à celle qui a formé les charbons.

EXERCICES D'APPROFONDISSEMENT

13 LE DÉBAT SUR L'EXPLOITATION DU GAZ DE SCHISTE

★★★ | 25 min | ▸ P. 162

Le rédacteur en chef d'un journal scientifique demande à un journaliste de son équipe d'écrire un article : « Paul, il faut un encadré scientifique sur le gaz de schiste pour notre article sur le débat de la fracturation hydraulique. Voici le plan : 1. Qu'est-ce que c'est ? 2. Les réserves. 3. L'extraction. 4. Les risques environnementaux. Tu fais court, simple, clair. Vois avec le documentaliste... Il me faut aussi une illustration. »

Écrire cet article à l'aide des informations transmises par le documentaliste.

Il faut suivre les consignes données par le rédacteur en chef et ajouter quelques connaissances dans les explications.

Doc. 12. Informations trouvées par le documentaliste

Le gaz de schiste, également appelé gaz de roche-mère (c'est du méthane) est contenu dans des roches argileuses imperméables qualifiées de schistes. Alors que le gaz naturel conventionnel a migré et s'est accumulé dans une roche magasin permettant une exploitation facile, le gaz de schiste est piégé dans les porosités de la roche mère imperméable par l'argile qu'elle contient.

Hydrofracturation et exploitation :

– Forage vertical sur 1 500 à 3 000 m pour atteindre la couche de schistes puis forage horizontal, souvent sur plusieurs kilomètres.

– Injection sous pression d'énormes quantités d'eau avec du sable et des produits chimiques pour casser le schiste et en libérer le gaz qui y est dispersé en petite quantité. Si une moitié de l'eau peut être récupérée, l'autre moitié peut diffuser jusqu'aux nappes phréatiques, risquant de les polluer. L'eau destinée à l'alimentation est pompée dans ces nappes. Une autre source de pollution est due aux fuites de gaz au cours de l'extraction. C'est un gaz à effet de serre.

Des chiffres : principales réserves mondiales de gaz de schiste estimées à 140 ans de consommation. Principales réserves en Chine, Argentine, Algérie, USA. La France posséderait la moitié des réserves européennes (au Nord-Est et Sud-Est), de quoi assurer 100 ans de consommation. Mais en juin dernier, l'Agence Internationale de l'Énergie vient de revoir ce chiffre à la baisse : 77 ans.

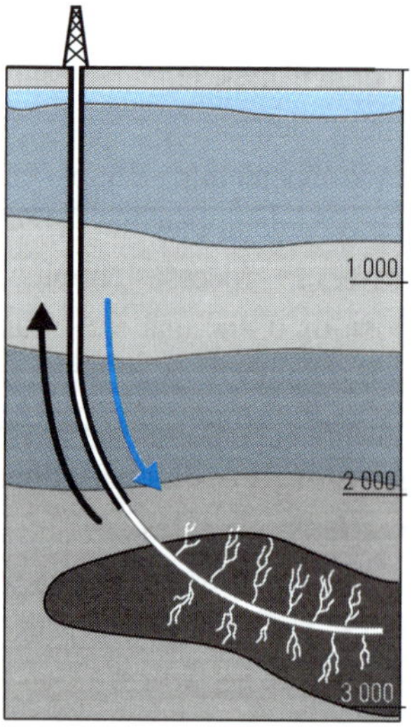

(NOTE DU DOCUMENTALISTE)
Je n'ai pas trouvé la légende, il faudra que tu la rédiges.

14 LA TRANSITION ÉNERGÉTIQUE EN DÉBAT ★★★ 30 min ▸ P. 163

Exploiter les données présentées ci-dessous pour montrer la nécessité d'organiser dès maintenant la transition énergétique.

Doc. 13. Évolution de la consommation mondiale en énergie. Les énergies fossiles constituent 90 % des énergies non renouvelables. TEP = tonne équivalent pétrole ; cette unité est utilisée chaque fois que des énergies différentes sont concernées.

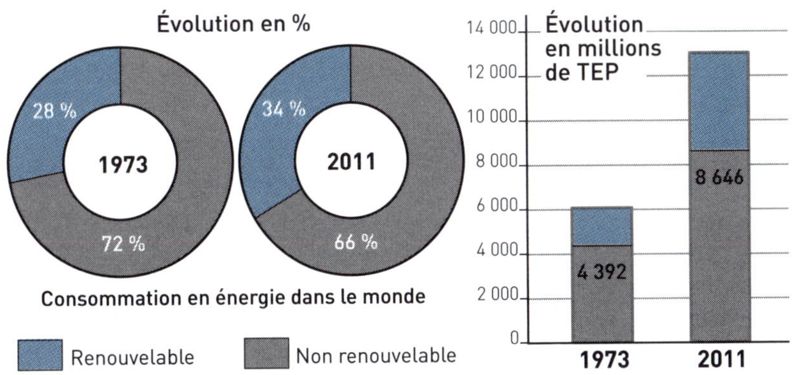

Doc. 14. Réserves et consommation mondiales de deux énergies fossiles en 2012 en milliards de tonnes

	Réserves prouvées	Consommation
Charbon	861	8
Pétrole	220	4

Doc. 15. Consommation d'énergie par habitant de plusieurs pays en 2012. Les valeurs sont exprimées en TEP. La population des deux principaux pays émergents de l'Asie, l'Inde et la Chine, représente un tiers de la population mondiale.

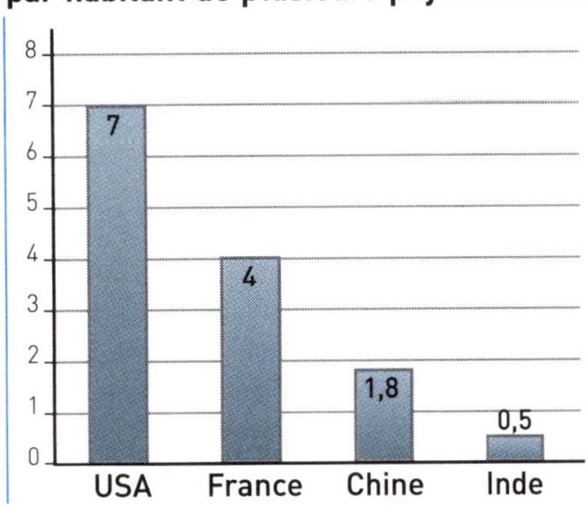

Un exemple d'investigation. 1) Relire l'introduction du chapitre. **2)** Exploiter les résultats du **doc. 14**, pour estimer les années de réserves. **3)** Exploiter les **doc. 13** et **14**, puis le **doc. 10** de l'exercice 10, pour discuter de l'évolution des réserves. **4)** Terminer par un bilan pour répondre à la question posée.

CONTRÔLE

15 DÉCOMPOSITION DE BIOMASSE | ★★ | 20 min | ▸ P. 164

Le pétrole et le charbon proviennent de la décomposition d'une biomasse. **Présenter les arguments en faveur de cette affirmation.**

16 LE GAZ DE LACQ | ★★ | 40 min | ▸ P. 164

Lacq est une petite commune des Pyrénées-Atlantiques. On se propose d'étudier la ressource en gaz exploitée dans cette région, qui a produit jusqu'à 20 millions de m^3 de gaz par jour.

a. Utiliser les **doc. 17 et 18** pour remplir la légende de la coupe géologique.

b. Identifier la roche couverture et la roche magasin pour le pétrole et pour le gaz de Lacq.

c. À l'aide des informations collectées dans les questions précédentes et de vos connaissances, évaluer l'âge minimum du gaz de Lacq. Justifier la réponse.

d. Montrer que le gaz de Lacq est une énergie fossile, non renouvelable.

La réponse à la question **a** est très importante, car les réponses aux autres questions en dépendent. Il faudra ensuite mettre en relation les informations spécifiques au gisement de Lacq et vos connaissances générales sur le gisement en pétrole et gaz pour répondre aux questions suivantes.

Doc. 16. Article consacré au gaz de Lacq, *Dépêche du Midi* du 16/10/2013

Après 60 ans d'exploitation, le point final a été mis lundi à 9 h 30 : les puits de Lacq Profond, les derniers à être utilisés pour l'exploitation du gaz, ont été fermés... Au cours des trois mois qui viennent, toutes les installations vont être mises en sécurité avant leur démantèlement. Les puits vont être murés pour toujours avec des bouchons de ciment hauts de 150 mètres.

Doc. 17. Forages à Lacq

Les géologues savaient qu'en bordure des Pyrénées, les terrains seraient plissés, que des plis anticlinaux pouvaient servir de piège à pétrole.

Un forage réalisé en 1949 leur a donné raison. Ce forage a atteint, à 650 m de profondeur, la partie haute d'un pli qui contenait du pétrole, dans une roche magasin du Crétacé supérieur. Mais ce gisement d'une dizaine de mètres d'épaisseur n'a produit que 2 millions de tonnes en 12 ans.

Le forage fut repris. La sonde traversa les calcaires puis les marnes du Crétacé. En 1951, à 3 350 m de profondeur au niveau du Jurassique, elle atteignit un gisement de gaz naturel, sur une épaisseur exploitable de 400 m. Le gaz imprégnait des roches perméables (sables, grès, calcaires). Le volume de gaz représentait 3 % de la roche magasin.

Doc. 18. **Coupe géologique et forage d'exploitation du puits Lacq profond**

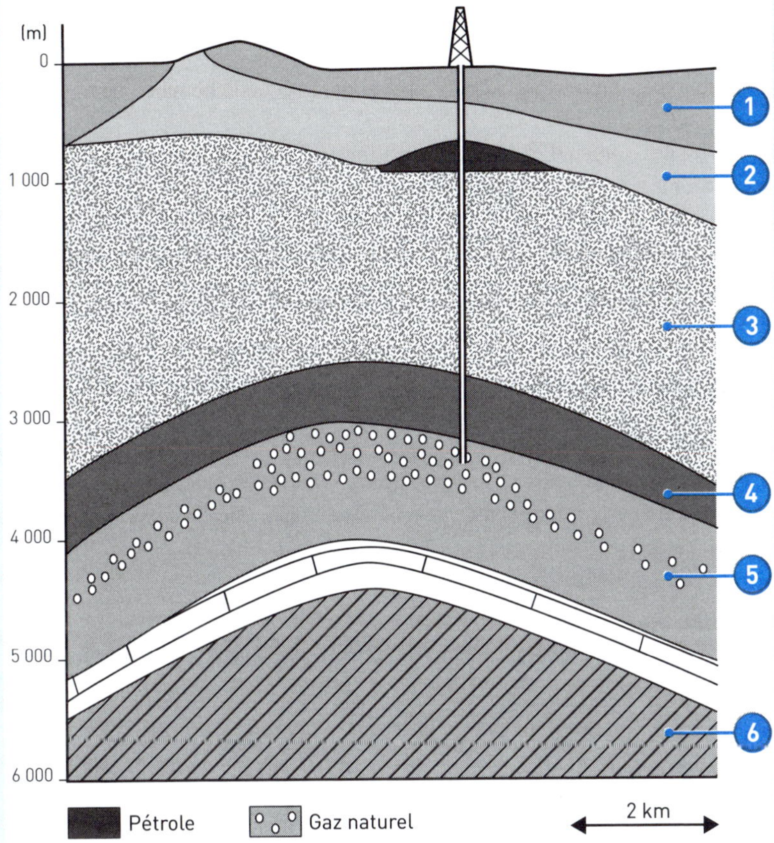

Légende à compléter

	Roches	Étage géologique	Âge moyen en millions d'années
1	molasses	Oligocène	–30
2	marnes	Paléocène	–60
3	calcaires		–120
4			–125
5			–150 à –200
6	gypse	Trias	–210

CORRIGÉS

1 QUELQUES MOTS-CLÉS

Énergie renouvelable : énergie dont l'utilisation à l'échelle humaine ne diminue pas la ressource (b).
Énergie fossile : source d'énergie qui s'est formée il y a très longtemps (c).
Biomasse : masse de matière organique produite par une population d'êtres vivants (f).
Kérogène : stade intermédiaire de la décomposition de la biomasse en pétrole (a).
Roche sédimentaire : roche issue de la solidification de sédiments le plus souvent marins (d).
Subsidence : enfoncement progressif du plancher océanique sous le poids des sédiments accumulés (e).

2 PLANCTON VÉGÉTAL

Les molécules organiques du plancton végétal évoluent en pétrole :
a : faux, elle doit être importante. b et c : vrai. d : faux, elle est supérieure à 60 °C.

3 SOURCES D'ÉNERGIE

Source d'énergie	Charbon	Uranium	Solaire	Éolien	Gaz naturel	Pétrole
Énergie fossile	O	N	N	N	O	O
Énergie renouvelable	N	N	O	O	N	N

4 FORMATION DU PÉTROLE

1. Productivité importante de biomasse dans un océan.
2. Décomposition incomplète en milieu peu oxygéné.
3. Transformation en profondeur de la biomasse en kérogène.
4. Transformation en pétrole quand la température est supérieure à 60 °C.
5. Migration du pétrole dans la roche réservoir.
6. Accumulation du pétrole dans un piège.

5 FORMATION DU CHARBON

1. Productivité importante de biomasse terrestre dans un marécage.
2. La hausse du niveau de l'océan noie la végétation qui meurt.
3. Les débris de végétaux sont enfouis dans les sédiments.
4. Dans les sédiments, la décomposition de la biomasse est très ralentie.
5. Une nouvelle végétation se reconstitue… jusqu'au prochain enfouissement.
6. Le poids des sédiments accumulés provoque leur subsidence.
7. Très lentement, en profondeur, la matière organique est transformée en charbon.

6 UTILISATIONS DU PÉTROLE ET DU CHARBON

	Carburant (autos, avions)	Chauffage	Électricité	Acier, fonte	Polyester, nylon
Charbon		×	×	×	
Pétrole	×	×	×		×

7 GISEMENTS DE PÉTROLE, DE CHARBON

❶ et ❼ : faille. ❺ : pétrole. ❽ : houille. ❾ : anthracite. ❶ et ❻ : roches sédimentaires. ❸ : roche couverture. ❹ : roche réservoir.

8 ÉNERGIE NON RENOUVELABLE ?

L'argumentation repose sur la définition d'une énergie renouvelable. Il convient donc de rappeler cette définition, puis d'utiliser les connaissances sur la formation de ces deux énergies fossiles pour démontrer qu'elles sont non renouvelables.

Pour être définie comme renouvelable, la consommation d'une énergie ne doit pas faire diminuer ses ressources à l'échelle humaine. Or, la formation du pétrole et du charbon a nécessité des millions d'années. Il est impossible à l'échelle humaine de reformer le pétrole et le charbon que nous exploitons aujourd'hui : ce sont des énergies non renouvelables.

9 CONDITIONS DE FORMATION DU PÉTROLE

a : vrai. **b** : faux, c'est la biomasse qui se transforme en kérogène. **c** : vrai. **d** : faux, il ne se forme que du gaz.

10 RÉSERVES DE PÉTROLE

Une erreur dans les données ? Le tableau montre que les réserves de pétrole augmentent depuis 1992. Deux arguments justifient l'interrogation sur la validité de ces données :

– La formation de pétrole a demandé des millions d'années. L'augmentation des réserves ne peut pas être attribuée à une formation de pétrole en profondeur.

– Du pétrole est extrait du sous-sol pour la consommation : en 2012, c'est 1/50 des réserves qui sont pompées.

Il y a une explication logique. Dans le texte, il est mentionné réserves prouvées. Les gisements de pétrole se trouvent en profondeur dans le sous-sol, et chaque année, de nouveaux gisements sont découverts. En 20 ans, ce sont donc plus de 150 milliards de tonnes de réserves qui ont été découvertes.

11 DE LA BIOMASSE AUX ÉNERGIES FOSSILES

a : vrai. **b** : faux, une petite partie de la biomasse se transforme en kérogène. **c** : faux, le cube qui représente le kérogène est un zoom de la transformation du petit cube qui représente la biomasse transformée. **d** : vrai. **e** : faux, seule une petite partie du kérogène est transformée en charbon, pétrole et gaz.

12 LES SCHISTES BITUMINEUX

a : faux, si les schistes bitumineux peuvent avoir pour origine une biomasse marine, d'autres sont issus d'une biomasse terrestre. Les schistes bitumineux ne sont pas « la forme fossile du kérogène fossile d'origine marine » mais une forme possible.

b : faux, le doc. 9 montre qu'au-delà de 1 000 m de profondeur, le kérogène est transformé en pétrole et gaz. La profondeur n'a pas dépassé 1 000 m.

c : vrai et faux, leur origine les situe beaucoup moins profond que les gisements de pétrole et de gaz. Mais le pétrole et le gaz ne sont pas exploités dans leur roche mère, mais dans la roche réservoir dans laquelle ils ont pu migrer vers la surface. Un gisement de pétrole peut donc se situer à une profondeur comparable à celle des schistes bitumineux.

d : vrai, les schistes bitumineux peuvent avoir pour origine une biomasse marine comme pour le pétrole, ou une biomasse terrestre comme pour le charbon. Ces schistes ont en commun une dégradation incomplète de la biomasse stoppée au stade kérogène.

e : vrai, les charbons sont issus de la transformation de végétaux terrestres.

13 LE DÉBAT SUR L'EXPLOITATION DU GAZ DE SCHISTE

a. **Qu'est-ce que c'est ?** Le gaz de schiste est du gaz naturel, du méthane pour les chimistes. Il s'est formé comme le gaz naturel pompé et distribué, mais il est resté piégé dans la roche mère où il s'est formé, alors que le gaz extrait au niveau des gisements a réussi à s'en échapper pour s'accumuler dans les pièges géologiques en profondeur.

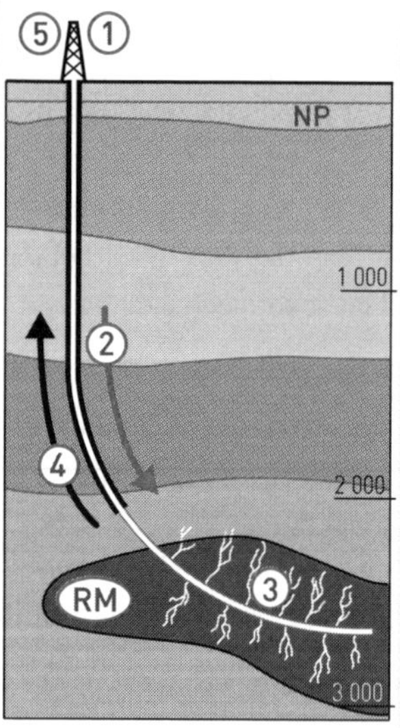

b. **Les réserves.** Les réserves mondiales de gaz de schiste sont estimées à 140 ans de consommation. La France posséderait la moitié des réserves européennes, de quoi assurer 77 ans de consommation.

c. **L'extraction**

① Un forage vertical de 1 500 à 3 000 m est réalisé pour atteindre la roche mère (RM), puis un forage horizontal traverse cette roche mère.

② D'énormes quantités d'eau accompagnée de sable et d'additifs chimiques sont injectées pour casser le schiste : c'est la fracturation hydraulique.

③ Le gaz est libéré de la roche et recueilli.

④ ⑤ Le gaz de schiste est remonté en surface.

d. **Les risques environnementaux**

– L'hydrofracturation nécessite d'énormes quantités d'eau, car la moitié de l'eau injectée ne peut pas être récupérée.

– L'eau qui n'est pas récupérée peut diffuser avec les additifs et polluer les nappes phréatiques (NP).

– Une partie du gaz libéré par l'hydrofracturation peut s'échapper.

– Les fuites de méthane vont dans l'atmosphère et augmentent l'effet de serre.

14 LA TRANSITION ÉNERGÉTIQUE EN DÉBAT

La transition énergétique désigne le développement de solutions pour remplacer les énergies fossiles : charbon, pétrole et gaz naturel. Pourquoi est-il nécessaire d'organiser maintenant cette transition ?

Réserves et consommation mondiale en énergies fossiles (doc. 14)

Analyse. Si la consommation en énergies fossiles en 2012 se maintient pour les années à venir, les réserves prouvées ne pourront assurer que 50 ans de consommation pour le pétrole (220/4) et 100 ans pour le charbon (861/8).

Interprétation. Pétrole et charbon sont des énergies fossiles, issues d'une transformation de biomasse dont la durée s'exprime en millions d'années. Ce sont des énergies non renouvelables : toute consommation diminue le stock disponible.

Évolution possible de la consommation mondiale (doc. 13 et 15)

Analyse. Le doc. 13 montre qu'entre 1973 et 2011, la part des énergies fossiles a diminué, passant de 72 % à 66 %. Mais ce chiffre est trompeur, car en réalité, la consommation en énergie pendant cette période a fortement augmenté, et la consommation en énergie fossile a doublé (4 392 à 8 646).

Interprétation. Cette évolution de la consommation mondiale en énergie fossile pour les 20 dernières années laisse penser que la consommation mondiale en énergies fossiles va continuer de croître. C'est un argument pour revoir à la baisse les chiffres des années de réserves estimés avec le doc. 14.

Analyse. Le doc. 13 montre la très grande différence de consommation d'énergie par habitant selon les pays : un Américain consomme presque 2 fois plus qu'un Français, 4 fois plus qu'un Chinois, 14 fois plus qu'un Indien.

L'Inde et la Chine réunies possèdent 1/3 de la population mondiale.

Interprétation. Inde et Chine sont deux pays émergents à forte population. L'élévation du niveau de vie va augmenter la consommation d'énergie par ses habitants. Le développement économique de ces pays va fortement augmenter la demande en énergie.

Évolution possible des réserves (exercice 10)

Analyse. Le document montre que les réserves prouvées en pétrole ont doublé entre 1992 et 2012. Il s'agit de réserves prouvées, identifiées à la suite des campagnes de prospection. Cette augmentation est due à la découverte de nouveaux gisements.

Interprétation. La localisation en profondeur des gisements de pétrole ne permet pas d'avoir des données définitives des réserves disponibles. Les chiffres sur lesquels reposent les calculs des 50 années de réserves de pétrole sont donc discutables.

Bilan. Pétrole, charbon et gaz naturel sont des énergies fossiles, non renouvelables. Toute consommation prélève une ressource qui ne sera pas remplacée. L'évolution de la consommation en énergie depuis 20 ans, et le développement économique de pays émergents très peuplés comme la Chine et l'Inde, montrent que la consommation mondiale en énergie va continuer de croître. Même si toutes les réserves de pétrole ne sont pas connues avec certitude, les énergies fossiles ne pourront pas répondre à la demande. Les 50 années de réserves estimées pour le pétrole montrent l'urgence de trouver de nouvelles sources d'énergie.

Le **doc. 13** montre qu'il faut d'être prudent dans l'exploitation des pourcentages.

15 DÉCOMPOSITION DE BIOMASSE

Argument 1 : le carbone. La biomasse désigne la matière produite par des êtres vivants, animaux et végétaux. Cette biomasse contient des molécules organiques principalement composées par 4 éléments chimiques : carbone, hydrogène, oxygène, azote. Or, le pétrole et le gaz naturel sont des hydrocarbures, constitués par les éléments carbone et hydrogène, le charbon est principalement constitué de carbone. Les éléments chimiques présents dans les énergies fossiles sont présents dans la matière organique des êtres vivants. Une transformation de la biomasse en énergie fossile est chimiquement possible.
Argument 2 : les fossiles. De très nombreux fossiles de végétaux sont retrouvés dans les charbons, des fragments de tissus végétaux sont présents dans la tourbe. Ces fossiles sont aussi des indices en faveur d'une origine biologique pour les charbons.

16 LE GAZ DE LACQ

a. **Légende complétée de la coupe.**

	Roches	Étage géologique	Âge moyen en millions d'années
❶	molasses	Oligocène	– 30
❷	marnes	Paléocène	– 60
❸	calcaires	**Crétacé**	– 120
❹	**marnes**	**Crétacé**	– 125
❺	**sables, grès calcaires**	**Jurassique**	– 150 à – 200
❻	gypse	Trias	– 210

b. Le gaz s'est accumulé dans les sables, grès et calcaires du Jurassique. La couche ❺ est la roche réservoir. Le gaz s'est accumulé sous les marnes du Crétacé : cette couche a stoppé la migration du gaz ; ❹ est la roche couverture.
c. Le gaz naturel de Lacq s'est accumulé sous les marnes du Crétacé : il est donc plus ancien : son âge est supérieur à – 125 millions d'années.
Le gaz naturel se forme dans une roche mère, puis il migre vers le haut dans la roche réservoir. La roche réservoir, la couche ❺, est plus récente que la roche mère dans laquelle se trouvait le gaz : l'âge du gaz est supérieur à – 200 millions d'années.
d. Le gaz exploité à Lacq s'est formé il y a plus de 200 millions d'années. Il s'est formé à partir de la transformation en profondeur d'une biomasse marine. C'est une énergie fossile.
La fermeture du site de Lacq est la conséquence de l'épuisement des réserves de gaz. Il n'a fallu que 60 ans pour consommer les réserves de gaz qui se sont formées il y a plusieurs millions d'années : elles ne sont pas renouvelées. Le gaz de Lacq est une énergie non renouvelable.

8 L'enjeu énergétique

L'énergie est partout dans nos vies, on l'utilise pour s'éclairer, se chauffer, se déplacer, cuisiner, travailler... Elle est indispensable et concerne chaque citoyen dans sa vie quotidienne...
Les enjeux de la transition énergétique sont de réduire les émissions de gaz à effet de serre, développer les énergies renouvelables, accroître l'efficacité énergétique (économies d'énergie) et soutenir la recherche sur les nouvelles technologies de l'énergie.

Extraits du débat national sur la transition énergétique, 2013

L'ESSENTIEL

I LE SOLEIL ET LES ÉNERGIES UTILISÉES PAR L'HOMME

■ L'**énergie solaire** chauffe l'air, évapore l'eau. Utiliser l'énergie des vents, des courants marins, des barrages électriques revient donc à utiliser indirectement de l'énergie solaire. Ces formes d'énergie sont rapidement renouvelables.

II LES INCIDENCES DES ÉNERGIES SUR LE CYCLE DU CARBONE

■ L'utilisation de **combustibles fossiles** restitue rapidement dans l'atmosphère du **dioxyde de carbone** qui avait été lentement piégé dans le sous-sol. Brûler un combustible fossile, c'est utiliser une énergie solaire du passé.
■ L'augmentation rapide d'origine humaine de la concentration en dioxyde de carbone dans l'atmosphère interfère avec le **cycle naturel du carbone**, et augmente, par **effet de serre**, la température à la surface de la Terre.

Les mots-clés du lexique
Agrocarburant, combustion, cycle du carbone, effet de serre, énergies renouvelables/non renouvelables, photosynthèse, respiration.

LE COURS

I LE SOLEIL ET LES ÉNERGIES UTILISÉES PAR L'HOMME

1. Les utilisations directes et indirectes de l'énergie solaire

■ L'**énergie solaire** est à l'origine des vents, des courants marins et du cycle de l'eau. Il existe ainsi des **utilisations directes** de l'énergie solaire (photovoltaïque, solaire thermique pour le chauffage…) et des **utilisations indirectes** (production d'électricité à l'aide d'éoliennes, de barrages, de centrales thermiques utilisant un combustible fossile et production de carburants avec le pétrole et les agrocarburants…). Ces ressources énergétiques sont **rapidement renouvelables**.

■ Les **combustibles fossiles** représentent l'**énergie solaire du passé** piégés dans les molécules organiques non dégradées, **(bilan du chapitre 7)**. Elles ne sont pas rapidement renouvelables.

2. Les énergies rapidement renouvelables

■ Les continents et les océans ne reçoivent pas la même énergie solaire sur toute la surface du globe. Les différences de température entre les zones chaudes et froides créent des **vents** et des **courants marins**, à partir desquels l'Homme sait produire de l'électricité, respectivement grâce à des **éoliennes** et des **hydroliennes** **(doc. 1)**.

■ L'énergie solaire provoque la vaporisation de l'eau liquide des océans et des continents. L'air chaud et humide qui s'élève est refroidi en altitude, l'eau qui se condense forme des nuages déplacés par les vents. Les précipitations amènent de l'eau liquide qui ruisselle sur les continents pour regagner un océan. L'énergie **hydraulique** est issue de la retenue d'eau dans un barrage qui permet de faire tourner des turbines pour produire de l'électricité **(doc. 2)**.

■ La biomasse produite par photosynthèse est utilisée pour la production d'**agrocarburants** tels que le **superéthanol** E85 (85 % d'éthanol + 15 % essence) ou le **diester** (huile végétale transformée + éthanol). Les agrocarburants de 1re génération utilisent les parties végétales utilisées aussi pour l'alimentation humaine (blé, maïs, canne à sucre, colza). La production d'agrocarburants entre alors en concurrence avec la production d'aliments. Les agrocarburants de 2e génération utilisent les parties non comestibles des végétaux (résidus agricoles, déchets forestiers, plantes non comestibles). Les agrocarburants de 3e génération proviennent de la culture industrielle d'algues pour la production de **biodiesel** **(doc. 3)**.

Ce qu'il faut savoir	Exercices pour s'entraîner
Nommer et expliquer les formes d'énergie qui utilisent indirectement l'énergie solaire	3, 4, 12, 13
Nommer et expliquer les différentes générations d'agrocarburants	5, 6

Doc. 1. Soleil et énergie éolienne

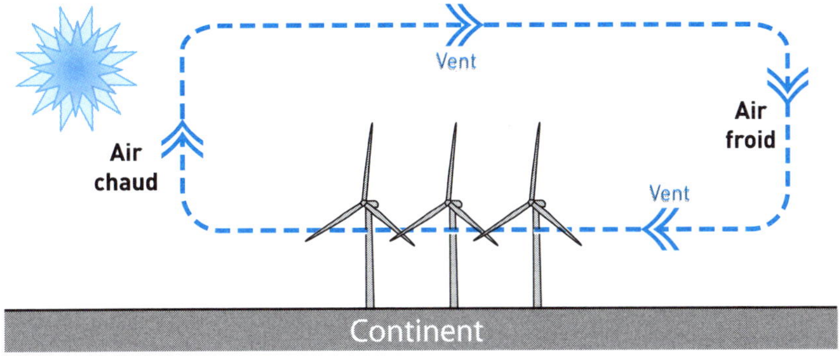

Doc. 2. Soleil et énergie hydraulique

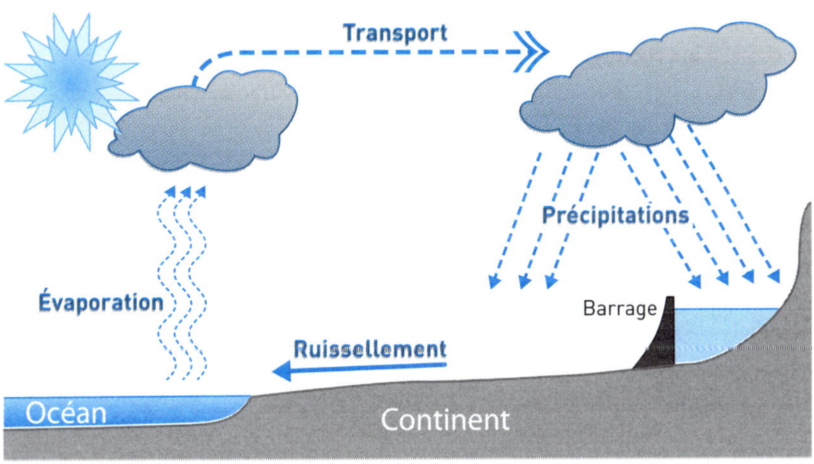

Doc. 3. Soleil et production d'agrocarburants de 1re génération

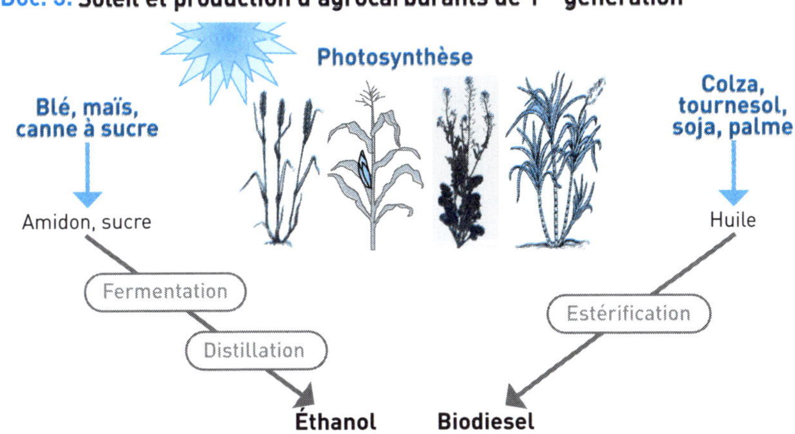

II LES INCIDENCES DES ÉNERGIES SUR LE CYCLE DU CARBONE

1. Les combustions produisent du dioxyde de carbone (CO_2)

■ Énergies fossiles et agrocarburants contiennent du carbone. Lors d'une **combustion**, l'oxydation du carbone produit l'énergie qui va permettre le fonctionnement des moteurs ou la production d'électricité.

■ Cette oxydation du carbone produit du **dioxyde de carbone (CO_2)**.

2. Les émissions de CO_2 modifient le cycle du carbone

■ Pour comprendre le **cycle du carbone**, il faut distinguer les stocks et les flux de carbone (doc. 4).

– Les **stocks** comprennent les matières minérales et organiques qui contiennent l'élément carbone : la **biomasse** (chapitres 2 et 5), les **énergies fossiles** (chapitre 7), le **CO_2** présent à l'état gazeux dans l'atmosphère ou à l'état dissous dans les océans, les **roches calcaires ($CaCO_3$)**.

– Les **flux** désignent les déplacements de l'élément carbone entre ces stocks. Les principaux flux de carbone concernent le CO_2.

■ La **combustion des énergies fossiles** libère du CO_2 dans l'atmosphère dont le carbone a été prélevé il y a plusieurs millions d'années dans l'atmosphère par photosynthèse et stocké depuis dans les énergies fossiles. Une partie du CO_2 rejeté dans l'atmosphère va se dissoudre dans les océans provoquant leur acidification.

3. Le dioxyde de carbone et l'effet de serre

■ Certains gaz provoquent une augmentation de la température par effet de serre. Les principaux **gaz à effet de serre (GES)** sont la vapeur d'eau, le CO_2, le méthane (gaz naturel).

■ L'**ère industrielle**, amorcée au 19e siècle, est marquée par l'utilisation des énergies fossiles. Depuis, la concentration du CO_2 atmosphérique n'a cessé d'augmenter rapidement (doc. 5). La température moyenne du globe augmente : c'est le **réchauffement climatique**.

■ L'augmentation de la température a plusieurs conséquences : modifications locales du climat, fusion des glaciers et de la banquise, augmentation du niveau des océans, modifications de la flore…

Ce qu'il faut savoir	Exercices pour s'entraîner
Décrire et schématiser le cycle du carbone	1, 2, 8, 10
Expliquer l'effet de serre, ses causes et ses conséquences	7, 9, 10
Expliquer pourquoi la production d'agrocarburants entre en concurrence avec la production d'aliments pour l'Homme	5, 6

Doc. 4. Cycle du carbone. GtC : Giga tonnes de Carbone (giga = milliard), ppm = part par million.

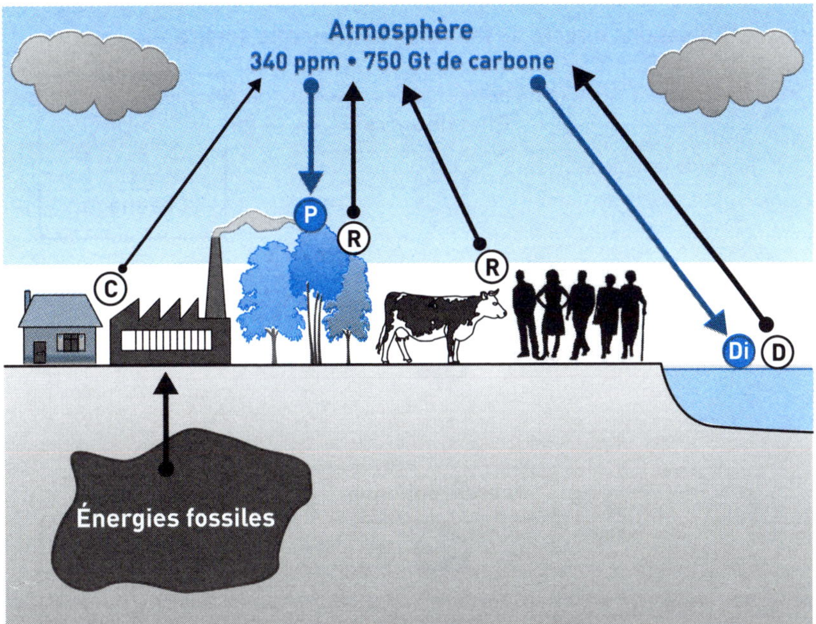

Stock de carbone (en Gt)	**Flux de carbone** (en Gt/an)
• Atmosphère : **750**	**Sources de carbone : enrichissent l'atmosphère en CO_2**
• Océans : **37 000**	(R) **Respiration** [$C_6H_{12}O_6 + 6O_2 \rightarrow 6CO_2 + 6H_2O$]
• Végétaux : **600**	(C) **Combustion** [$C + O_2 \rightarrow CO_2$]
• Animaux et litière : **1 600**	(D) **Dégazage** des océans chauds
• Énergies fossiles : **3 600**	**Puits de carbone : puisent du CO_2 dans l'atmosphère**
	(P) **Photosynthèse** [$6CO_2 + 6H_2O \rightarrow C_6H_{12}O_6 + 6O_2$]
	(Di) **Dissolution du CO_2** dans les océans froids

Doc. 5. Évolution de la concentration en CO_2 dans l'atmosphère

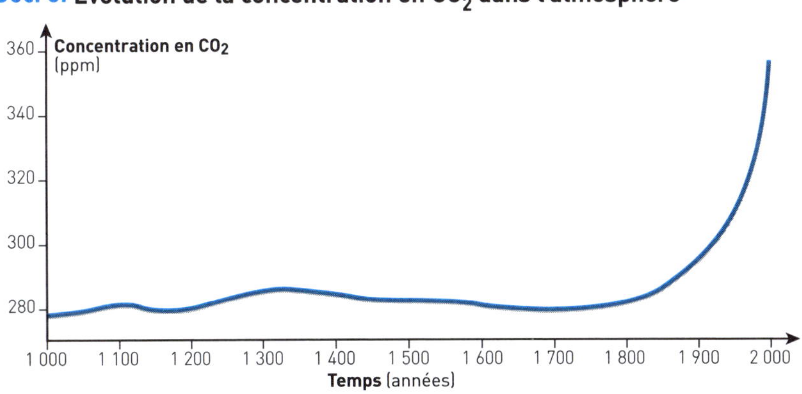

BILAN

Doc. 6. Utilisations directe ou indirecte de l'énergie solaire

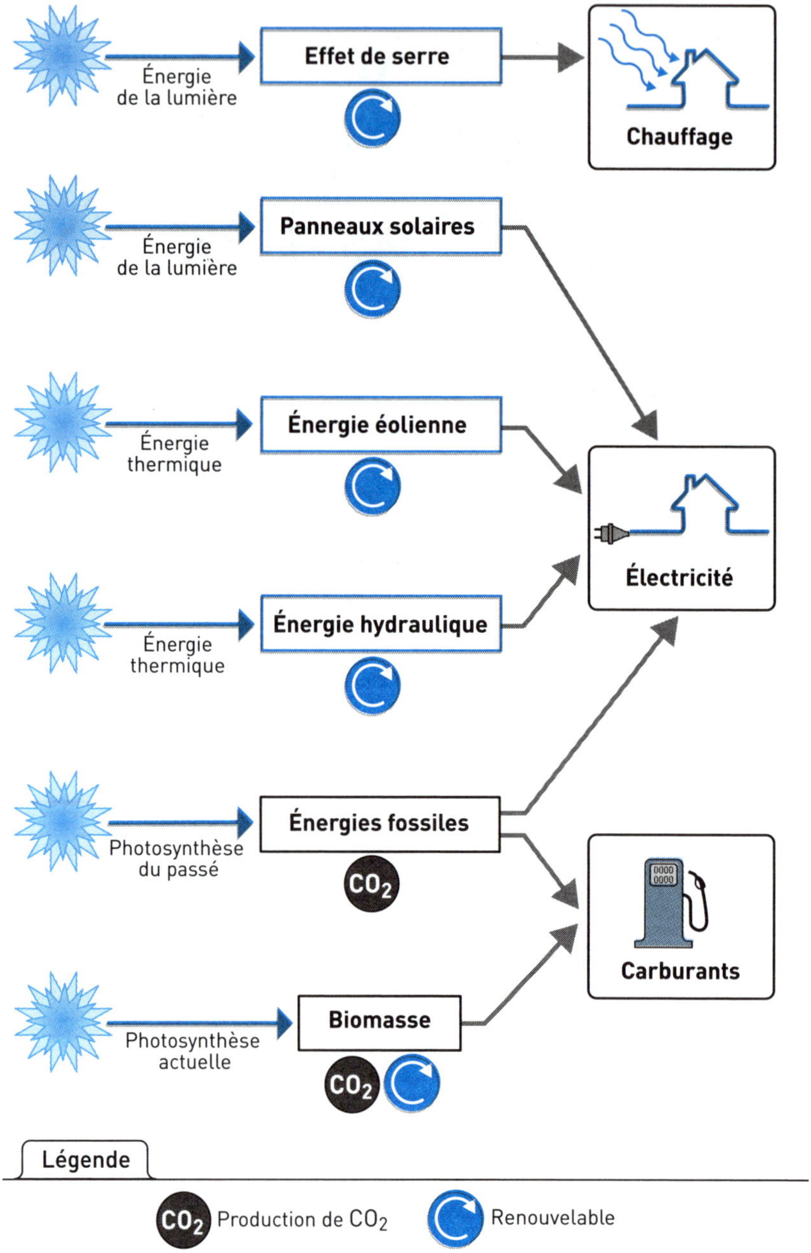

SAVOIR-FAIRE

1. Identifier et expliquer une corrélation entre deux paramètres

■ On parle de **corrélation** (co-relation) lorsque deux paramètres peuvent présenter des évolutions qui montrent l'existence d'une relation entre eux deux.

EXEMPLE. Variations dans le temps de deux paramètres A et B.

Doc. 7. Variations temporelles de deux paramètres

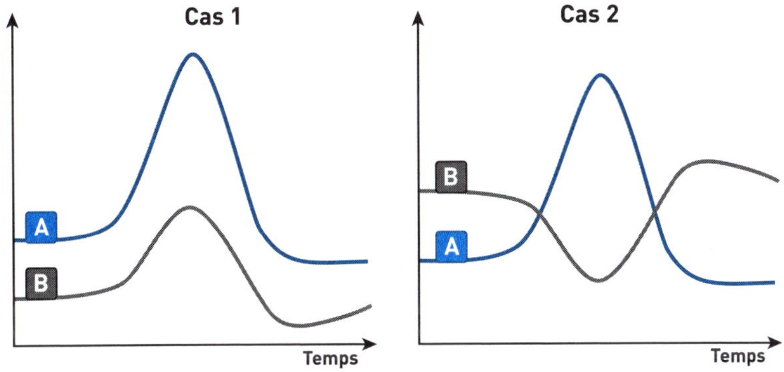

Cas 1 : A et B varient dans le même sens ; si A augmente, B augmente…
Cas 2 : A et B varient dans le sens inverse ; l'augmentation de l'un est associée à la baisse de l'autre.

Dans les deux cas, il existe une corrélation (co-relation) entre A et B.

■ Il y a trois manières d'expliquer la corrélation entre les paramètres A et B.

Doc. 8. Corrélation et relation de causalité

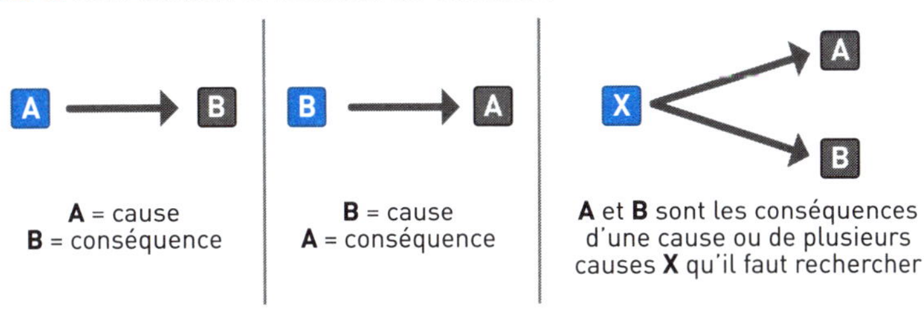

Pour expliquer une corrélation, il faut donc :
– éprouver chacune des possibilités à l'aide des connaissances sur les paramètres concernés ;
– regarder s'il existe un décalage dans le temps entre les paramètres ; celui qui varie le premier peut être la cause de la variation de l'autre.

Exercice 10

2. Identifier une tendance générale et des variations périodiques

MÉTHODE : pour identifier une tendance générale et des variations périodiques sur des résultats, il faut, chaque fois que cela est possible, privilégier une « **démarche en entonnoir** », c'est-à-dire **aller du général au détail**.

EXEMPLE D'APPLICATION

Doc. 9. Variations de la concentration en CO_2 de janvier 2000 à juillet 2004. Un point = un mois.

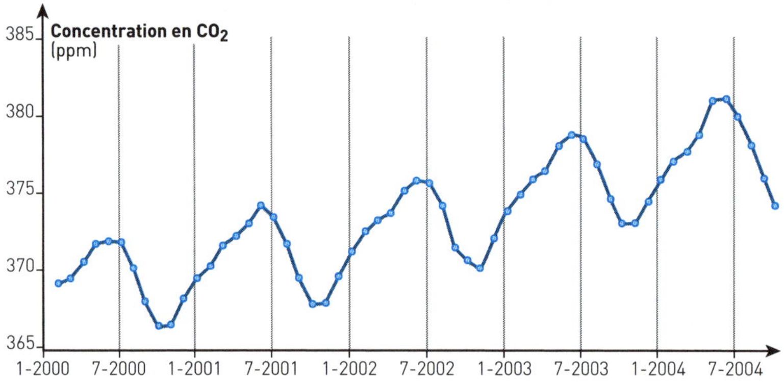

Tendance générale : tracer la droite de tendance puis déterminer graphiquement l'augmentation annuelle de la concentration. Dans cet exemple, on remarque une augmentation régulière de la concentration.
Dans le détail : identifier les mois où se produisent les inversions de l'évolution de la concentration en CO_2. Ici, on constate 5 oscillations semblables. Une étude de détail peut aussi se limiter à une description des caractéristiques communes à ces 5 oscillations.

Doc. 10. Doc. 9 après traitement

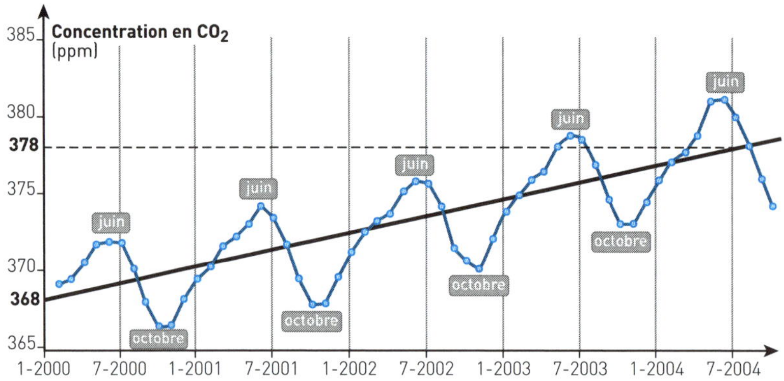

Exercice 7, 10

3. Découper une courbe complexe en unités simples

MÉTHODE

Découper une courbe complexe en unités simples revient à identifier plusieurs périodes.

EXEMPLE D'APPLICATION

Doc. 11. Variations de la concentration atmosphérique en CO_2 sur 10 siècles

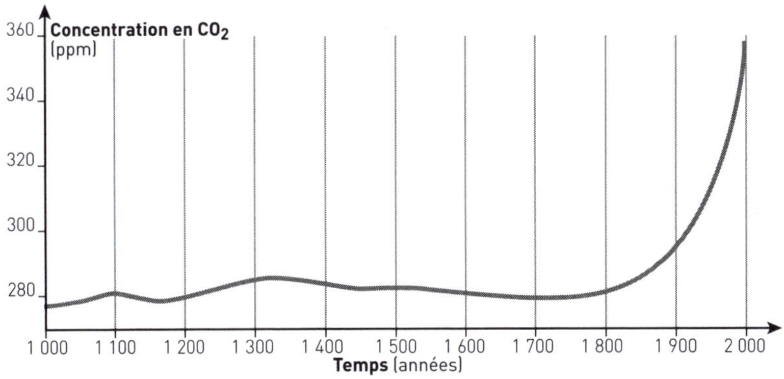

- Deux périodes se distinguent sur ce graphique. On les « découpe » en traçant une séparation pour délimiter ces deux périodes.
- On trace les droites de tendance qui décrivent l'évolution de la concentration en CO_2 pendant chaque période.

Doc. 12. Doc. 11 après traitement. Les courbes de tendance sont en bleu.

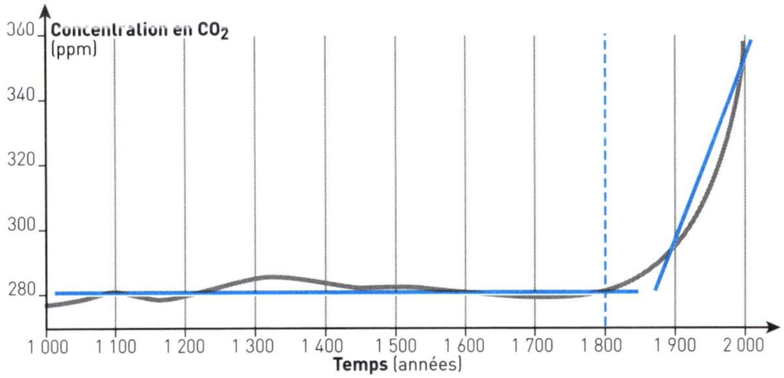

Exercice 6

EXERCICES D'APPLICATION

1 QUELQUES MOTS-CLÉS | ★ | 5 min | ▸ P. 182

Associer un mot de la liste ci-dessous à une définition.
Respiration, effet de serre, combustion, photosynthèse.
a. Mécanisme par lequel certains gaz présents dans l'atmosphère provoquent son réchauffement.
b. Mécanisme cellulaire qui permet de fournir de l'énergie à une cellule.
c. Mécanisme qui permet la production d'énergie par oxydation d'un combustible.
d. Mécanisme des végétaux chlorophylliens qui permet la synthèse d'un glucide à partir de matière minérale.

2 ÉCHANGES DE CARBONE | ★ | 5 min | ▸ P. 182

Le cycle du carbone décrit l'ensemble des échanges de carbone avec l'atmosphère. Principaux échanges : combustion, respiration, photosynthèse, dégazage, dissolution.
Identifier dans cette liste les sources et les puits de carbone.

3 UTILISATIONS DE LA BIOMASSE COMME SOURCE D'ÉNERGIE | ★ | 10 min | ▸ P. 182

Le terme de biomasse regroupe toutes les matières organiques qui peuvent dégager de l'énergie par combustion directe ou suite à une étape de transformation. La biomasse, toutes filières confondues, concourt pour les deux tiers à la production actuelle d'énergie renouvelable en France en 2012.
Justifier cette affirmation à l'aide du doc. 13.

Doc. 13. **Les énergies renouvelables en France en 2012.** Le biogaz est du méthane, produit à partir de la fermentation de matières organiques animales ou végétales.

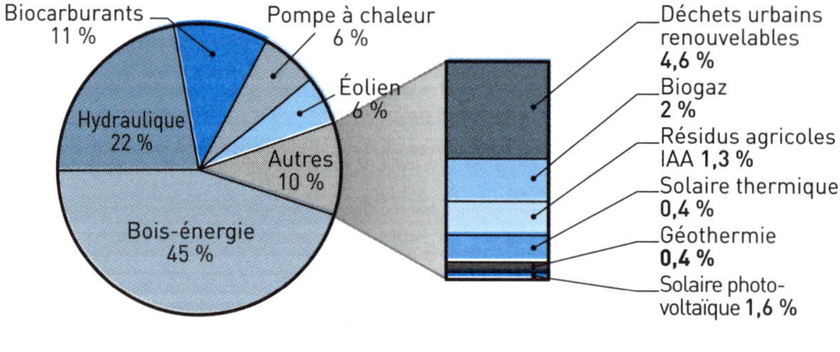

4 ÉNERGIES UTILISÉES POUR LA PRODUCTION D'ÉLECTRICITÉ EN FRANCE | ★ | 10 min | ▸ P. 182

Le tableau ci-contre présente la part, en %, de chaque énergie utilisée en France pour la production d'électricité en 2012.

Remarques :
– le nucléaire utilise de l'uranium présent dans l'écorce terrestre depuis la formation de la Terre ;
– l'uranium est détruit par fission dans les centrales, il ne peut pas être remplacé ;
– le nucléaire est une énergie zéro carbone, c'est-à-dire qui ne produit pas de CO_2.

Nucléaire	74,8
Gaz naturel	4,3
Charbon	3,3
Pétrole	1,2
Hydraulique	11,8
Éolien	2,8
Photovoltaïque	0,7
Autres	1,1

À l'aide des données de ce tableau et de connaissances :
– calculer la part des énergies renouvelables et des énergies zéro carbone ;
– produire deux graphiques pour présenter ces résultats.

Pour la production des graphiques, se reporter au savoir-faire du chapitre 6.

5 AGROCARBURANTS : LES FILIÈRES ÉTHANOL | ★ | 10 min | ▸ P. 183

Le procédé utilisé pour la production d'éthanol à partir de la biomasse comprend plusieurs étapes, présentées ci-dessous dans le désordre :
– Fermentation : des levures transforment les sucres comme le glucose en éthanol.
– Pressage pour la canne et la betterave.
– Broyage, trituration pour les graines et les résidus.
– Distillation : l'éthanol dilué est concentré par distillation. Pour cela, il est chauffé, les vapeurs riches en éthanol sont ensuite condensées.
– Hydrolyse enzymatique : l'amidon, la cellulose, la lignine ne sont pas fermentescibles. L'hydrolyse permet la formation de sucres fermentescibles comme le glucose.

a. Associer chaque lettre du procédé du **doc. 14** au nom d'une étape.

b. Identifier les deux générations d'agrocarburants qui sont présentées.

Doc. 14. Les filières éthanol

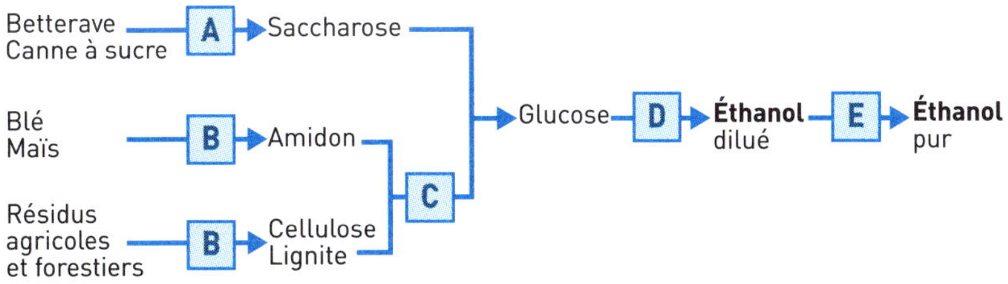

EXERCICES D'ENTRAÎNEMENT

6 LES AGROCARBURANTS EN QUESTION | ★★ | 20 min | ▸ P. 183

Extraire et présenter les principaux arguments présentés dans le doc. 15 pour justifier la méfiance vis-à-vis des agrocarburants de 1re génération.

Doc. 15. Article d'A. Bolis sur les agrocarburants – Lemonde.fr – 25/01/12

« Ainsi, après avoir bénéficié d'une image plutôt positive sur le plan environnemental, les agrocarburants suscitent aujourd'hui de la méfiance. En septembre, l'Agence européenne de l'environnement récusait une réglementation européenne qui considère les agrocarburants comme des énergies « zéro émission ». En question : l'absence de prise en compte de la perte d'écosystèmes captant le CO_2. Ce point rejoint une autre critique : la compétition entre les terres agricoles qui leurs sont consacrées et celles dédiées à l'alimentation... Cet été, un rapport dénonçait la responsabilité de cette industrie dans la hausse considérable des prix des denrées alimentaires depuis 2008. L'Agence européenne de l'environnement explique encore, dans son rapport, que si l'on souhaite recourir à la biomasse pour couvrir 20 à 50 % des besoins énergétiques mondiaux dans les décennies à venir, il faudrait tripler la récolte planétaire. »

7 VARIATIONS DE LA CONCENTRATION EN CO_2 SUR 10 SIÈCLES | ★★ | 15 min | ▸ P. 183

Les données du doc. 16 proviennent de l'étude des bulles d'air piégées dans les glaces de l'Antarctique de la station Mauna Loa du Pacifique.

Décrire et expliquer l'évolution de la concentration en CO_2.

Voir le savoir-faire page 171.
Répondre en deux parties :
- analyse : présenter les faits en décrivant les deux périodes du **doc. 16** ;
- interprétation : utiliser des connaissances pour proposer une explication.

Doc. 16. Variations de la concentration en CO_2 sur 10 siècles

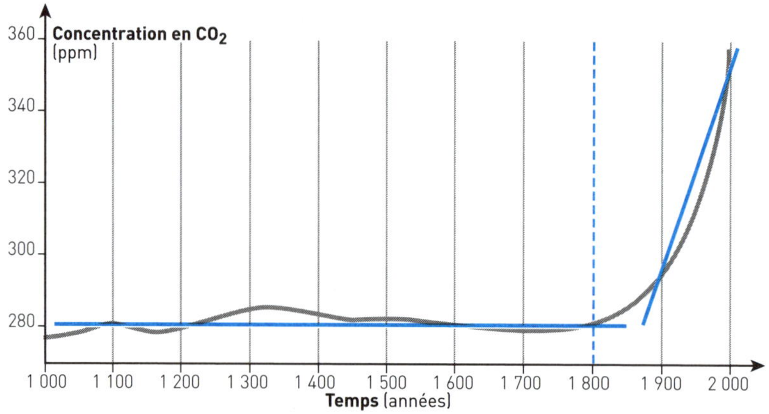

8 VARIATIONS DE LA CONCENTRATION EN CO_2 | ★★ | 15 min | ▸ P. 183

Une station installée sur l'île Mauna Loa du Pacifique nord mesure la concentration en CO_2 atmosphérique depuis plusieurs dizaines d'années.

Décrire et expliquer l'évolution de la concentration en CO_2.

Ce sont les mêmes consignes que pour l'exercice 7. Il y a deux explications: l'une pour la tendance globale, l'autre pour le phénomène périodique.
Le **doc. 17** est étudié dans le savoir-faire 2 page 172.

Doc. 17. Variations de la concentration en CO_2 entre 2000 et 2004

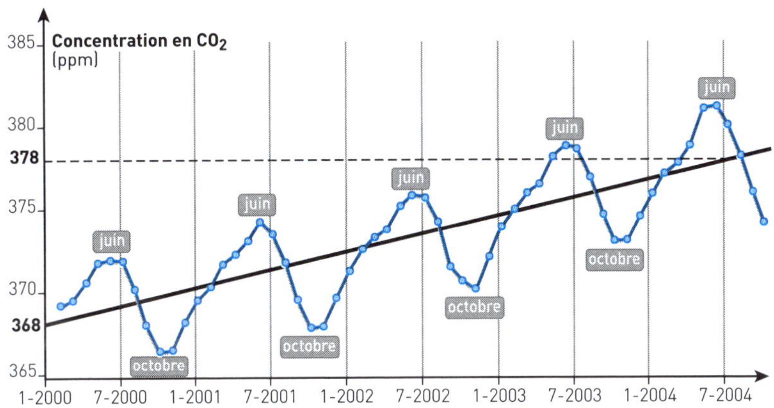

9 LE RÉCHAUFFEMENT CLIMATIQUE | ★★★ | 20 min | ▸ P. 183

Une **augmentation de la température** va provoquer des **modifications du climat**, accentuer la **désertification** et provoquer des **migrations de population**, accélérer la **fonte des glaciers** et de la **banquise. Le niveau des océans va augmenter**.

Informations :
– Quand un glaçon fond dans un verre d'eau, le niveau de l'eau ne change pas.
– Le dégazage des océans augmente avec la température.
– Un corps chauffé se dilate, il augmente de volume.

Utiliser les informations données et vos connaissances pour compléter la carte conceptuelle du doc. 18.

Parmi les mots en gras dans le texte de l'exercice, mettre les phénomènes dans un rectangle, tracer une flèche pour établir une relation de cause à conséquence, indiquer sur la flèche la nature de l'action quand c'est possible.

Doc. 18. Début de la carte conceptuelle

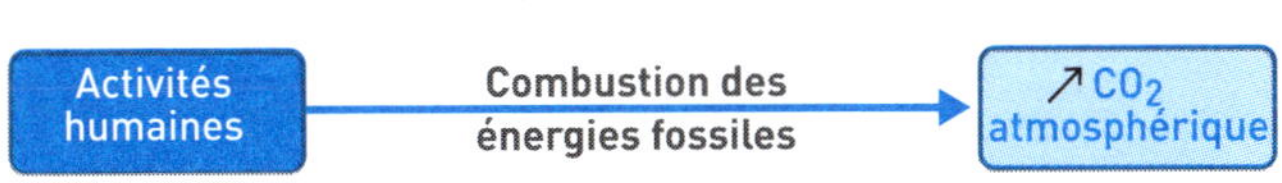

EXERCICES D'APPROFONDISSEMENT

10 DIOXYDE DE CARBONE ET TEMPÉRATURES DU PASSÉ

★★★ 20 min ▶ P. 184

L'inlandsis antarctique est un gigantesque glacier qui couvre 14 millions de km^2 du continent antarctique pour une épaisseur moyenne de 2 000 m. La formation des inlandsis repose sur le même principe que celle des glaciers : année après année, la neige qui s'accumule provoque un tassement, la neige se transforme en glace. En profondeur se trouve une glace beaucoup plus âgée que celle présente en surface. L'analyse de la glace et des bulles de gaz qu'elle contient a permis de reconstituer les variations de température et les modifications de la composition de l'atmosphère en CO_2.

a. Utiliser le **doc. 19** pour montrer l'existence d'une corrélation entre les deux paramètres étudiés et le **doc. 20** pour établir la relation de causalité.

b. Décrire les variations climatiques pour les 800 000 dernières années.

> Consulter le savoir-faire page 171 pour identifier une corrélation entre deux paramètres.
> Se reporter au savoir-faire page 172 pour la description des variations climatiques.

Doc. 19. Une carotte de glace forée fin 2004 en Antarctique a atteint une profondeur de 3 270 mètres.

À ce niveau, la glace est « âgée » de 800 000 ans. La concentration en CO_2 y est mesurée et la température de chaque époque est évaluée.

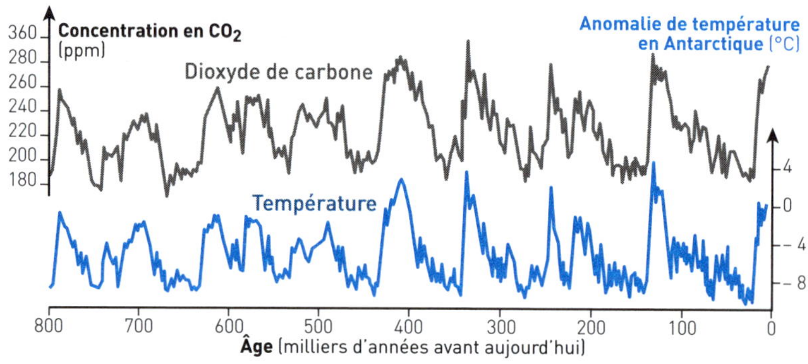

Doc. 20. Quelques rappels de physique

– Quand il fait un peu plus chaud, le cycle du carbone dans les océans est modifié : du dioxyde de carbone dissous est alors relâché dans l'atmosphère.

– Le dioxyde de carbone est un gaz à effet de serre.

11 EFFICACITÉ ÉNERGÉTIQUE ★★★ 30 min ▸ P. 185

L'efficacité et la sobriété énergétique font l'objet de 5 enjeux sur les 15 présentés dans le rapport de synthèse sur la transition énergétique publié en juillet 2013. **Utiliser les doc. 21 et 22 et des connaissances pour produire un article limité à 20 lignes qui justifie l'importance accordée à l'efficacité énergétique.**

Efficacité signifie aussi : faire aussi bien avec moins.

Doc. 21. Consommation d'énergie pour la France en 2012.
Le graphique met l'accent sur la consommation d'énergie liée à l'usage des bâtiments (résidentiel : logement des ménages ; tertiaire : commerces, bureaux...). 60 % de l'énergie est consacrée au chauffage.

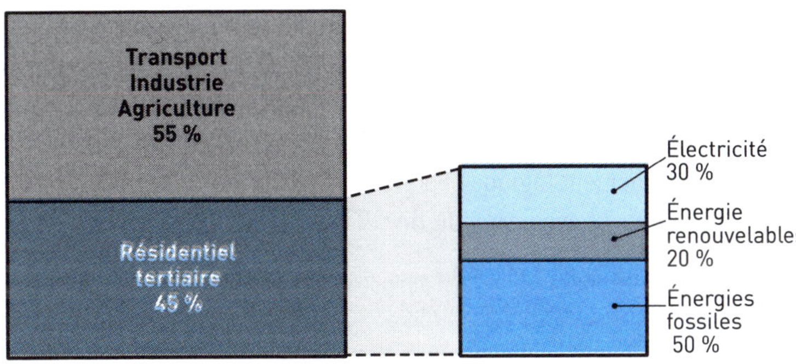

Doc. 22. Étude de Saint-Gobain.
Coût annuel du chauffage pour un bâtiment de 100 m² et pour une même température intérieure en fonction des normes de construction et d'isolation des maisons.

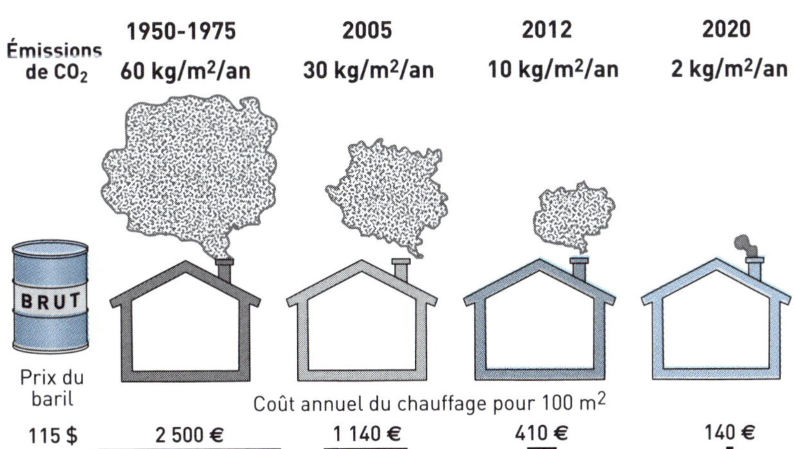

CONTRÔLE

12 ÉNERGIES SOLAIRES ET ÉOLIENNES | ★ | 15 min | ▶ P. 185

Expliquer pourquoi l'énergie solaire est indirectement à l'origine de l'énergie éolienne. L'explication sera accompagnée par un schéma.

13 SCÉNARIOS ÉNERGÉTIQUES | ★★ | 45 min | ▶ P. 186

4 scénarios énergétiques sont envisagés pour la France en 2050.
Le jeudi 23 mai 2013, le conseil national du débat sur la transition énergétique s'est réuni. Au programme : la présentation des résultats du groupe de travail chargé d'évaluer les scénarios énergétiques possibles à l'horizon 2050.

a. Utiliser le doc. 23 pour calculer la part des énergies zéro carbone et la part des énergies renouvelables pour 2010, et pour chacun des scénarios en 2050. Justifier la réponse.

b. Avec un raisonnement logique et argumenté, mettre en relation les scénarii décrits dans le doc. 24 avec ceux du doc. 23.

La question **a** repose sur la connaissance du cours. Réaliser un tableau pour présenter le résultat des calculs, et rédiger un texte court pour la justification. Pour la question **b**, il faut, dans un premier temps, surligner dans le texte du **doc. 24** les caractéristiques de chaque scénario, puis les mettre en relation avec les données du **doc. 23**. Citer dans la réponse les extraits du **doc. 24** et les données du **doc 23**.

Doc. 23. **Consommation énergétique en France.** Situation en 2010 et quatre scénarii pour 2050 (A, B, C et D). Au centre, la consommation annuelle d'énergie en millions de tonnes équivalent pétrole (Mtep), autour le pourcentage des différentes formes d'énergies utilisées.

E1 : énergies fossiles.

E2 : énergie nucléaire.

E3 : énergies éolienne, hydraulique, solaire thermique et photovoltaïque.

E4 : biomasse (agrocarburants, biogaz, bois chauffage). L'énergie est produite par combustion.

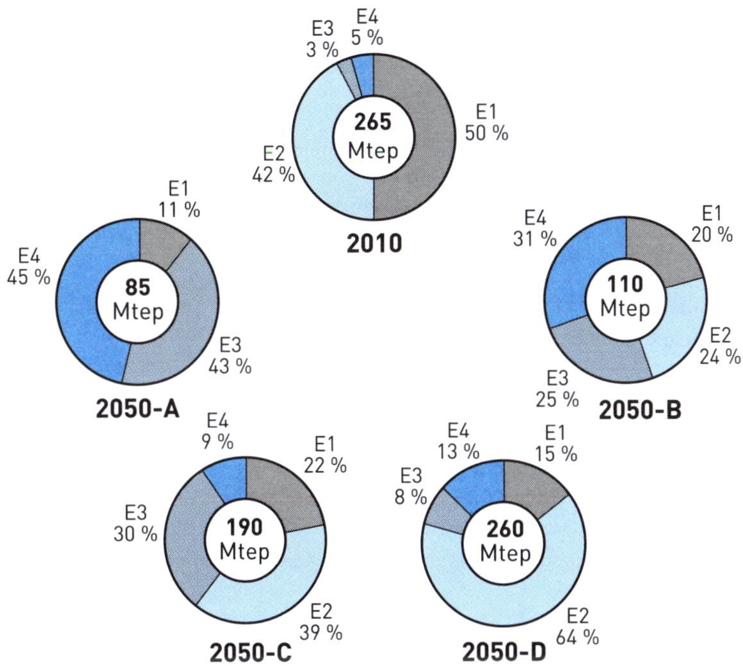

Doc. 24. Extraits du compte rendu de la réunion qui présente ces scénarii

Le scénario «efficacité», qui propose une baisse de 50 % de la consommation en énergie, mais dans lequel l'électricité joue toujours un rôle crucial. Ce scénario prévoit que l'efficacité électrique permet de diviser par 2 la part du nucléaire (24,8 %), les énergies renouvelables avec la biomasse occupent plus de 50 % du mix et le gaz garde un rôle significatif.

Le scénario «sobriété» propose à la fois la sortie du nucléaire et celle des énergies carbonées (pétrole, charbon, gaz) par une consommation en énergie divisée par trois. Pour atteindre cette sobriété énergétique, il s'agit de mettre un coup de frein à la consommation de masse et à l'expansion urbaine tout en rénovant 750 000 logements chaque année, organiser le recyclage de masse et développer l'agriculture biologique.

Le scénario «décarboné» table sur une réduction moindre de la consommation en énergie (20 %) et reconnaît au nucléaire son efficacité pour lutter contre les émissions de CO_2. La part de l'électricité dans la consommation d'énergie est doublée d'ici 2050 (utilisation de voitures électriques et hydrides, chauffage par pompes à chaleur…).

Le scénario «diversité» table sur une réduction de la consommation énergétique plus modérée tenant compte de l'augmentation de la population (75 millions de Français en 2050). Une fiscalité énergie-climat (type taxe carbone) sanctionne les énergies trop polluantes. La part du nucléaire est très légèrement réduite.

CORRIGÉS

1 QUELQUES MOTS-CLÉS

a. Mécanisme par lequel certains gaz présents dans l'atmosphère provoquent son réchauffement : effet de serre.
b. Mécanisme cellulaire qui permet de fournir de l'énergie à une cellule : respiration.
c. Mécanisme qui permet la production d'énergie par oxydation d'un combustible : combustion.
d. Mécanisme des végétaux chlorophylliens qui permet la synthèse d'un glucide à partir de matière minérale : photosynthèse.

2 ÉCHANGES DE CARBONE

Sources de carbone : respiration, combustion, dégazage.
Puits de carbone : photosynthèse, dissolution.

3 UTILISATIONS DE LA BIOMASSE COMME SOURCE D'ÉNERGIE

Les matières organiques qui dégagent de l'énergie par combustion : le bois-énergie (46 %).
Les matières organiques transformées avant leur utilisation comme combustibles : Biocarburants (11 %) ; déchets urbains renouvelables (4,6 %), biogaz (2 %), résidus agricoles (1,3 %).
Total = 46 + 11 + 4,6 + 2 + 1,3 = 64,9 %
La biomasse représente bien près des deux tiers (66 %) des énergies renouvelables.

4 ÉNERGIES UTILISÉES POUR LA PRODUCTION D'ÉLECTRICITÉ EN FRANCE

Calculs. La part des énergies renouvelables : hydraulique (11,8 %), éolien (2,8 %), photovoltaïque (0,7 %), soit au total 15,3 %.
La part des énergies zéro carbone : nucléaire (74,8 %), hydraulique (0,7 %), éolien (2,8 %), photovoltaïque (0,7 %), soit au total 90,1 %.
Les autres énergies, faute de précisions sur leur nature, ne sont pas prises en compte dans les calculs.
Graphiques. Deux types de graphiques peuvent présenter des % : le diagramme circulaire (le choix ici) et le graphique en barre. Il faut penser à ajouter un titre.

Doc. 25. Part des énergies renouvelables et des énergies zéro carbone utilisées pour la production d'électricité en 2012.

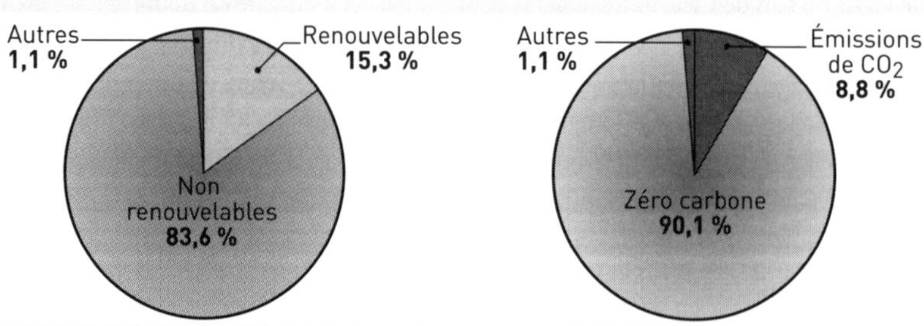

5 AGROCARBURANTS : LES FILIÈRES ÉTHANOL

a. A : pressage ; B : broyage, trituration ; C : hydrolyse enzymatique ; D : fermentation ; E : distillation.

b. Les agrocarburants de 1re génération utilisent les produits de l'agriculture également utilisés comme aliments : betterave à sucre, canne à sucre, blé, maïs.
Les agrocarburants de 2e génération utilisent les résidus agricoles et forestiers.

6 LES AGROCARBURANTS EN QUESTION

1. Les agrocarburants sont présentés comme des énergies « zéro émission ». Mais ce calcul ne comprend pas les pertes des écosystèmes détruits pour installer les cultures à la base de ces agrocarburants.

2. La compétition entre les terres agricoles consacrées à l'alimentation et celles utilisées pour la production d'agrocarburants.

3. La hausse des prix agricoles engendrés par la compétition entre denrées agricoles et production d'agrocarburants.

4. La récolte agricole de toute la planète ne pourrait produire qu'une faible part des besoins énergétiques mondiaux à venir.

7 VARIATIONS DE LA CONCENTRATION EN CO_2 SUR 10 SIÈCLES

Analyse. Entre 1 000 et 1 800, les faibles variations de la concentration en CO_2 se sont produites autour d'une valeur moyenne de 280 ppm.
À partir de 1 800, la concentration en CO_2 ne cesse de croître, passant de 280 ppm en 1 800 à 360 ppm aujourd'hui soit une augmentation de 80 ppm en 2 siècles.
Interprétation. 1 800, c'est le début de l'ère industrielle, marquée par le développement des machines et l'utilisation des énergies fossiles pour les faire fonctionner. La combustion de ces énergies fossiles produit du CO_2, elle est donc à l'origine de l'augmentation de la concentration en CO_2.

8 VARIATIONS DE LA CONCENTRATION EN CO_2

Analyse. Entre 2000 et 2004, la concentration moyenne en CO_2 dans l'atmosphère augmente régulièrement, passant de 368 à 378 ppm en 4 ans soit une augmentation annuelle de 2,5 ppm.
Interprétation. Cette augmentation régulière de la concentration en CO_2 dans l'atmosphère est due aux activités humaines et aux rejets de CO_2 liés principalement à l'utilisation des énergies fossiles.
Analyse. Entre 2000 et 2004 se produisent des variations périodiques de la concentration en CO_2, elle augmente entre octobre et juin, et diminue entre juin et octobre.
Interprétation. Ces variations périodiques sont dues à un phénomène lié aux saisons. La baisse de la concentration en CO_2 observée entre juin et octobre est due à la reprise de la photosynthèse chez les végétaux de l'hémisphère nord.
Entre octobre et juin, c'est la période hivernale, beaucoup d'arbres perdent leurs feuilles, le puits de CO_2 que représente la photosynthèse est très réduit, ce sont les sources de CO_2 qui dominent : respiration et combustion en particulier ; la concentration en CO_2 augmente donc.

9 LE RÉCHAUFFEMENT CLIMATIQUE

Doc. 26. Principales conséquences du réchauffement climatique

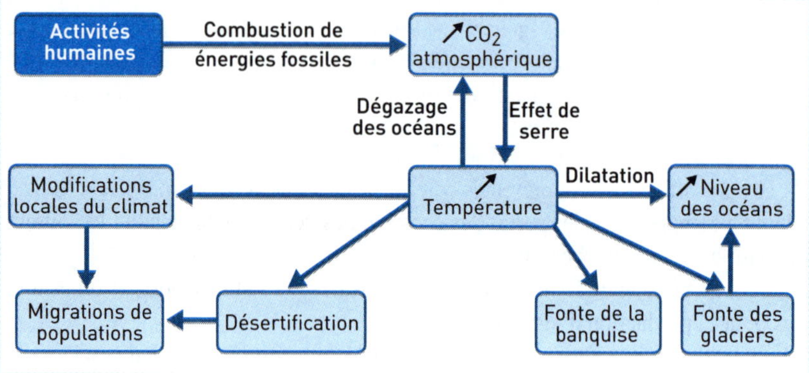

10 DIOXYDE DE CARBONE ET TEMPÉRATURES DU PASSÉ

a. **Établir une corrélation.** Pendant les 800 000 dernières années, les variations de la concentration en CO_2 et celles de la température évoluent dans le même sens et de manière synchronisée (elles se produisent en même temps) **(doc. 19)**.
Il existe donc une corrélation entre ces deux facteurs : une augmentation de température est corrélée à une augmentation du CO_2 et inversement.
Relation de causalité. Le dioxyde de carbone est un gaz à effet de serre : une augmentation de la concentration en CO_2 est la cause d'une augmentation de la température **(doc. 20)**. Mais une augmentation de la température provoque le dégazage des océans, ce qui libère dans l'atmosphère du CO_2 qui était dissous dans l'eau : l'augmentation de la température est ici la cause de l'augmentation du CO_2 atmosphérique.
Il existe donc ici deux relations de causalité entre les évolutions de la température et du CO_2 atmosphérique.
Quand la température augmente, le CO_2 augmente, ce qui provoque à son tour une augmentation de la température… Il se crée ici un effet « boule de neige » qui explique la rapidité des variations. Pour cette période, c'est l'augmentation de la température provoquée par les variations d'orbite de la Terre autour du soleil qui amorce l'effet boule de neige.
b. Cette période est marquée par 9 oscillations d'une durée moyenne de 100 000 ans où se succèdent des périodes froides associées à une faible concentration en CO_2, et des périodes plus chaudes associées à des valeurs élevées de la concentration en CO_2. Les variations entre les périodes chaudes et froides peuvent atteindre plus de 12 °C pour la température et 120 ppm pour la concentration en CO_2 atmosphérique. La période actuelle est une période chaude.

11 EFFICACITÉ ÉNERGÉTIQUE

L'efficacité énergétique désigne un ensemble de mesures qui permet d'utiliser moins d'énergie pour un même usage.

La consommation d'énergie

En 2012, les résidences des particuliers, les commerces et bureaux ont utilisé près de la moitié de l'énergie consommée en France **(doc. 21)**. Les énergies fossiles apportent 50 % de l'énergie utilisée par les bâtiments, soit 25 % environ de la consommation totale d'énergie en France.

Comment réduire cette consommation ?

L'étude réalisée par Saint-Gobain **(doc. 22)** permet de comparer les dépenses d'énergie pour un bâtiment en fonction des normes d'isolation. L'étude compare les dépenses d'énergie pour un bâtiment de 100 m^2, pour une même température intérieure, et pour un pétrole à 115 $ le baril.

Pour une maison aux normes en vigueur entre 1950 et 1970, la facture est divisée par 6 avec les normes d'isolation applicables en 2012 et divisée par 20 avec les nouvelles normes à venir en 2020. En outre, les émissions de CO_2 issues de la combustion de ces énergies seraient réduites d'autant : divisées par 6 pour la norme 2012, divisée par 30 pour la norme 2020.

Bilan

Cette étude montre qu'il est possible d'améliorer l'efficacité énergétique et de réduire fortement la consommation d'énergie en France en améliorant l'isolation des bâtiments.

12 ÉNERGIES SOLAIRES ET ÉOLIENNES

L'électricité fournie par les éoliennes provient d'une transformation de l'énergie apportée par les vents.

Doc. 27. L'énergie solaire et le vent

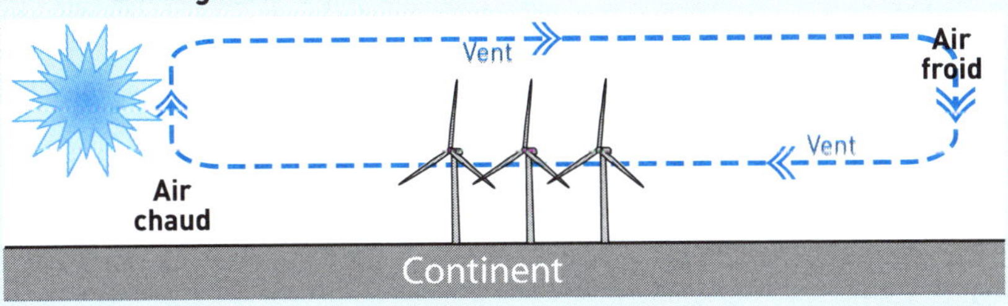

Le soleil chauffe les continents et les océans. Les différences de température entre les zones chaudes et froides créent à l'échelle du globe des vents qui font tourner les pales les éoliennes.

13 SCÉNARIOS ÉNERGÉTIQUES

a. Le doc. 23 présente les scénarii possibles pour la consommation d'énergie en France pour 2050, comparée à la consommation en 2010.
Les énergies zéro carbone ne produisent pas de CO_2, ce sont les énergies E2 (énergie nucléaire) et E3 (énergies éolienne, hydraulique, solaire…).
Les énergies renouvelables, par définition à l'échelle humaine, comprennent les énergies E3 (énergies éolienne, hydraulique, solaire) et E4 (énergies produites par la biomasse).

	2010	Scénarii pour 2050			
		A	B	C	D
Énergies zéro carbone : E2 + E3	45 %	43 %	49 %	69 %	72 %
Énergies renouvelables : E3 + E4	8 %	89 %	56 %	39 %	21 %

b. **Le scénario sobriété.** « La consommation en énergie est divisée par trois » : pour 2010, la consommation est de 265 Mtep, diviser par trois, c'est la réduire à 88 Mtep ; seul le scénario A avec 85 Mtep s'en approche, ainsi que le scénario B avec 110 Mtep. « Pour rendre possible à la fois la sortie du nucléaire et celle des énergies carbonées » : c'est utiliser prioritairement les énergies E3 et E4, énergies renouvelables. Le scenario A avec 89 % d'énergies renouvelables correspond le mieux à cette description. C'est aussi le seul à ne plus faire apparaître l'énergie nucléaire en 2050. Le scénario sobriété est donc le scénario A.

Le scénario décarboné. C'est un scénario qui donne la priorité aux énergies zéro carbone : les scénarios C et D avec 69 et 72 % correspondent à ce choix. « Ce scénario reconnaît au nucléaire son efficacité pour lutter contre les émissions de CO_2 » : le scénario D avec 64 % est le seul à accorder cette importance à l'énergie nucléaire. Le scénario décarboné est donc le scénario D.

Le scénario diversité. «Ce scénario table sur une réduction de la consommation énergétique plus modérée tenant compte de l'augmentation de la population (75 millions de Français en 2050)» : les scénarios C et D, avec respectivement 190 et 260 Mtep, proposent une consommation totale proche de la consommation actuelle (265 Mtep). «Une fiscalité énergie-climat (type taxe carbone) sanctionne les énergies trop polluantes» : avec 69 et 72 % d'énergies zéro carbone, les scénarios C et D correspondent à cet objectif. «La part du nucléaire est très légèrement réduite» : entre C et D, seul le scénario C réduit la part du nucléaire, de 42 % en 2010 à 39 % pour 2050. Le scénario diversité est donc le scénario C.

Le scénario efficacité. «Ce scénario retient, comme le premier, une baisse de 50 % de la consommation en énergie» : pour 2010, la consommation est de 265 Mtep, 50 % correspond à 130 Mtep ; le scénario B avec 110 Mtep s'approche de cette valeur. «L'efficacité électrique permet de diviser par 2 la part du nucléaire (24,8 %)» : seul le scénario B correspond à cet objectif. Le scénario efficacité est donc le scénario B.

Corps humain et santé

9 L'exercice physique

Pendant un effort, la mise en action des muscles s'accompagne de modifications plus ou moins perceptibles : augmentation des rythmes respiratoire et cardiaque, transpiration... Quand l'effort se prolonge, la fatigue musculaire apparaît, plus ou moins rapidement selon les individus. Comment expliquer ces modifications ?

L'ESSENTIEL

I L'EFFORT PHYSIQUE ET L'ÉNERGIE

■ Lors d'un effort physique, l'énergie nécessaire au travail musculaire est produite dans les cellules par la respiration :

$C_6H_{12}O_6$ (glucose) + $6O_2$ $\rightarrow$ $6CO_2 + 6H_2O$ + énergie utilisable par les cellules

■ La circulation sanguine assure le transport de O_2 et des nutriments nécessaires au fonctionnement des muscles, il transporte aussi les déchets comme le CO_2.

II L'ADAPTATION À L'EFFORT

■ La quantité de O_2 envoyée aux muscles dépend de la capacité du système cardio vasculaire à s'adapter au prélèvement accru de O_2 par les muscles.

■ Lorsque l'organisme ne peut plus augmenter sa consommation de O_2, il atteint son VO_2 max (débit maximum de O_2 consommé lors d'un effort), qui correspond au maximum de l'effort.

L'adaptation à l'effort consiste en une augmentation du débit cardiaque : le VO_2 max est atteint lorsque le débit cardiaque maximal est atteint.

Cette adaptation consiste également en une redistribution du débit sanguin en faveur des muscles en activité.

III L'EXERCICE PHYSIQUE ET LA SANTÉ

L'exercice physique réduit le risque de surpoids et renforce le cœur et les vaisseaux.

Les mots-clés du lexique

Artère, capillaire, cœur, débit cardiaque, débit ventilatoire, double circulation, fréquence cardiaque, hématie, respiration, veine, VO_2 max, diastole, volume d'éjection systolique, systole.

LE COURS

I L'EFFORT PHYSIQUE ET L'ÉNERGIE

1. Le travail musculaire et la respiration

La contraction musculaire est un travail qui nécessite de l'énergie. Dans une cellule, l'énergie est produite par la **respiration** qui représente un ensemble de réactions chimiques dont l'oxydation du glucose selon la réaction :

$$C_6H_{12}O_6 \text{ (glucose)} + 6O_2 \rightarrow 6CO_2 + 6H_2O + \text{énergie}$$

2. L'approvisionnement des cellules en dioxygène

Le stockage de dioxygène est impossible : la circulation sanguine doit donc en apporter auprès de chaque cellule, à chaque instant.

- Du dioxygène est **prélevé** dans l'air par les poumons puis passe dans le sang.
- Le dioxygène est **transporté** par le sang en étant fixé par les hématies au niveau de l'hémoglobine, molécule qui donne au sang sa couleur rouge.
- Le sang parcourt un **circuit clos** dans lequel deux circulations en série peuvent être distinguées (doc. 1) :
  – la **circulation pulmonaire**, le sang passe les poumons pour éliminer le dioxyde de carbone et se charger en dioxygène ;
  – la **circulation générale**, le sang riche en dioxygène est transporté vers les organes dont la circulation est organisée en dérivation ; chaque organe reçoit du sang saturé en dioxygène et un volume de sang qui répond à ses besoins.
- Le **myocarde** est le muscle cardiaque, comme une **pompe**, dont la contraction assure la circulation du sang. Le cœur droit propulse le sang dans la circulation pulmonaire ; le cœur gauche, dans la circulation générale. Les deux cœurs fonctionnent de manière synchrone et ont le même débit.
- Le sang circule dans l'organisme grâce aux **vaisseaux** : il arrive dans le cœur par les **veines**, il en sort par les **artères** (doc. 2).

3. L'approvisionnement des cellules en nutriments

La digestion transforme les aliments en **nutriments** (glucides simples, protides et acides gras) qui passent dans la circulation au niveau des intestins. Les muscles réalisent leurs propres réserves (le foie et le tissu adipeux également).

Ce qu'il faut savoir	Exercices pour s'entraîner
La relation entre travail musculaire et respiration	8, 11
Le rôle de l'hémoglobine	10
Schématiser le plan de la circulation sanguine	2, 5, 13

Doc. 1. La circulation sanguine

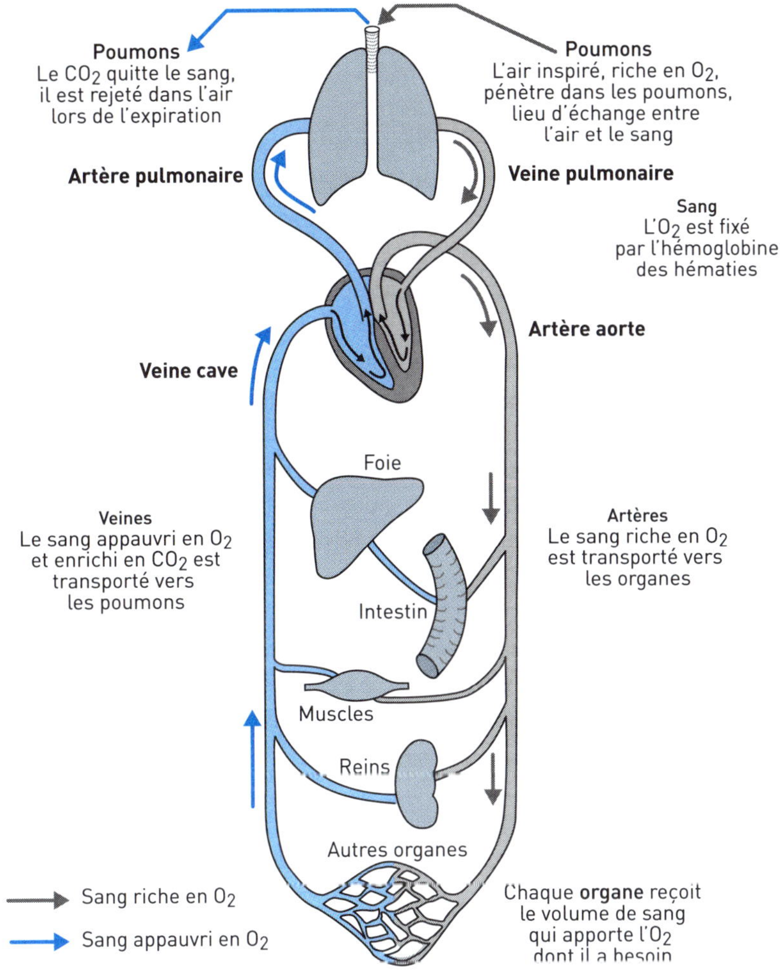

Doc. 2. L'anatomie cardiaque

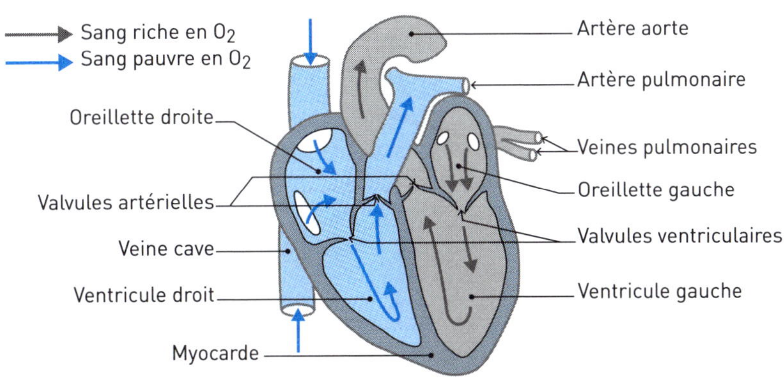

II L'ADAPTATION À L'EFFORT

En activité, les muscles sont de gros consommateurs de dioxygène. Leur demande en dioxygène augmente fortement, ce qui se traduit par plusieurs modifications.

1. L'augmentation de l'approvisionnement des cellules en O_2

Trois adaptations permettent d'arriver au VO_2 max, volume maximal de dioxygène qu'il est possible d'apporter aux organes (doc. 3).

■ **Le prélèvement de dioxygène dans l'air inspiré augmente.** Au repos, l'air expiré contient encore 19 % de dioxygène ; pendant l'effort, l'air expiré contient 16 % de dioxygène, valeur seuil qu'il est impossible de franchir.

■ **Le débit sanguin pulmonaire augmente.** Que ce soit au repos ou en activité, l'hémoglobine dans les hématies est saturée en dioxygène à la sortie des poumons. S'il est impossible de faire transporter plus de dioxygène par le sang, il est possible d'augmenter la vitesse du transport. Au cours de l'effort, le débit cardiaque (DC) est donc multiplié par 5 grâce à l'augmentation de la fréquence cardiaque (FC) et à l'augmentation du volume de sang éjecté hors des ventricules à chaque contraction (VES : volume d'éjection systolique) :

$$\mathbf{DC = FC \times VES}$$

■ **La ventilation augmente.** Le rythme ventilatoire (ou FV : fréquence ventilatoire) est accéléré ainsi que le volume d'air ventilé à chaque mouvement (V_{air}). Au cours d'un effort intense, le débit ventilatoire (DV) est 10 fois plus important qu'au repos :

$$\mathbf{DV = FV \times V_{air}}$$

2. La modification du plan de circulation sanguine

Lors d'un effort, une grande partie du débit sanguin est monopolisée par les muscles, ce qui ne permet plus d'assurer la distribution du sang dans tous les organes : la circulation sanguine diminue dans les organes du tube digestif, des reins… mais elle est maintenue constante dans le cerveau (doc. 4).

III L'EXERCICE PHYSIQUE ET LA SANTÉ

■ Quand les apports énergétiques sont supérieurs à leur dépense, des réserves de graisse se forment. En augmentant la dépense énergétique, l'exercice physique réduit le risque de surpoids et améliore la santé générale.

■ Avec le surpoids et l'âge, il est conseillé de choisir des activités peu exigeantes pour le cœur mais régulières, et de faire un suivi médical.

Ce qu'il faut savoir	Exercices pour s'entraîner
Nommer les principales modifications qui permettent un effort physique	3
Expliquer chacune de ces adaptations	4, 6, 7, 11, 12, 13

Doc. 3. Principales adaptations à l'effort

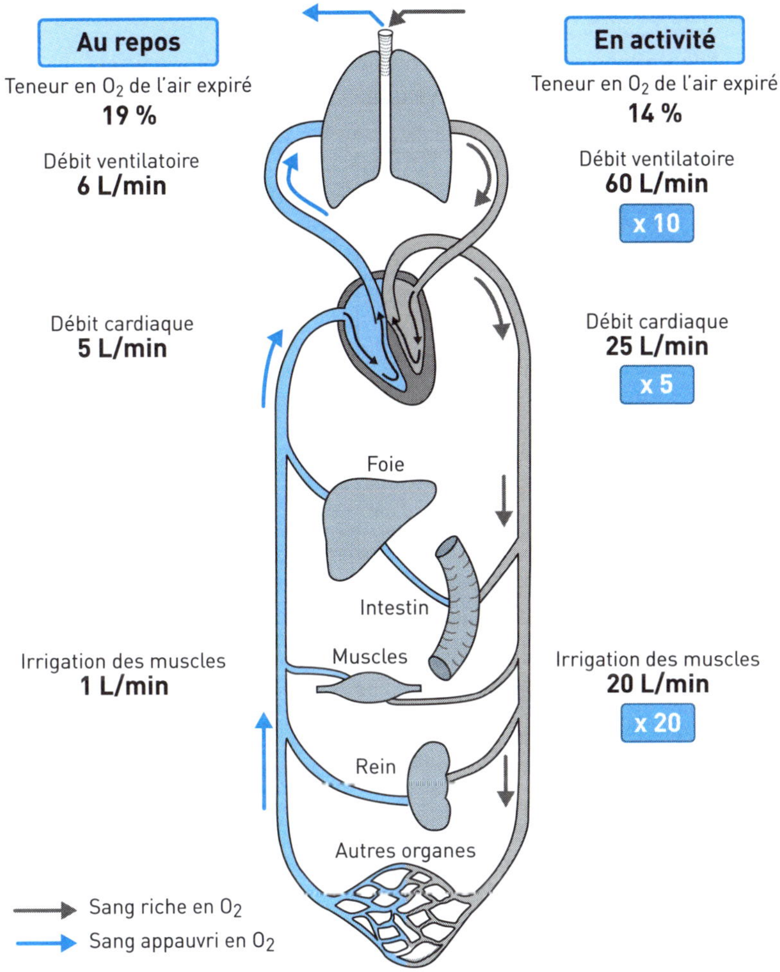

Doc. 4. Muscles pré-capillaires et modification du plan de circulation

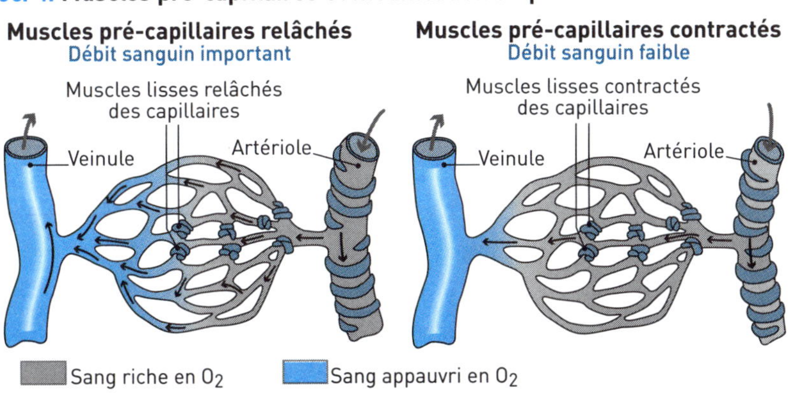

BILAN

Doc. 5. Adaptations assurant l'approvisionnement en dioxygène des muscles lors de l'exercice physique

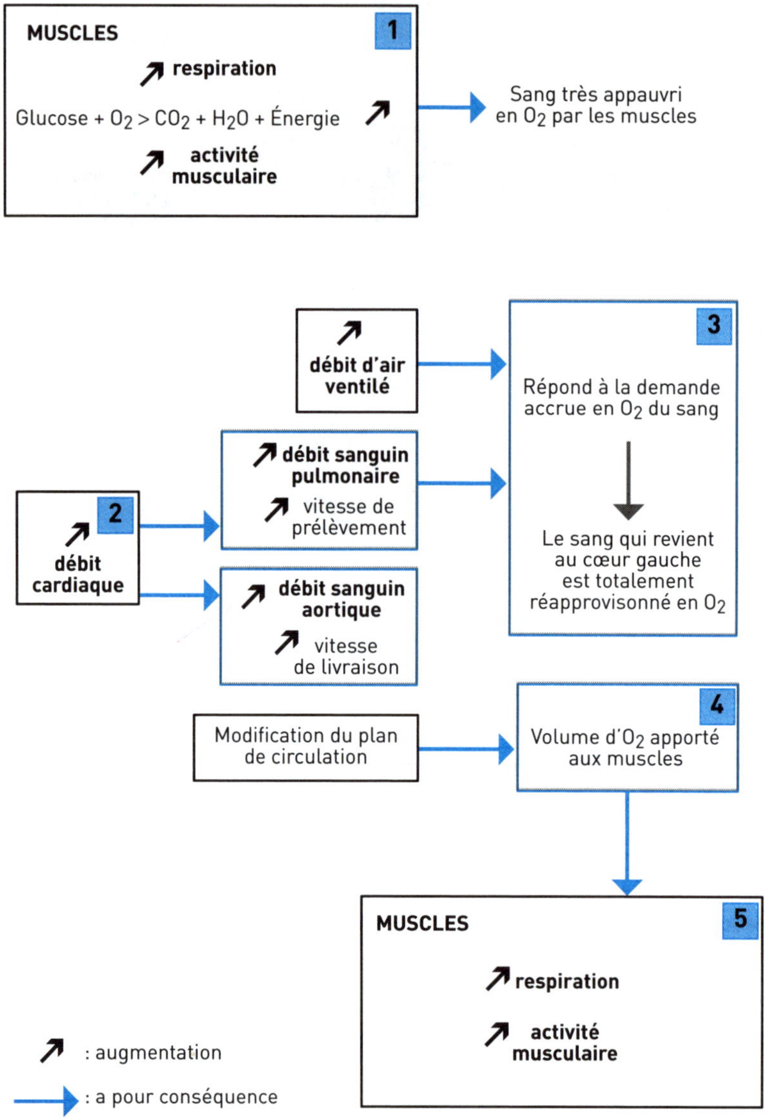

SAVOIR-FAIRE

1. Déterminer graphiquement le VO_2 max

■ Le **VO_2 max** est le débit maximal de dioxygène consommé lors d'un effort, c'est-à-dire le volume maximal de dioxygène prélevé au niveau des poumons et utilisé par les muscles, il est exprimé en **litres d'O_2/min**.

■ Pour déterminer graphiquement le VO_2 max d'un individu, il faut réaliser des mesures du rythme cardiaque et de la consommation de dioxygène lors d'un effort. Le VO_2 max correspond à une fréquence cardiaque maximale obtenue par la formule :

$$FC_{max} = 220 - \text{âge}$$

EXEMPLE

Déterminons le VO_2 max d'une personne de 20 ans à l'aide de mesures réalisées lors d'un effort **(doc. 6)**.

Les points du graphique semblent alignés : il faut tracer une droite qui passe par un maximum de points.

Prolonger cette droite jusqu'à 200 batt/min (220 – âge = 220 – 20).

En ordonnée, on lit la valeur de la VO_2 max de la personne étudiée, soit 5,5 L/min ici.

Doc. 6. Évolution de la consommation de O_2 en fonction de la fréquence cardiaque

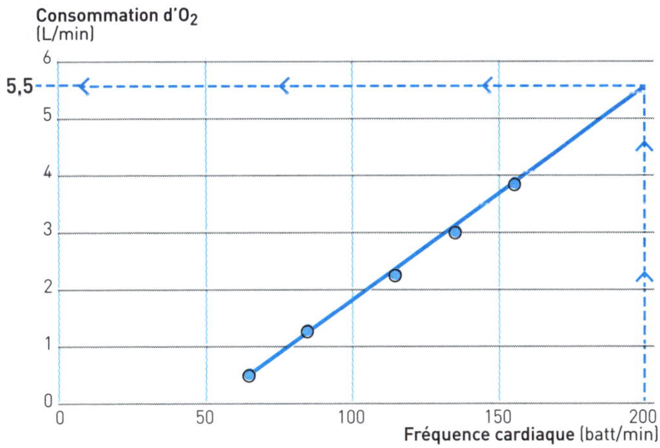

2. Déterminer graphiquement la consommation de dioxygène pendant un effort

■ Des mesures de consommation de dioxygène sont réalisées pendant 10 min. Au début, le sujet est au repos, puis à $t = 90$ s, il fait un exercice physique (des flexions) pendant 30 s, puis reste au repos pendant 7 min.
Le **doc. 7** montre l'évolution de la consommation cumulée de O_2 depuis le début de l'expérience : l'individu a consommé 7 L de O_2 pendant les 10 minutes de l'expérience.

■ Pour déterminer graphiquement la consommation de O_2 pendant un effort, il suffit de reporter sur l'axe des ordonnées les valeurs avant et après l'effort **(doc. 7)**.

Doc. 7. Courbe cumulée de la consommation de O_2 en fonction du temps

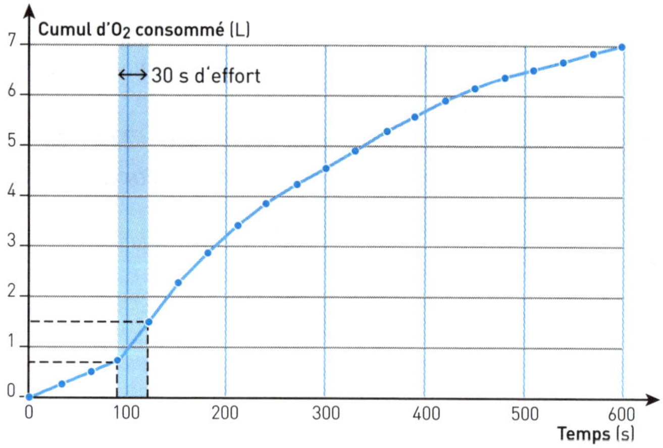

Avant l'effort : 0,75 L de O_2 a été consommé.
Après l'effort : 1,5 L de O_2 a été consommé.
Pendant les 30 s de l'effort, le sujet a consommé $1{,}5 - 0{,}75 = 0{,}75$ L d'O_2.

3. Déterminer graphiquement la consommation de dioxygène due à l'effort

■ Pour déterminer la consommation de dioxygène qui est due à l'effort, il faut déterminer la consommation de dioxygène du sujet si celui-ci était resté au repos.

■ Pour le sujet étudié précédemment, la consommation en dioxygène aurait suivi une évolution comparable à celle obtenue pendant les 90 premières secondes. Il faut donc tracer une droite qui prolonge les trois premiers points de la courbe.

■ Il suffit ensuite de lire sur l'axe des ordonnées : 5,5 L environ, correspondant à la consommation en dioxygène si le sujet avait été au repos pendant toute l'expérience, il aurait alors consommé 5,5 L en 10 min soit 0,55 L/min. Or, le sujet a consommé au total 7 L d'O_2.

Doc. 8. Courbe cumulée de la consommation de O_2 en fonction du temps

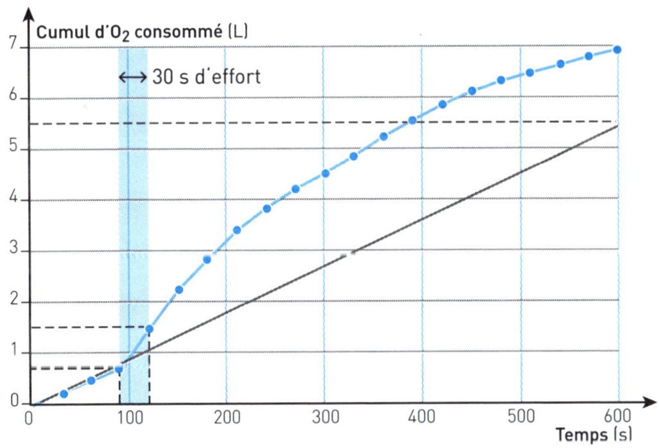

■ Les 30 s d'effort du sujet ont donc provoqué une surconsommation d'O_2 de 7 – 5,5 = 1,5 L, soit 3 L/min **(doc. 8)**. Pendant l'effort, la consommation d'O_2 a donc été multipliée par 6.

■ Bilan :
- consommation d'O_2 totale : 7 L ;
- consommation d'O_2 pendant l'effort : 0,75 L ;
- consommation d'O_2 due à l'effort : 1,5 L.

■ Remarque : après l'effort, le sujet ne retrouve pas sa consommation de repos ; il est en phase de récupération (les muscles continuent de prélever du O_2, le temps que l'organisme s'adapte). Si l'effort physique est responsable d'une consommation de 1,5 L de O_2, 0,75 L ont été consommés pendant l'effort et 0,75 L pendant la phase de récupération.

EXERCICES D'APPLICATION

1 QUELQUES MOTS CLÉS | ★ | 10 min | ▸ P. 207

Associer un mot de la liste à chacune des propositions.

Liste des mots clés : systole, diastole, artère, veine, énergie, respiration, ventilation, hématie, hémoglobine, dioxygène.

a. Molécule nécessaire à la production d'énergie par respiration.

b. Vaisseau sanguin qui conduit le sang vers les organes.

c. Vaisseau sanguin qui conduit le sang vers le cœur.

d. Phase du cycle cardiaque pendant laquelle le myocarde se contracte.

e. Phase du cycle cardiaque pendant laquelle le myocarde est relâché.

f. Indispensable au fonctionnement cellulaire, elle est produite par la respiration ou fermentation.

g. Mécanisme qui permet de prélever du dioxygène dans l'air.

h. Ensemble des réactions cellulaires qui conduisent à la production d'énergie grâce à l'oxydation des nutriments.

i. Molécule capable de fixer réversiblement le dioxygène.

j. Autre nom donné au globule rouge.

2 ANATOMIE CARDIAQUE ET CIRCULATION SANGUINE | ★ | 10 min | ▸ P. 207

a. Annoter le schéma simplifié du cœur (doc. 9).

b. Indiquer le sens de circulation du sang par des flèches de deux couleurs, en précisant à quoi correspond chaque couleur.

c. Justifier le terme « double circulation » attribué à la circulation sanguine.

Doc. 9. L'anatomie cardiaque

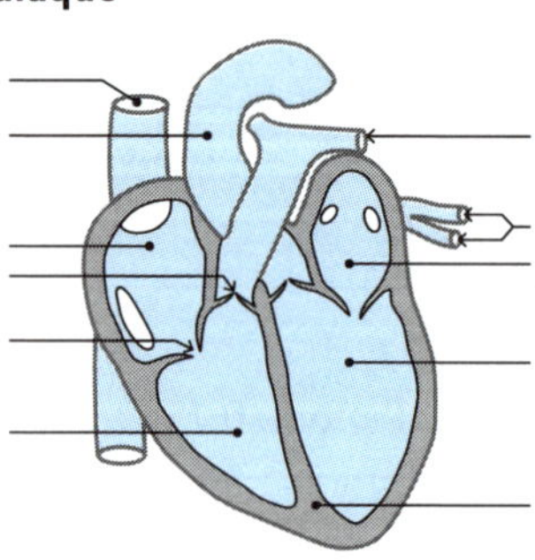

3 FONCTIONNEMENT DU CŒUR | ★ | 10 min | ▸ P. 207

Indiquer les propositions correctes.

a. Au cours d'un effort, le débit cardiaque du cœur gauche augmente :
– deux fois plus que celui du cœur droit ;
– autant que celui du cœur droit ;
– grâce à une augmentation du volume d'éjection systolique et de la fréquence cardiaque.

b. Les artères :
– transportent toujours du sang riche en dioxygène ;
– transportent le sang du cœur vers les autres organes ;
– reçoivent le sang expulsé par un ventricule.

c. Dans le cœur :
– le sang circule toujours des oreillettes vers les ventricules ;
– les ventricules se remplissent pendant la systole auriculaire ;
– le ventricule gauche contient un plus grand volume que le ventricule droit.

4 ADAPTATION À L'EFFORT PHYSIQUE | ★★ | 10 min | ▸ P. 208

Corriger les propositions inexactes.

a. Au cours d'un exercice physique, le débit sanguin augmente dans tous les organes de la circulation générale.

b. Au cours d'un exercice physique, le débit sanguin diminue dans le cerveau.

c. La fréquence cardiaque augmente tant que l'intensité de l'exercice augmente.

d. Il existe un débit cardiaque maximal.

e. Le sang qui sort des poumons est beaucoup plus riche en dioxygène lors d'une activité physique qu'au repos.

f. La concentration en dioxygène est la même dans le sang qui circule dans les veines pulmonaires et dans l'artère aorte.

5 ORGANISATION DE LA CIRCULATION SANGUINE | ★ | 10 min | ▸ P. 208

Utiliser les organes de la circulation sanguine présentés dans le doc. 10 pour schématiser l'organisation de la circulation sanguine. Titrer et annoter ce schéma.

Doc. 10. Organes de la circulation sanguine

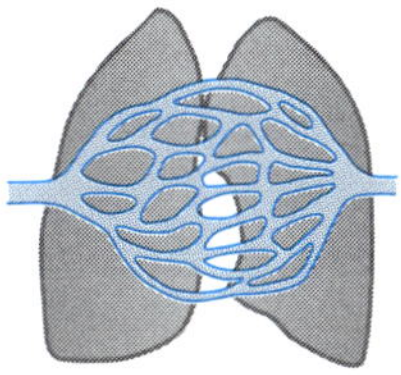

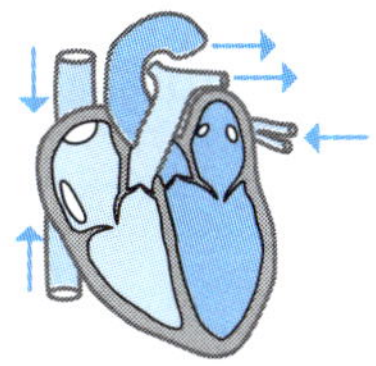

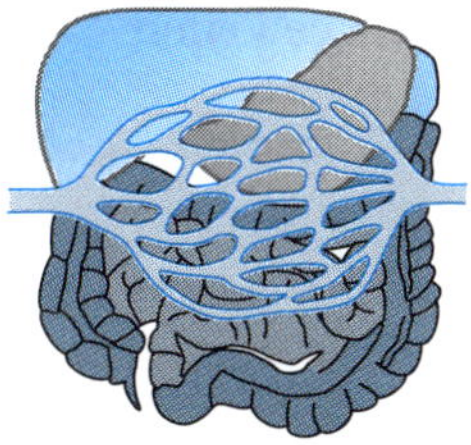

EXERCICES D'ENTRAÎNEMENT

6 PARAMÈTRES CARDIAQUES ET EFFORT | ★★ | 30 min | ▶ P. 209

Un coureur bien entraîné réalise un test d'effort : la vitesse de course est augmentée toutes les minutes, sans interruption de l'effort **(doc. 11)**.

Doc. 11. Paramètres cardiaques au cours d'un test d'effort

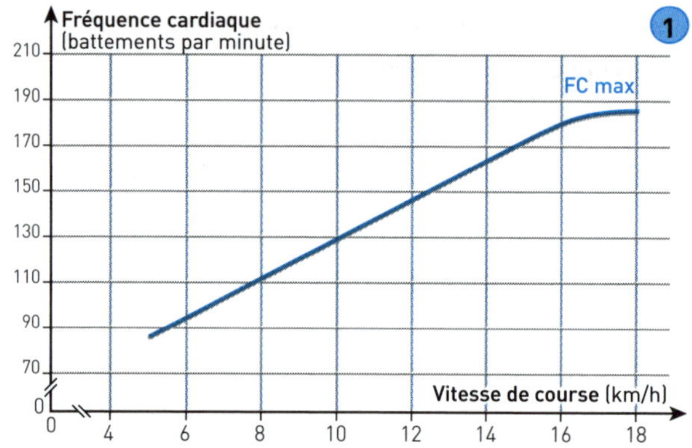

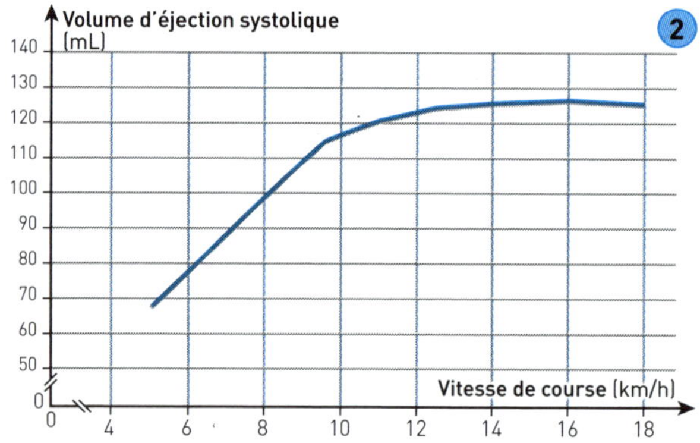

a. Calculer le débit cardiaque pour chaque palier de vitesse en présentant les données utilisées et les résultats du calcul dans un tableau.

b. Faire une représentation graphique de l'évolution du débit cardiaque.

c. Peut-on affirmer que la fréquence cardiaque est le paramètre qui détermine le maximum de l'effort ? Argumenter.

Il faut mettre en relation l'évolution du volume d'éjection systolique et celle de la fréquence cardiaque au cours de l'effort.

7 VOLUME D'ÉJECTION SYSTOLIQUE ET EFFORT | ★★ | 15 min | ▸ P. 210

Le doc. 12 présente l'évolution du volume de sang ventriculaire au cours d'un cycle cardiaque.

À l'aide du doc. 12, déterminer le volume d'éjection systolique et la fréquence cardiaque.

Doc. 12. Variation du volume de sang ventriculaire au cours d'un cycle cardiaque

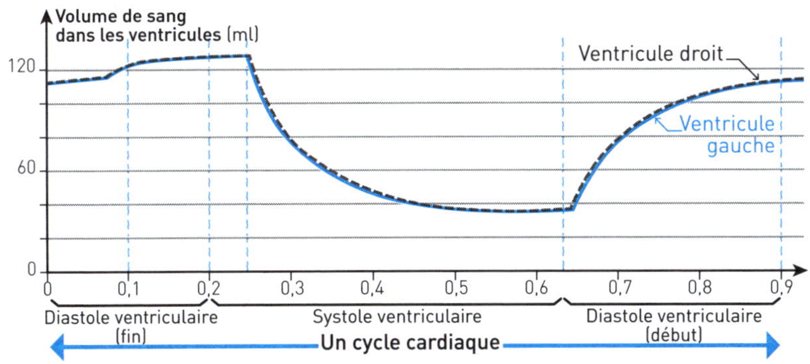

8 PARAMÈTRES PULMONAIRES ET EFFORT PHYSIQUE | ★★ | 15 min | ▸ P. 210

On enregistre l'activité ventilatoire d'un élève en TP (doc. 13).

Doc. 13. Variation des paramètres ventilatoires entre le repos et l'effort

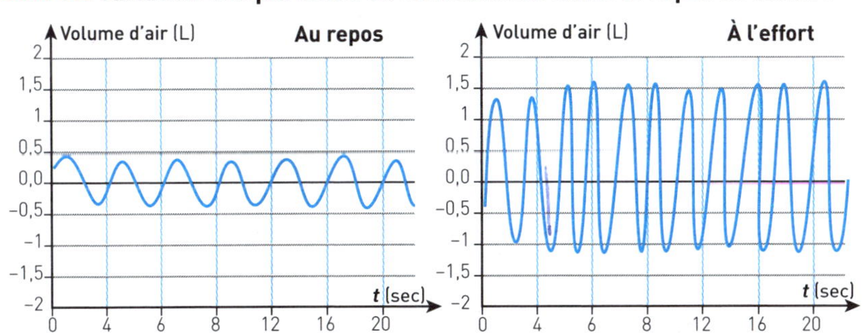

a. Mesurer sur chaque graphique la fréquence ventilatoire ainsi que le volume d'air ventilé à chaque mouvement respiratoire.

b. Calculer le débit ventilatoire, exprimé en L/min, au repos et lors de l'effort, et quantifier son évolution entre le repos et l'effort.

c. Expliquer l'intérêt de cette adaptation du système respiratoire lors de l'effort.

Voir le schéma bilan page 194.

9 MASSE, RÉGIME ET ACTIVITÉ SPORTIVE ★★★ 20 min ▸ P. 210

Chez des sujets appartenant à la même tranche d'âge (quarantaine), des deux sexes, modérément obèses, on réalise trois programmes de réduction de leur masse : un tiers sont soumis à un régime alimentaire hypocalorique, un tiers à des activités de musculation quotidienne, le dernier tiers à une combinaison des deux (doc. 14).

Utiliser les résultats de cette étude pour expliquer les conséquences de chaque programme et dans quels cas il est préférable de suivre un programme plutôt qui un autre.

Le document proposé est complexe, car il présente trois variations de masse pour trois situations. Pour simplifier l'étude de ce document, il est possible de **diviser** son étude en deux parties :
- Comparer uniquement les pertes de poids total pour les trois programmes. Présenter les faits dans l'analyse, puis proposer une interprétation.
- Comparer dans le détail la perte et le gain de masse grasse et de masse maigre.

Doc. 14. Variations moyennes des masses maigre, grasse et de la masse totale chez des individus modérément obèses dans différentes situations

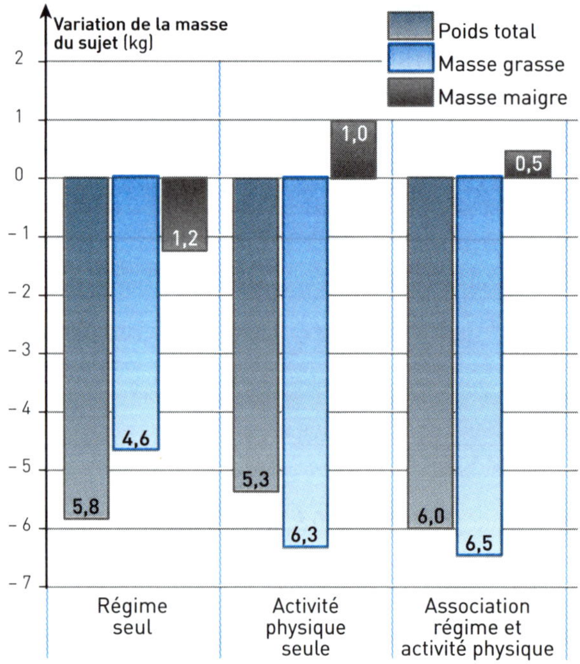

EXERCICES D'APPROFONDISSEMENT

10 DOPAGE ET PERFORMANCE ★★ 20 min ▶ P. 211

L'autotransfusion consiste à prélever du sang à un individu et à lui réinjecter avant une compétition. Le **doc. 15** suivant présente l'évolution de la quantité de globules rouges chez un sportif ayant utilisé cette forme de dopage.
Remarque : la durée de vie des hématies est d'environ 4 mois.

Doc. 15. Évolution de la population de globules rouges d'un sportif

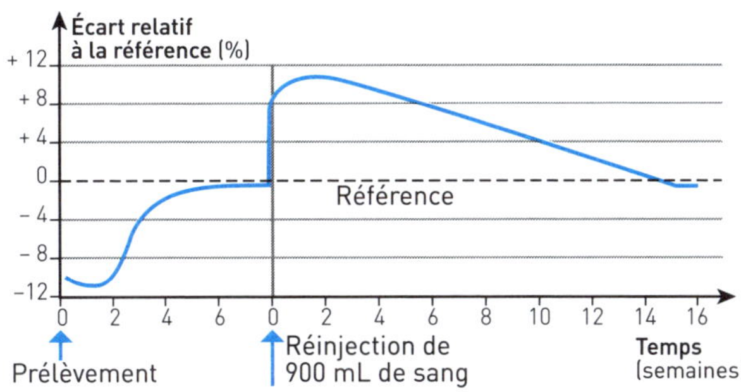

a. Décrire l'évolution de la population de globules rouges.
b. Expliquer ces variations.
c. Justifier à l'aide du document et de vos connaissances pourquoi on peut affirmer que l'autotransfusion constitue une pratique de dopage.

Penser au VO_2 max.

11 UN EXCELLENT PLONGEUR ★★★ 40 min ▶ P. 212

On observe le phoque de Weddel près des côtes du continent Antarctique. Il vient respirer à la surface grâce aux fissures dans la glace et à des trous de respiration qu'il entretient avec ses dents.
C'est un remarquable nageur capable de plonger jusqu'à 900 m. Les plongées profondes les plus fréquentes se font entre 200 et 500 m et durent de 15 à 20 minutes en moyenne. Sa morphologie fusiforme et hydrodynamique permet de minimiser la résistance de l'eau à ses déplacements.
Lors d'une plongée, la fréquence cardiaque des phoques de Weddel passe environ de 65 bpm à 20 bpm et sa température interne diminue de 3 °C.
Lors des plongées, le cerveau et le placenta chez les femelles enceintes reçoivent le même débit qu'au repos alors qu'il est fortement diminué dans les autres organes, notamment dans les muscles où la circulation est pratiquement arrêtée.
Le **doc. 16** présente la présence de O_2 chez l'Homme et chez le phoque.

Doc. 16. Présence de O_2 chez le phoque et l'Homme

		Poumons	Sang	Muscles	Eau tissulaire	Total
Homme (70 kg)	Volume ou masse	4,5 L	5 L	16 kg	40 L	-
	VO_2 stocké (mL)	720	1 000	240	200	2 160
Phoque (30 kg)	Volume ou masse	0,35 L	4,5 L	6 kg	20 L	-
	VO_2 stocké (mL)	55	1 125	270	100	1 550

a. Calculer puis comparer les volumes sanguins du phoque et de l'Homme par rapport à leur masse corporelle.

L'unité des valeurs attendues s'exprime en L/kg.

b. Déterminer le compartiment corporel qui possède proportionnellement beaucoup plus de dioxygène chez le phoque que chez l'Homme.

Chercher dans quels compartiments la différence de présence de O_2 est la plus flagrante entre les deux espèces. Il faut pour cela traiter les données brutes pour comparer à unité de masse égale.
Argumenter en citant des valeurs précises dans le texte.

c. Sélectionner les réponses exactes et corriger celles qui sont fausses.
Certaines adaptations permettent au phoque de Weddel de tenir plus de 20 minutes en apnée, par exemple :
– une sollicitation minimale des muscles qui permet d'économiser le dioxygène (débit sanguin musculaire arrêté) ;
– une diminution nette de la fréquence cardiaque afin de diminuer le débit sanguin général pour économiser le dioxygène stocké dans le sang ;
– une diminution de la température interne afin de diminuer la dépense énergétique liée à son maintien, et donc une baisse de la consommation de O_2 ;
– une modification des débits sanguins corporels afin que les organes ne disposant pas de réserve de O_2 et ne pouvant s'en passer continuent d'être approvisionnés malgré la baisse du débit cardiaque (les muscles, la peau…).

d. Résumer sous forme schématique ou rédigée l'ensemble des adaptations qui permettent au phoque de Weddel d'être un si bon plongeur.

Au brouillon, lister l'ensemble des adaptations citées dans le texte. Regrouper ces adaptations en fonction de leur intérêt, sachant qu'au final, c'est l'effort des muscles permettant la plongée qui doit être assuré, sans lésion des organes vitaux.

CONTRÔLE

12 LE CYCLE CARDIAQUE ★★ | 20 min | ▸ P. 214

a. Colorier les schémas du **doc. 17** avec des couleurs judicieusement choisies puis ajouter les trois légendes manquantes. Enfin, donner un titre à chaque schéma et classez-les chronologiquement.
b. Commenter les événements de chaque étape en une ou deux phrases pour chacune.

Vous êtes évalué sur la précision de votre vocabulaire, vos réponses doivent être brèves mais très précises (on attend de vous une maîtrise de l'anatomie cardiaque).

Doc. 17. Schémas d'un cycle cardiaque

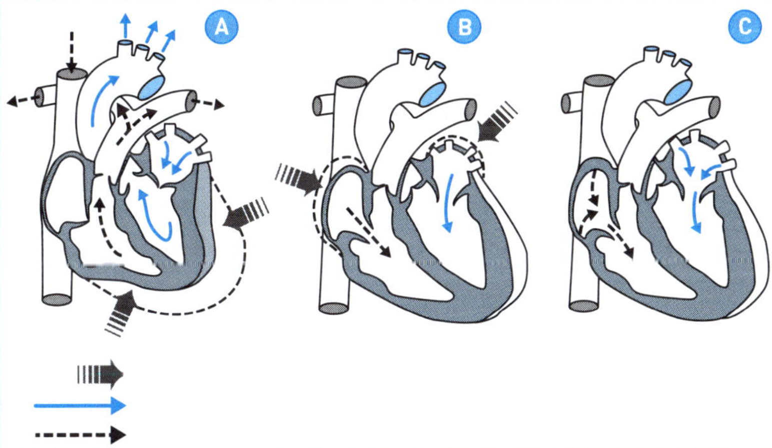

13 ADAPTATION DE LA CIRCULATION LORS DE L'EFFORT ★★ | 40 min | ▸ P. 214

Expliquer, en vous appuyant sur les doc. 18, 19 et 20, pourquoi on dit que les muscles « volent » l'appareil digestif. Préciser l'intérêt de ce « vol » pour l'organisme.

Votre réponse doit être précise et argumentée donc s'appuyer sur des chiffres extraits des documents. C'est un exercice de raisonnement à partir de documents, vos connaissances vous servent à vous repérer pour les exploiter correctement.

Doc. 18. Un incident au marathon de Paris de 2004

L'auteur d'un article aborde confiant la sortie du bois de Vincennes lorsqu'il reçoit un coup de coude de son voisin qui, entre deux respirations haletantes, lui glisse : « *Dis-moi que je rêve* ». Du menton il désigne devant eux une jolie concurrente dont le cuissard est malheureusement maculé. La pauvre ! Elle a probablement été victime de la « diarrhée du coureur ». Les problèmes digestifs sont à l'origine de 15 à 20 % des abandons dans les épreuves d'endurance.

Doc. 19. Redistribution des débits sanguins au cours de l'effort

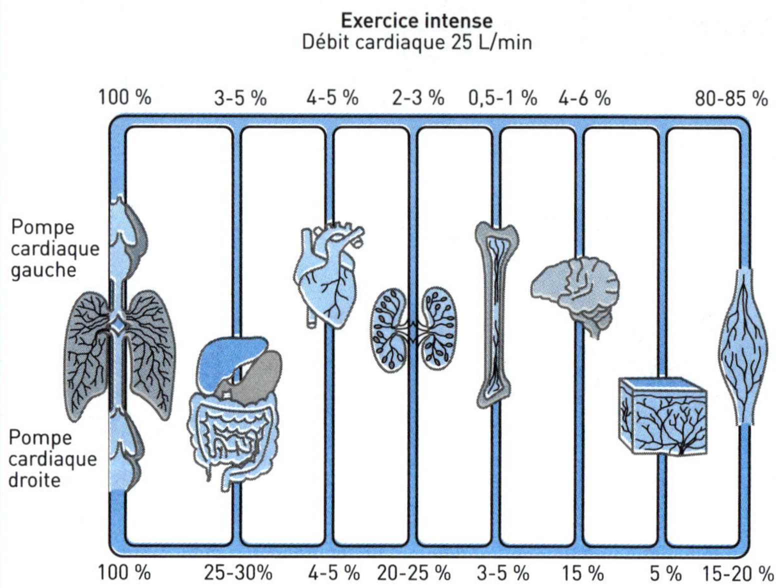

Doc. 20. Irrigation de l'intestin au cours de l'effort

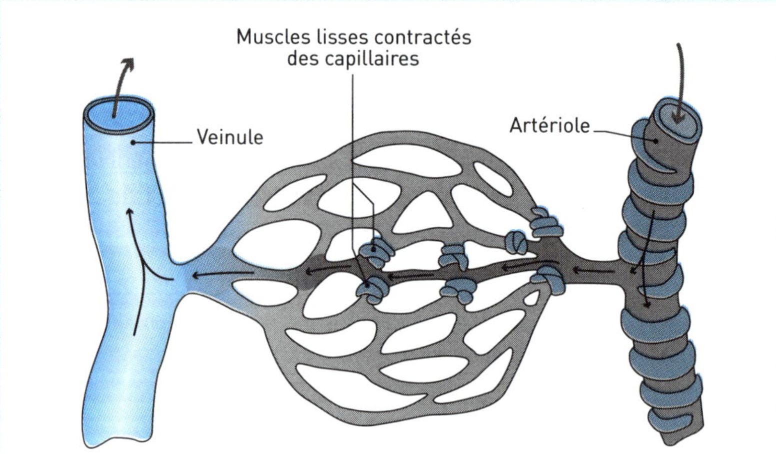

CORRIGÉS

1 QUELQUES MOTS CLÉS

a. Molécule nécessaire à la production d'énergie par respiration : **dioxygène**.
b. Vaisseau sanguin qui conduit le sang vers les organes : **artère**.
c. Vaisseau sanguin qui conduit le sang vers le cœur : **veine**.
d. Phase du cycle cardiaque pendant laquelle le myocarde se contracte : **systole**.
e. Phase du cycle cardiaque pendant laquelle le myocarde est relâché : **diastole**.
f. Indispensable au fonctionnement cellulaire, elle est produite par la respiration ou fermentation : **énergie**.
g. Mécanisme qui permet de prélever du dioxygène dans l'air : **ventilation**.
h. Ensemble des réactions cellulaires qui conduisent à la production d'énergie grâce à l'oxydation des nutriments : **respiration**.
i. Molécule capable de fixer réversiblement le dioxygène : **hémoglobine**.
j. Autre nom donné au globule rouge : **hématie**.

2 ANATOMIE CARDIAQUE ET CIRCULATION SANGUINE

a. et b. Doc. 21. **Anatomie et fonctionnement cardiaque.** Les flèches indiquent le sens de circulation du sang dans chaque partie du cœur.

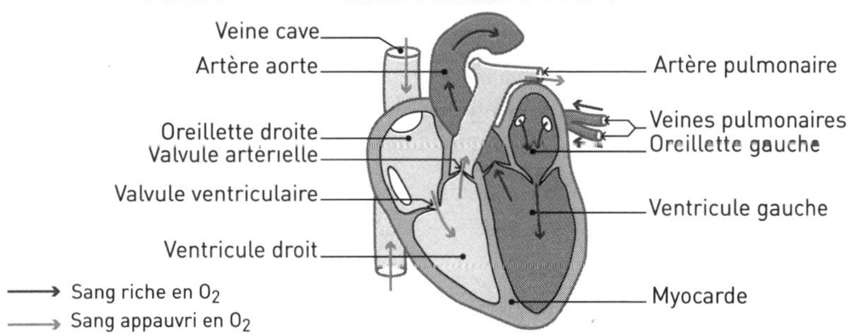

c. Le cœur est une double pompe, chaque partie du cœur fonctionne de manière synchrone avec l'autre : le cœur droit propulse le sang appauvri en dioxygène vers les poumons. Le sang rechargé regagne le cœur gauche, bouclant la circulation pulmonaire. Le cœur gauche propulse ce sang riche en dioxygène vers les autres organes du corps, c'est la circulation générale.

3 FONCTIONNEMENT DU CŒUR

a. Au cours d'un effort, le débit cardiaque du cœur gauche augmente :
– autant que celui du cœur droit ;
– grâce à une augmentation du volume d'éjection systolique et de la fréquence cardiaque.

b. Les artères :
– transportent le sang du cœur vers les autres organes ;
– reçoivent le sang expulsé par un ventricule.
Les artères pulmonaires transportent du sang appauvri en dioxygène.
c. Dans le cœur :
– le sang circule toujours des oreillettes vers les ventricules.
Les ventricules se remplissent pendant la diastole, ils contiennent le même volume sanguin sinon cela poserait un problème d'accumulation de sang dans certains organes.

4 ADAPTATION À L'EFFORT PHYSIQUE

a. **Faux.** Au cours d'un exercice physique, le débit sanguin augmente dans les muscles actifs dont le cœur, il ne varie pas au niveau du cerveau et il diminue dans d'autres organes, comme ceux du système digestif.
b. **Faux.** Le débit sanguin cérébral ne change pas.
c. **Faux.** La fréquence cardiaque augmente jusqu'à un maximum, ce qui détermine le maximum de l'intensité de l'effort.
d. **Vrai.**
e. **Faux.** Quelle que soit l'intensité de l'effort, le sang qui quitte les poumons est toujours saturé en dioxygène.
f. **Vrai.**

5 ORGANISATION DE LA CIRCULATION SANGUINE

Doc. 22. **La double circulation sanguine.** Les flèches indiquent le sens de circulation du sang dans les vaisseaux sanguins de chaque circuit.

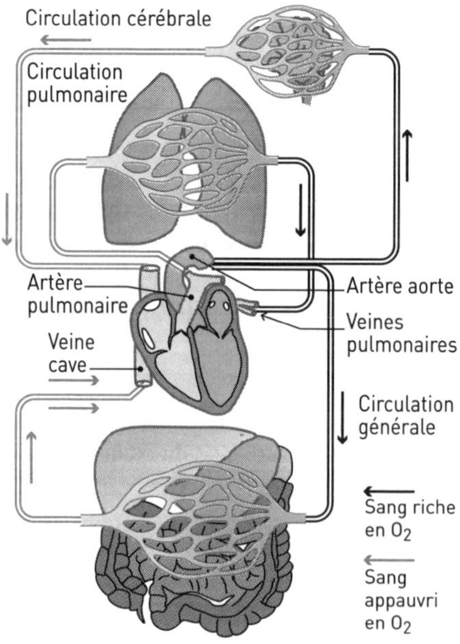

6 PARAMÈTRES CARDIAQUES ET EFFORT

a. Chaque contraction du cœur éjecte, lors de la systole, le volume contenu dans les ventricules : le volume d'éjection systolique représente cette valeur. Ce volume est éjecté plusieurs fois par minute : ce nombre est donné par le rythme cardiaque.
Le débit est calculé en multipliant le volume d'éjection systolique par le rythme cardiaque :

$$DC = FC \times VES$$

Palier de vitesse (km/h)	5	8	10	12	14	16	18
Fréquence cardiaque	90	110	130	150	165	180	185
Volume d'éjection systolique	70	100	120	120	125	125	125
Débit cardiaque (L/min)	6,3	11	15,6	18	20,7	22,5	23,1

On ne peut pas être très précis lorsqu'on lit les données directement sur des graphiques. Donner des valeurs trop précises n'aurait pas de sens : il faut arrondir les valeurs de la FC ou du VES à la dizaine ou à la demi-dizaine. Les valeurs du DC seront donc elles aussi arrondies au dixième.

b. Doc. 23. Débit cardiaque en fonction de la vitesse de course

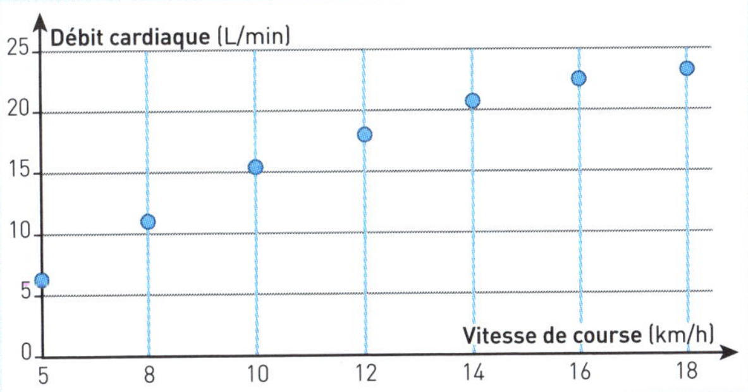

c. Le maximum de l'effort est atteint lorsque le débit cardiaque est maximal. Celui-ci augmente grâce à l'augmentation couplée du volume d'éjection systolique et de la fréquence cardiaque. On observe qu'à partir du palier 10 km/h, le volume d'éjection systolique atteint un seuil : il reste stable autour de 125 mL. En revanche, la fréquence cardiaque continue d'augmenter. Ce n'est que lorsque la fréquence cardiaque atteint son maximum (185 bpm au palier 18 km/h) que le débit cardiaque ne peut plus augmenter. Même si le dernier paramètre à atteindre son maximum est la fréquence cardiaque (dernier facteur limitant de l'effort), le débit cardiaque maximal dépend autant de chacun de ces deux paramètres, il est atteint lorsque chaque paramètre a atteint son maximum.

7 VOLUME D'ÉJECTION SYSTOLIQUE ET EFFORT

Volume d'éjection systolique = Volume ventriculaire max. – Volume ventriculaire min.
= 130 – 35 = 95 mL

On compte 1 cycle en 0,9 seconde, on fait une règle de trois :

1	0,9
Fréquence cardiaque	60

Fréquence cardiaque × 0,9 = 60

Fréquence cardiaque = $\frac{60}{0,9}$ = 66,7 bpm

La fréquence cardiaque est de 66,7 battements par minute.

8 PARAMÈTRES PULMONAIRES ET EFFORT PHYSIQUE

a. Au repos, l'enregistrement de cet élève permet de compter 7 expirations en 22 secondes. Par une règle de 3, on en déduit la fréquence ventilatoire (FV) sur une minute :

7	22
FV	60

FV × 22 = 7 × 60

FV = 7 × $\frac{60}{22}$ = 19 ventilations/min

La fréquence ventilatoire au repos est de 19 mouvements ventilatoires/min.

b. Lors d'un effort, l'enregistrement est de 12 expirations en 22 secondes :

FV = 12 × $\frac{60}{22}$ = 33 ventilations/min

Lors de l'effort, la fréquence ventilatoire passe à 33 mouvements ventilatoires/min. La fréquence ventilatoire a pratiquement doublé entre le repos et l'effort.

c. Le sang qui quitte les poumons est toujours saturé en O_2. Or, après avoir approvisionné les muscles actifs, le sang revient au cœur puis aux poumons plus appauvri en O_2 qu'au repos. De plus, le débit sanguin pulmonaire est augmenté, ce qui augmente encore plus la demande du sang qui arrive aux poumons en O_2 par rapport à la situation de repos. Cette demande est satisfaite grâce à l'augmentation de la fréquence ventilatoire qui permet d'apporter plus de dioxygène au niveau de l'air pulmonaire, là où ont lieu les échanges gazeux avec le sang.

Enfin, l'augmentation de la fréquence ventilatoire permet également d'évacuer l'excès de CO_2 produit par la respiration des muscles actifs.

9 MASSE, RÉGIME ET ACTIVITÉ SPORTIVE

Analyse. La perte moyenne de masse par régime seul est de 5,8 kg et de 5,3 kg grâce à l'activité physique seule. La perte moyenne totale de masse avec régime et activité physique est de – 6 kg.

Après avoir cité des chiffres, exposez vos déductions dans l'interprétation.

Interprétation. L'association du régime et du sport permet de perdre plus de masse, ce qui est logique puisque chacune des actions précédentes considérée seule a un effet amaigrissant. En revanche, leurs effets ne s'ajoutent pas : les pertes de masse dans chaque cas sont assez proches (– 5,8 kg avec le régime, – 6 kg par l'action combinée du sport et du régime), on peut donc penser qu'un régime sans faire de sport ou l'inverse sont équivalents pour maigrir et que leur action combinée n'apporte pas forcément d'intérêt en termes de poids.

Analyse. Quand on rentre dans le détail des effets de chaque régime, on remarque que la perte de masse par régime seul correspond avant tout à une perte de masse grasse (– 4,6 kg), mais aussi à la perte de masse maigre (– 1,2 kg), alors que la perte de masse qui implique une activité physique correspond à une perte de masse grasse plus importante que par régime seul (plus de 6 kg perdus dans chaque cas impliquant du sport), associée à un gain de masse maigre (+ 1 kg dans le cas d'une activité physique seule, + 0,5 kg dans le cas du régime associé à une activité physique).

Utilisez vos connaissances pour expliquer ce qui paraît notable dans votre analyse : ici, ce sont les détails sur la perte ou le gain de masse maigre en fonction des régimes.

Interprétation. L'activité physique augmente la masse musculaire, d'où le gain de masse maigre lorsqu'on pratique une activité physique régulière.

En revanche, un régime seul utilise avant tout les nutriments lipidiques mis en réserve, mais aussi les nutriments issus du recyclage de la masse musculaire qui n'est pas suffisamment utilisée.

Synthèse

Les pertes de masse par régime ou par activité physique ne sont pas équivalentes : la perte de masse grasse est nettement supérieure lorsqu'on réalise une activité physique et aucune masse musculaire n'est perdue, au contraire. Il est donc plus intéressant de réaliser une activité physique qu'un régime.

L'action combinée des deux permettra de gagner moins de muscle et de perdre un peu plus de poids, ce qui est intéressant pour les personnes modérément obèses vraiment motivées qui veulent perdre plus rapidement du poids.

10 DOPAGE ET PERFORMANCE

a. **Analyse**

– Après le prélèvement de globules rouges, la population de globules rouges diminue de 10 %, et il faut six semaines pour que la population de globules rouges retrouve sa valeur d'origine.

– Après la réinjection, la population de globules rouges augmente de 10 % puis commence à décliner au bout de la troisième semaine qui suit la réinjection. Deux mois et demi après la réinjection, le sang a retrouvé sa quantité normale de globules rouges.

b. **Interprétation.** Après le prélèvement, on peut supposer que le corps détecte le nombre trop bas de globules rouges puisqu'il en produit suffisamment (donc plus qu'en temps normal) pour revenir à la valeur initiale.

Deux semaines après l'injection, on peut supposer que le corps a détecté l'excédent de globules rouges puisqu'il ne renouvelle pas ceux qui meurent, jusqu'au retour à la valeur initiale.

Le **doc. 15** montre que la population de globules rouges dans le sang est un paramètre maintenu constant par l'organisme qui adapte sa production à la valeur de la population. C'est un paramètre régulé.

c. L'autotransfusion permet d'augmenter le volume de dioxygène transporté par le sang puisque les globules rouges le fixent au niveau de leur hémoglobine. En effet, la recharge de dioxygène au niveau des poumons n'est pas limitée par la ventilation, mais bien par l'incapacité du sang à fixer plus de dioxygène. Ainsi, lors d'un effort intense, le VO_2 max des sportifs est augmenté puisque leurs muscles reçoivent plus de dioxygène qu'avant l'autotransfusion. Cela permet d'améliorer la performance (durée et intensité de l'effort augmentées), ce qui est une caractéristique du dopage. Par ailleurs, c'est une pratique interdite, le faire constitue donc une forme de tricherie, ce qui est la deuxième caractéristique du dopage.

L'argument « En effet, la recharge de dioxygène au niveau des poumons n'est pas limitée par la ventilation, mais bien par l'incapacité du sang à fixer plus de dioxygène. » est un argument important du raisonnement attendu : quel serait l'intérêt pour le sang de pouvoir fixer plus de dioxygène si, au maximum de l'effort, les poumons n'étaient pas capables de livrer suffisamment de O_2 ?

11 UN EXCELLENT PLONGEUR

a. Volume de sang par unité de masse chez l'Homme :

$$VH = \frac{\text{Volume sang}}{\text{Masse}} = \frac{5}{70} = 0,071\ \frac{L}{kg} = 7,1\ mL/kg$$

Il y a deux chiffres significatifs dans les données de départ, vous ne devez pas en donner plus dans votre réponse.

Volume de sang par unité de masse chez le phoque :

$$VPh = \frac{\text{Volume sang}}{\text{Masse}} = \frac{4,5}{30} = 0,15\ \frac{L}{kg} = 15\ mL/kg$$

b. Les réserves de dioxygène musculaires de l'Homme et du phoque ne sont pas les mêmes ; le phoque possède proportionnellement beaucoup plus de O_2 dans ses muscles : 15 mL/kg de muscle (240/16) chez l'Homme contre 45 mL/kg de muscle chez le phoque (275/6), soit trois fois plus de dioxygène présent dans 1 kg de muscle chez le phoque que chez l'Homme.

Vous ne pouvez comparer les deux espèces qu'en ramenant les valeurs de teneur en dioxygène des compartiments corporels à leur masse (questions 1 et 2), qu'il s'agisse de leur masse totale ou de leur masse musculaire. Par exemple, l'Homme et le phoque ont à peu près le même volume sanguin (environ 5 L) dans lequel ils stockent à peu près la même quantité de O_2 (1 L), mais le phoque pèse deux fois moins lourd en moyenne que l'Homme, ses besoins sont donc moindres. Ainsi, rien qu'au niveau du sang, un phoque disposera pour son corps de deux fois plus de O_2 qu'un Homme, bien qu'en valeur absolue, ils seront égaux.

c. Certaines adaptations permettent au phoque de Weddel de tenir plus de 20 minutes en apnée, par exemple :

– une sollicitation minimale des muscles qui permet d'économiser le dioxygène (débit sanguin musculaire arrêté). **Faux**, les muscles sont peu sollicités grâce à la forme hydrodynamique des phoques. Les importantes réserves internes en dioxygène des muscles leur permettent de ne pas dépendre de l'apport sanguin pendant la plongée. L'affirmation exacte serait la suivante : « une sollicitation minimale des muscles grâce à la forme hydrodynamique des phoques, ce qui permet d'économiser les réserves internes des muscles en dioxygène ».

– une diminution nette de la fréquence cardiaque afin de diminuer le débit sanguin général pour économiser le dioxygène stocké dans le sang. **Vrai.**

– une diminution de la température interne afin de diminuer la dépense énergétique liée à son maintien, et donc une baisse de la consommation de O_2. **Vrai.**

– une modification des débits sanguins corporels afin que les organes ne disposant pas de réserve de O_2 et ne pouvant s'en passer continuent d'être approvisionnés malgré la baisse du débit cardiaque (les muscles, la peau…). **Faux**, une bonne réponse serait : « une modification des débits sanguins corporels afin que les organes ne disposant pas de réserve de O_2 et ne pouvant s'en passer continuent d'être approvisionnés malgré la baisse du débit cardiaque (ex : le cerveau, le placenta…) ».

d. Bilan

Doc. 24. Schéma bilan des adaptations du phoque de Weddel à la plongée

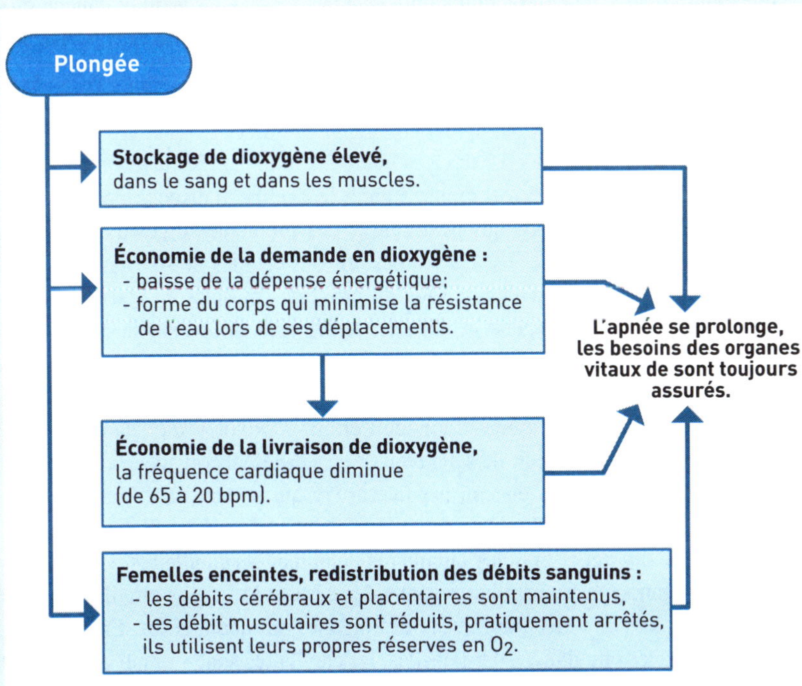

12 LE CYCLE CARDIAQUE

a. Doc. 25. **Les étapes du cycle cardiaque**

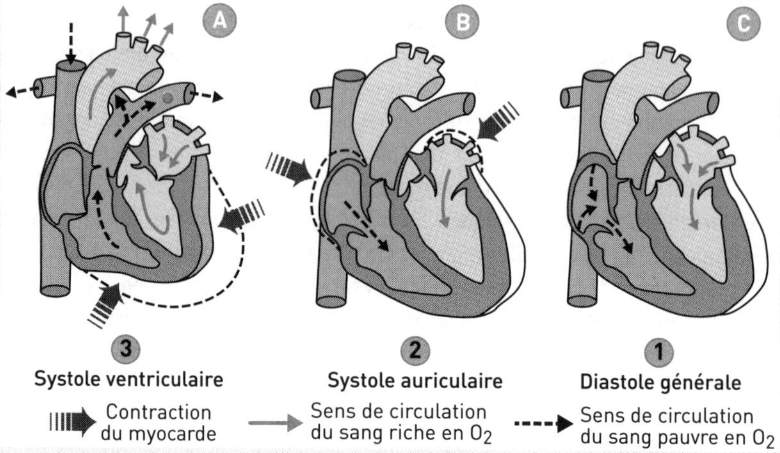

b. Diastole générale : les oreillettes se remplissent et se vident, les ventricules se remplissent.
Systole auriculaire : les ventricules finissent de se remplir grâce à la contraction des oreillettes qui se vident.
Systole ventriculaire : la contraction simultanée des ventricules droit et gauche propulse le sang respectivement dans les artères pulmonaires et l'aorte ; les ventricules se vident.

13 ADAPTATION DE LA CIRCULATION LORS DE L'EFFORT

Le vol dont il s'agit a lieu lors d'exercices intenses : le tube digestif reçoit beaucoup moins de sang qu'au repos : 6 fois moins d'après le doc. 19. Il dispose alors de beaucoup moins de dioxygène, ce qui peut causer des problèmes digestifs comme la « diarrhée du coureur » (doc. 18) car les besoins des cellules ne sont pas suffisamment couverts. Elles sont privées de sang au profit des muscles en activité qui ont d'énormes besoins en dioxygène et qui sont prioritaires. Ainsi, sur le doc. 19, on observe que le débit sanguin musculaire est multiplié par 5 par rapport à la situation de repos.
Cette redistribution du débit sanguin lors de l'effort, ce « vol », c'est la capacité de l'organisme à contrôler le débit de sang reçu par les différents organes : ceux-ci sont disposés en série et irrigués chacun par une artère qui se ramifie en un réseau de capillaires au niveau desquels s'effectuent les échanges avec les cellules (doc. 20). On observe que des petits muscles circulaires entourent les capillaires. Lorsque ces muscles sont contractés, les capillaires sont « écrasés » et le sang ne circule pas, c'est ce qui se passe lors de l'effort au niveau des organes du tube digestif. En revanche, lorsque les muscles circulaires sont relâchés, les capillaires sont « grand ouverts » et le sang circule librement : c'est ce qui se passe lors de l'effort au niveau des capillaires qui irriguent les muscles en activité.

10 La pression artérielle et sa régulation

Plus de dix millions de Français souffrent d'hypertension. Chez ces personnes, le système qui régule la pression artérielle fonctionne mal, ce qui les prédispose à des accidents vasculaires.

L'ESSENTIEL

I LES CARACTÉRISTIQUES DE LA PRESSION ARTÉRIELLE

- La **pression artérielle (PA)** est la **force** exercée par le sang sur la **paroi des artères**. Elle varie entre deux valeurs exprimées en cm de mercure : la maximale ou **pression systolique** et la minimale ou **pression diastolique**.
- Les valeurs de la PA présentent des variations liées aux activités mais dans d'étroites limites : elle est donc **régulée**.

II LA RÉGULATION DE LA PRESSION ARTÉRIELLE

- L'**activité automatique** du cœur est modulée par l'action coordonnée des centres nerveux bulbaires cardio-accélérateur et cardio-modérateur.
- La régulation de la pression artérielle forme une **boucle de régulation**.

– La **voie sensitive ou afférente** informe les centres nerveux de la valeur de la pression. Les « barorécepteurs » sont des **capteurs** qui détectent une hausse ou une chute de la PA dans les artères et produisent des messages nerveux sensitifs transmis aux centres nerveux bulbaires.

– Les **centres nerveux bulbaires** contrôlent l'activité cardiaque en fonction des informations sensorielles recueillies. Ils produisent des messages nerveux pour corriger la PA.

– La **voie motrice ou efférente :** les messages nerveux bulbaires sont acheminés par des nerfs vers le cœur, organe **effecteur** de cette régulation. L'augmentation du débit cardiaque permet l'élévation de la PA et inversement.

Les mots-clés du lexique

Afférent, barorécepteur, boucle de régulation, centre nerveux, diastole, effecteur, efférent, nerf, pression artérielle, systole.

LE COURS

I LES CARACTÉRISTIQUES DE LA PRESSION ARTÉRIELLE

La pression artérielle (PA) est la **force par unité de surface** exercée par le sang sur la paroi interne des grosses **artères** de la circulation générale. C'est grâce à cette pression que le sang s'écoule dans tous les organes.

1. La pression artérielle dépend du cycle cardiaque

- La mesure de la PA d'une personne fournit deux valeurs, exprimées en centimètres de mercure (cm Hg).

EXEMPLE : 13-8 cm Hg. Le premier chiffre donne la valeur de la pression maximale (13), le deuxième chiffre donne la valeur de la pression minimale (8).

- Ces **variations cycliques** sont dues à l'activité cardiaque, elle-même cyclique. La valeur maximale est atteinte durant la contraction du ventricule gauche (éjection du sang dans l'aorte), c'est la **pression systolique**. La valeur minimale est atteinte à la fin de la phase de décontraction des ventricules, c'est la **pression diastolique** (doc. 1).
- Une augmentation du débit cardiaque (DC) provoque une élévation de la PA, en particulier systolique (doc. 2).
- On détermine une pression artérielle moyenne par le calcul suivant :

$$PA_{moy} = PA_{min} + \frac{1}{3}(PA_{max} - PA_{min})$$

2. La pression artérielle est un paramètre régulé

- Sur 24 h, les valeurs de la pression artérielle tant systolique que diastolique présentent des variations liées à l'activité, aux émotions, au sommeil mais dans d'étroites limites. Il existe des mécanismes qui s'opposent à ses variations : on dit que la PA est un paramètre régulé.
- Le système de régulation peut présenter des défauts :

– on parle d'**hypertension** quand la PA dépasse 14 cm Hg pour la PA systolique et 9 cm Hg pour la PA diastolique, c'est un facteur de risque de maladie cardiovasculaire ;

– on parle d'**hypotension** quand la PA descend sous 9 cm Hg pour la PA systolique et 6 cm Hg pour la PA diastolique. Celle-ci peut entraîner des vertiges voire des évanouissements suite à la diminution du débit cérébral.

- La régulation de la PA est nécessaire à la survie à court et à long terme.

Ce qu'il faut savoir	Exercices pour s'entraîner
Faire correspondre les variations de la PA avec les variations du cycle cardiaque	2, 9
Montrer que la PA est régulée	6, 9, 15

Doc. 1. **Variations de la pression artérielle et de l'activité cardiaque**

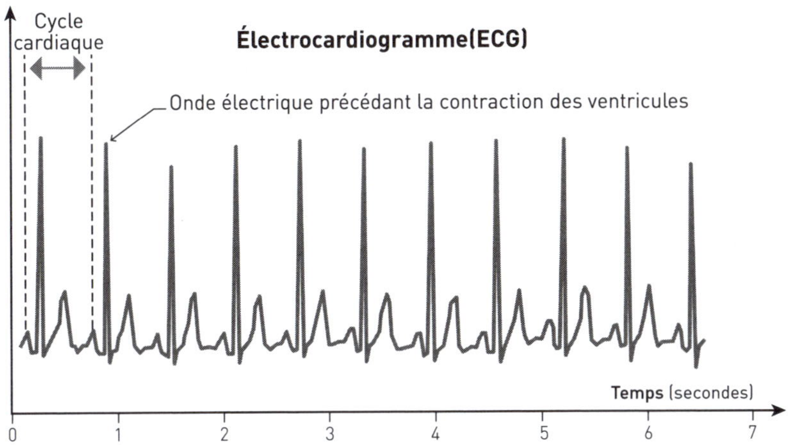

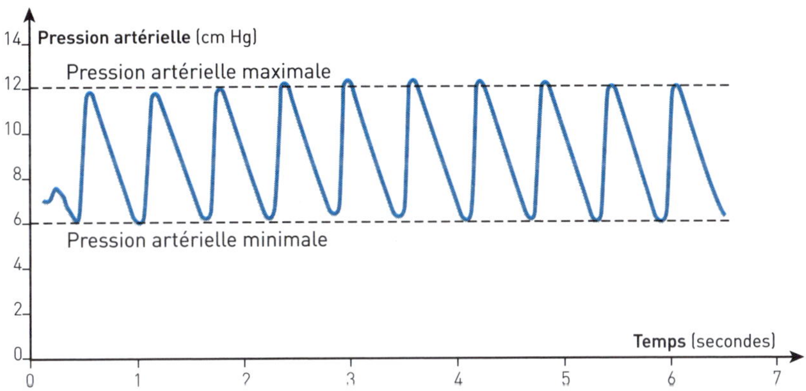

Doc. 2. **Évolution de la pression artérielle au cours d'une journée**

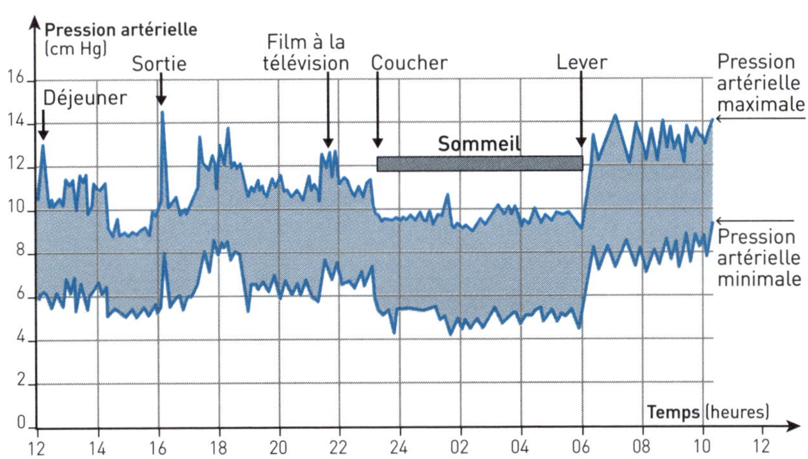

II LA RÉGULATION DE LA PRESSION ARTÉRIELLE

1. L'automatisme cardiaque et sa modulation

■ Le cœur est un muscle qui, **en dehors de toute stimulation par le système nerveux**, se contracte **rythmiquement**.

■ Au repos, la fréquence cardiaque (FC) est en moyenne de 70 battements par minute (bpm) pour un adulte. En plein effort, elle peut atteindre 200 bpm. Ces variations sont dues à l'action du système nerveux qui **module** l'activité cardiaque.

2. La régulation de la pression artérielle

■ **La voie afférente/sensitive**

Chaque artère carotide présente à sa base une dilatation appelée **sinus carotidien**. Dans la paroi de ces sinus se trouvent des **capteurs** de pression : les **barorécepteurs**. Ils produisent des messages vers le bulbe rachidien (donc « **afférents** »), dont l'intensité est d'autant plus forte que la PA est élevée. Ces messages nerveux sensitifs sont transmis au **bulbe rachidien** par les fibres nerveuses qui forment le **nerf de Hering**.

■ **Le centre nerveux :** dans le bulbe rachidien, les messages afférents stimulent la production de messages par le centre **cardio-modérateur** et **inhibent (ou limitent)** celle de messages par le **centre cardio-accélérateur**.

■ **La voie efférente**

Les messages nerveux produits par le centre **cardio-modérateur** circulent dans les fibres des nerfs **parasympathiques** et freinent le cœur.

Les messages nerveux produits par le centre **cardio-accélérateur** circulent dans les fibres des nerfs **sympathiques** et accélèrent le cœur.

La réponse de l'organe **effecteur**, le cœur, a pour effet de **corriger** la valeur du **paramètre régulé**, la pression artérielle **(doc. 3)**.

3. La variation de l'activité des nerfs cardiaques en fonction de l'effort

La fréquence cardiaque est influencée en permanence par les messages acheminés par les nerfs cardiaques. Au repos, l'action des nerfs parasympathiques l'emporte sur celle des nerfs sympathiques ; le cœur bat donc à une fréquence inférieure à son automatisme. Au cours d'une activité physique, c'est l'inverse ; d'où la forte augmentation de la fréquence cardiaque.

Ce qu'il faut savoir	Exercices pour s'entraîner
Définir l'automatisme cardiaque	5, 7
L'anatomie du système nerveux qui contrôle l'activité cardiaque	4, 8, 13, 14
Le fonctionnement du système de régulation de la pression artérielle	3, 4, 10, 12, 13

Doc. 3. **Régulation de la pression artérielle (PA) suite à une perturbation**

Hausse de la pression artérielle

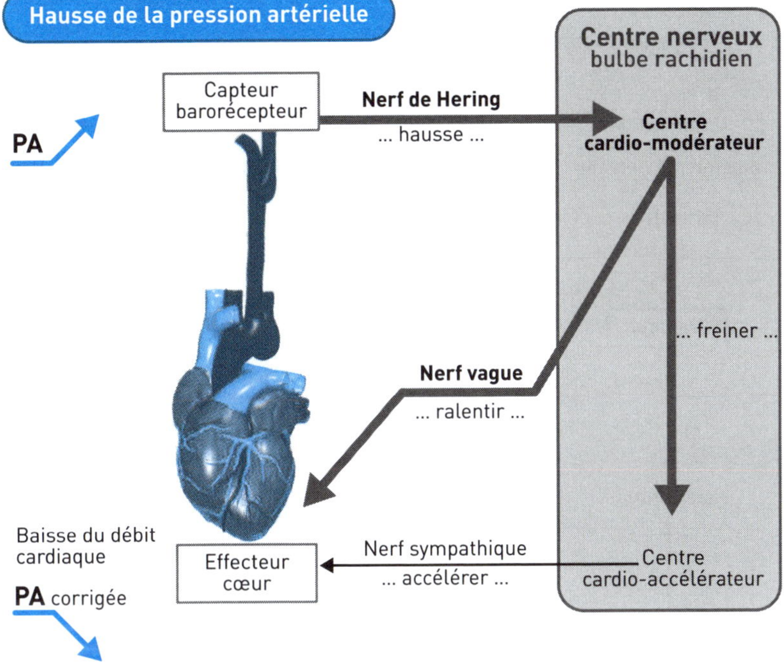

Baisse de la pression artérielle

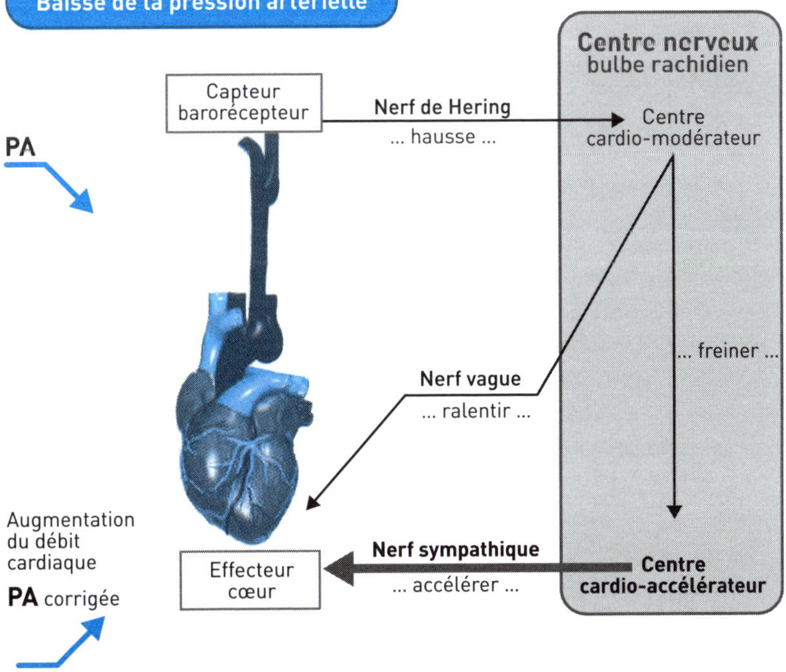

BILAN

Doc. 4. Régulation nerveuse de la pression artérielle

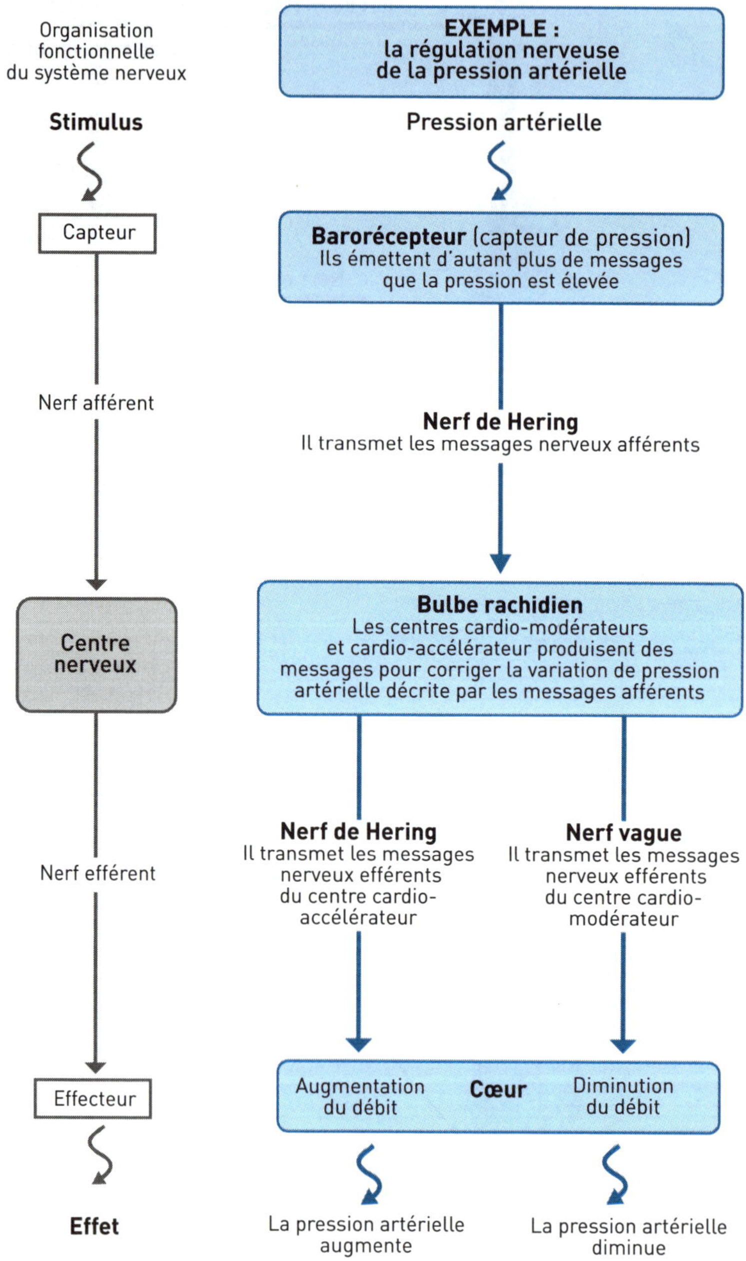

SAVOIR-FAIRE

COMPRENDRE LES EXPÉRIENCES EN PHYSIOLOGIE NERVEUSE

Les fonctions de nombreux nerfs dans la régulation nerveuse de la pression artérielle ont été déterminées avec des expériences simples réalisées sur des animaux (travaux de Cyon en 1866, Hering en 1923, Heymans en 1924…).

Ces expériences particulièrement cruelles (vivisections) ne sont plus reproduites aujourd'hui. Les protocoles et les résultats sont suffisamment décrits et répétés pour que l'on puisse faire une étude scientifiquement juste.

EXEMPLE. On se propose d'étudier la fonction du **nerf n3**. Pour toutes ces expériences, les trois autres nerfs demeurent intacts, la pression artérielle est normale au début, le rythme cardiaque est mesuré avant et après l'intervention.

1. Expérience de section du nerf étudié

■ **Protocole.** Le nerf **n3** est sectionné.

Doc. 5. Expérience de section

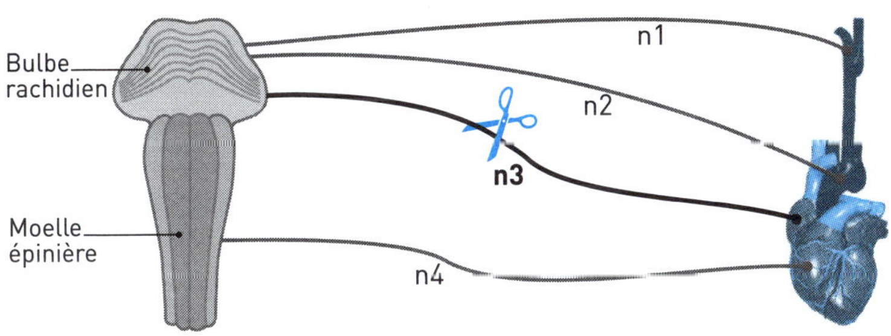

■ **Observation**

Nerf n3	Rythme cardiaque en battements/min
Avant section	75
Après section	90

■ **Interprétation**

La déduction du rôle du nerf se fait en observant la conséquence de la perte de son action provoquée par la section.

Si le rythme cardiaque accélère quand le nerf **n3** est « absent », c'est que **ce nerf a pour effet de ralentir le rythme cardiaque**.

2. Expérience de stimulation du nerf intact étudié

Protocole

Le nerf reste intact, les électrodes d'un générateur provoquent la propagation d'un message nerveux dans le nerf de part et d'autre des électrodes.

Ce type d'expérience permet d'observer directement l'action du nerf sur l'organe effecteur. Cependant, comme les messages nerveux générés par le stimulateur se propagent de part et d'autre des électrodes, il sera impossible de préciser la nature du message : afférent ou efférent.

Doc. 6. Expérience de stimulation

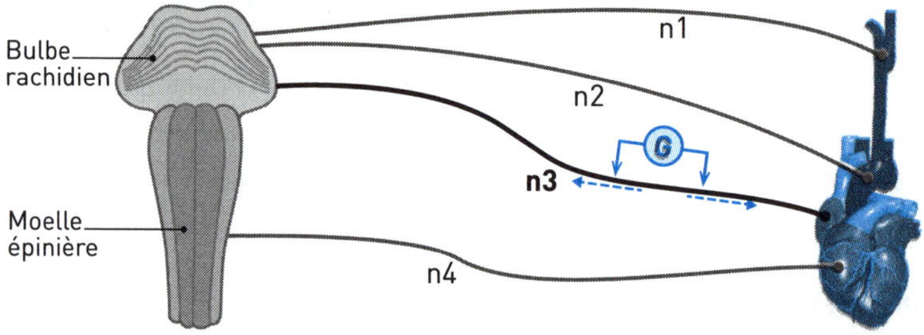

Observation

Nerf n3	Rythme cardiaque en battements/min
Avant stimulation	75
Après stimulation	60

Interprétation

Par les messages nerveux qu'il transmet, **le nerf n3 provoque le ralentissement du rythme cardiaque**. Cette expérience confirme l'expérience de section, mais ne permet de savoir si ce nerf est afférent ou efférent.

3. Expérience de section et de stimulation du bout central et du bout périphérique

Cette expérience permet d'identifier le sens de propagation des messages nerveux et de connaître ainsi la fonction du nerf : nerf afférent ou nerf efférent.

Protocole

Le nerf **n3** est sectionné. Deux bouts peuvent alors être identifiés : le bout central (BC) est celui qui conduit au centre nerveux, le bout périphérique (BP) est celui qui conduit à l'organe, ici le cœur.
Chaque extrémité est ensuite stimulée avec un générateur (le BP sur le **doc. 7**).

Doc. 7. Expérience de section et de stimulation

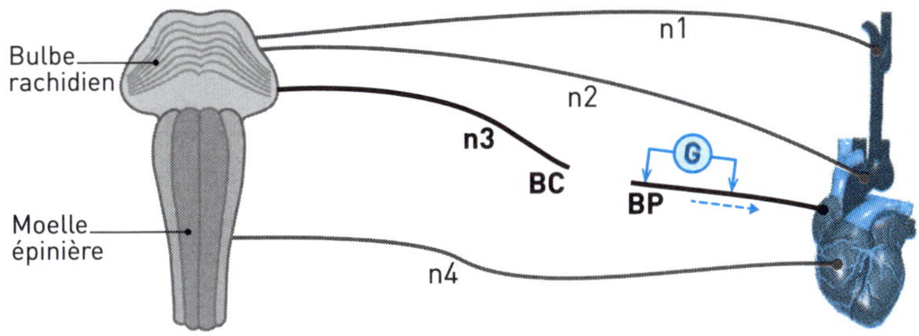

Observation

Nerf n3	Rythme cardiaque en battements/min
Avant section	75
Après section	90
Après section + stimulation du bout central	90
Après section + stimulation du bout périphérique	60

Interprétation

La stimulation du bout central de **n3** ne modifie pas le rythme cardiaque obtenu après la section de ce nerf, alors que la stimulation du bout périphérique baisse le rythme cardiaque. Ce sont donc les messages propagés vers le cœur qui ont provoqué ce ralentissement. **Le nerf n3 est un nerf efférent** : il transmet les messages produits par les centres nerveux au cœur pour ralentir le rythme cardiaque.

Exercices 5 et 11

EXERCICES D'APPLICATION

1 QUELQUES MOTS-CLÉS | ★ | 5 min | ▸ P. 236

Associer chaque élément de la liste à une définition ou une propriété.

Diastole, systole, pression artérielle, cœur, pression diastolique, pression systolique.

a. Pression exercée par le sang sur la paroi des artères.

b. Est atteinte lors de la contraction ventriculaire.

c. La pression artérielle dépend de son activité.

d. Est atteinte à la fin de la période de décontraction ventriculaire.

e. Qualifie le repos du cœur.

f. Qualifie la contraction cardiaque.

2 LA PRESSION ARTÉRIELLE | ★ | 10 min | ▸ P. 236

Le doc. 8 montre à gauche une coupe de l'artère aorte pour deux valeurs de pression artérielle et à droite une représentation graphique de ses variations au cours d'un cycle cardiaque.

Donner les valeurs de la pression artérielle. Pour cela, indiquer la réponse exacte dans les annotations du graphique.

Doc. 8. Variations de la pression artérielle lors d'un cycle cardiaque

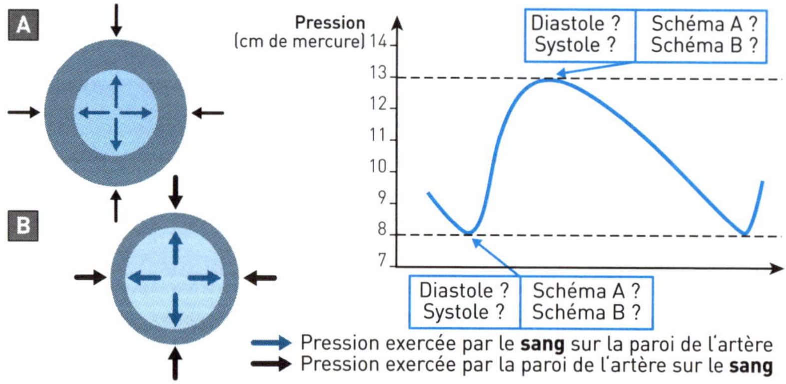

3 LA RÉGULATION DE LA PRESSION ARTÉRIELLE | ★ | 5 min | ▸ P. 236

Associer chaque phrase à l'une des définitions ou propriétés proposées ci-dessous.

Nerf afférent, nerf efférent, capteur, centre nerveux, effecteur, cœur, barorécepteur, nerf de Hering, nerf vague, bulbe rachidien, nerf sympathique.

a. Transforme le stimulus en message nerveux afférent.

b. Nerf qui conduit les messages nerveux d'un centre nerveux vers un organe.
c. Nerf qui conduit les messages nerveux d'un capteur au centre nerveux.
d. Traite les messages afférents et produit des messages efférents.
e. Organe qui réagit aux messages nerveux efférents pour produire un effet.

4 LE MÉCANISME DE LA RÉGULATION DE LA PRESSION ARTÉRIELLE

★★ | 10 min | ▸ P. 237

Compléter et choisir l'affirmation exacte (en bleu sur le doc. 9) pour expliquer le fonctionnement du système de régulation de la pression artérielle (PA) dans le cas d'une hausse anormale.

Doc. 9. Régulation de la pression artérielle

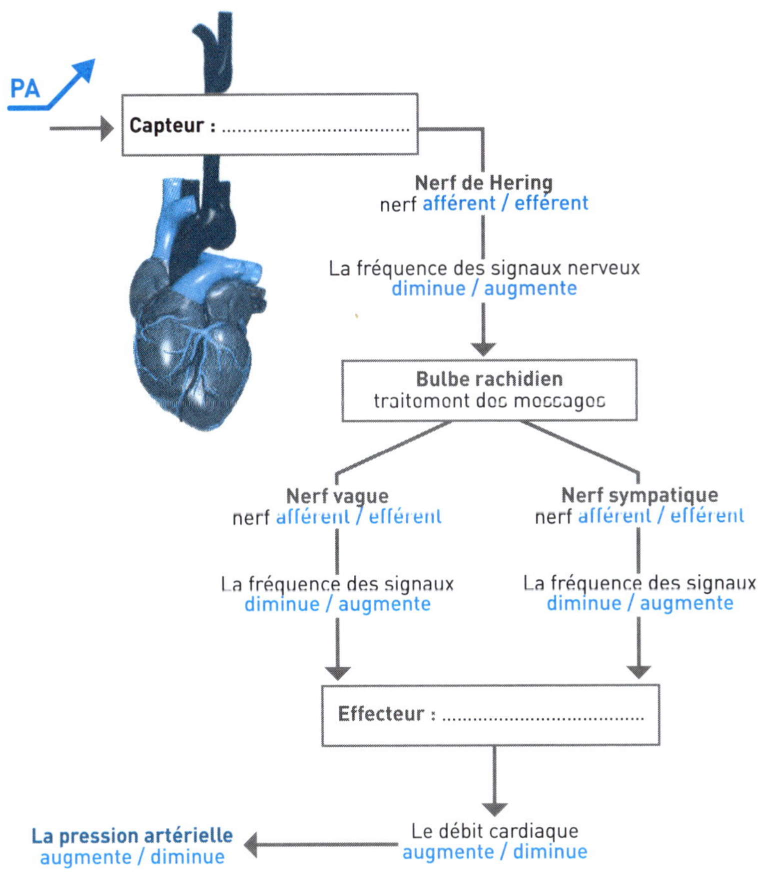

EXERCICES D'ENTRAÎNEMENT

5 FRÉQUENCE CARDIAQUE ET ACTION DES NERFS CARDIAQUES | ★★ | 15 min | ▸ P. 237

Le **doc. 10** montre la fréquence cardiaque au repos d'une personne avant toute intervention (A), puis après blocage médicamenteux (« dénervation ») des nerfs efférents cardiaques : nerf vague (parasympathique) (B), nerf sympathique (C), ces deux derniers en même temps (D).

Doc. 10. Action des nerfs cardiaques sur la pression artérielle au repos

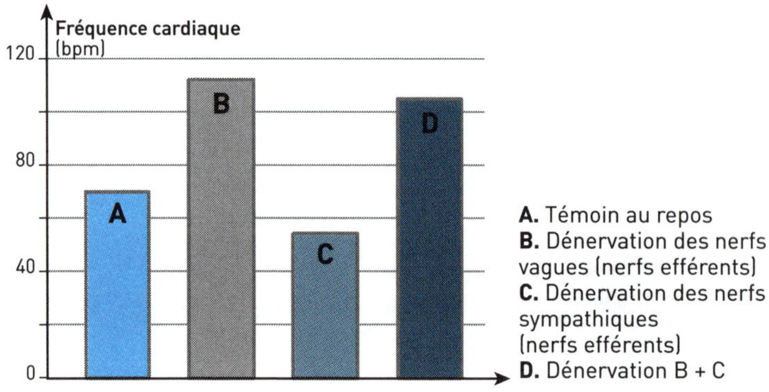

Par ses effets, cette technique du blocage médicamenteux est assimilable à une section de nerf (voir le savoir-faire page 221).

À partir des informations chiffrées extraites du doc. 10, montrer que les nerfs cardiaques au repos exercent une action permanente sur la fréquence cardiaque qui sera à préciser.

Comparer deux situations qui ne diffèrent que par un seul facteur, celui dont on veut étudier le rôle. Cela permet de diviser l'étude de ce document en trois comparaisons.
Séparer dans la réponse l'analyse et l'interprétation.
Terminer par un bilan.

6 HÉMORRAGIE ET PRESSION ARTÉRIELLE | ★★ | 20 min | ▸ P. 238

Lors d'une hémorragie, plusieurs événements interviennent, événements présentés ci-après dans le désordre.

Classer ces événements dans l'ordre chronologique. Puis rédiger un texte intégrant ces événements de façon à montrer comment se réalise la régulation de la pression artérielle en cas d'hémorragie.

a. Diminution du débit cardiaque.
b. Augmentation des messages véhiculés par les nerfs sympathiques cardiaques.
c. Diminution des messages véhiculés par les nerfs de Hering.
d. Augmentation de la fréquence cardiaque.
e. Diminution de la pression artérielle (hypotension).
f. Diminution de la stimulation du centre bulbaire cardio-modérateur.
g. Rétablissement de la pression artérielle.
h. Moindre stimulation des barorécepteurs.
i. Moindre inhibition du centre bulbaire cardio-accélérateur.
j. Diminution des messages véhiculés par les nerfs vagues.

7 CHEZ UNE PERSONNE GREFFÉE DU CŒUR | ★★ | 20 min | ▸ P. 238

On a enregistré l'évolution de la fréquence cardiaque au cours d'un effort d'intensité croissante (mesuré en watts) chez un témoin menant une vie sédentaire et chez une personne ayant reçu une greffe cardiaque, trois mois après la transplantation (doc. 11).

Doc. 11. Variations de la fréquence cardiaque chez un greffé et non greffé

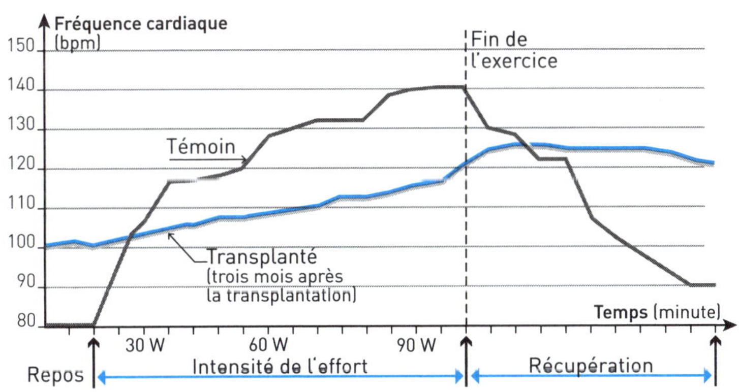

On précise que le transplanté cardiaque n'a plus d'innervation cardiaque.

a. Comparer la fréquence cardiaque au repos de ces deux personnes. Expliquer, à l'aide de vos connaissances, la différence constatée.

> Repères de connaissance : **doc. 3** et **BILAN**.

b. Étudier le document pour montrer que le système nerveux module la fréquence cardiaque au cours de l'effort chez le témoin.

c. Proposer un argument pour montrer que la fréquence cardiaque au cours d'un effort ne dépend pas que de l'activité des nerfs cardiaques.

> Il faut se demander comment évoluerait la courbe du greffé si l'évolution de la FC lors de l'effort dépendait uniquement de l'activité des nerfs cardiaques ?

8 UNE EXPÉRIENCE HISTORIQUE ★★★ 30 min ▸ P. 239

En 1921, Otto Loewi réalisa une expérience célèbre sur le contrôle du rythme cardiaque. Une nuit, alors qu'il s'était endormi en travaillant à la rédaction d'une note, il se réveilla et griffonna le plan d'une expérience sur un bout de papier… Plus tard, il réalisa son expérience. Dans son dispositif, un premier cœur est immergé dans un liquide qu'il canalise pour l'amener vers un second cœur de grenouille. Il stimule électriquement le nerf vague du premier cœur, mais pas celui du second cœur. Il enregistre le rythme cardiaque des deux cœurs **(doc. 12)**.

a. Quelle hypothèse a fait Loewi pour imaginer une telle expérience ?

> Il faut ici chercher la nature de l'interaction entre les deux cœurs : chimique ? électrique ? Sachant que Loewi enregistre la fréquence cardiaque du deuxième cœur qui est seulement en contact avec un liquide dans lequel a baigné le premier cœur.

b. Étudier cette expérience. Que démontre-t-elle ?

> Comparer le rythme des deux cœurs avant et après stimulation. Proposer ensuite une interprétation.

Doc. 12. Expérience de Loewi

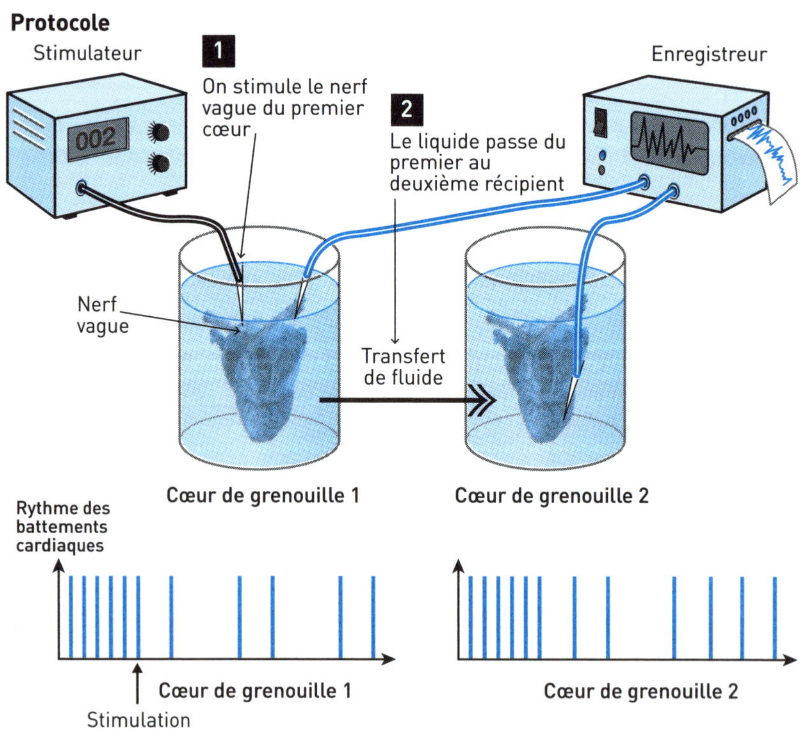

9 DES PERTES DE CONNAISSANCE OU SYNCOPES | ★★ | 30 min | ▸ P. 239

La syncope est définie comme une brève perte de connaissance en rapport avec une baisse de l'irrigation du cerveau. Il s'agit d'un symptôme assez fréquent affectant chaque année un peu plus de 6 personnes sur 1 000. La principale cause est la syncope vagale (du nom du nerf vague, nerf efférent cardiaque), mais plus d'un tiers de ces pertes de connaissance n'ont pas de cause identifiée.

Pour comprendre la cause de ses syncopes, des mesures ont été réalisées sur des patients souffrant de syncopes **(doc. 13)**.

Doc. 13. Résultats des enregistrements

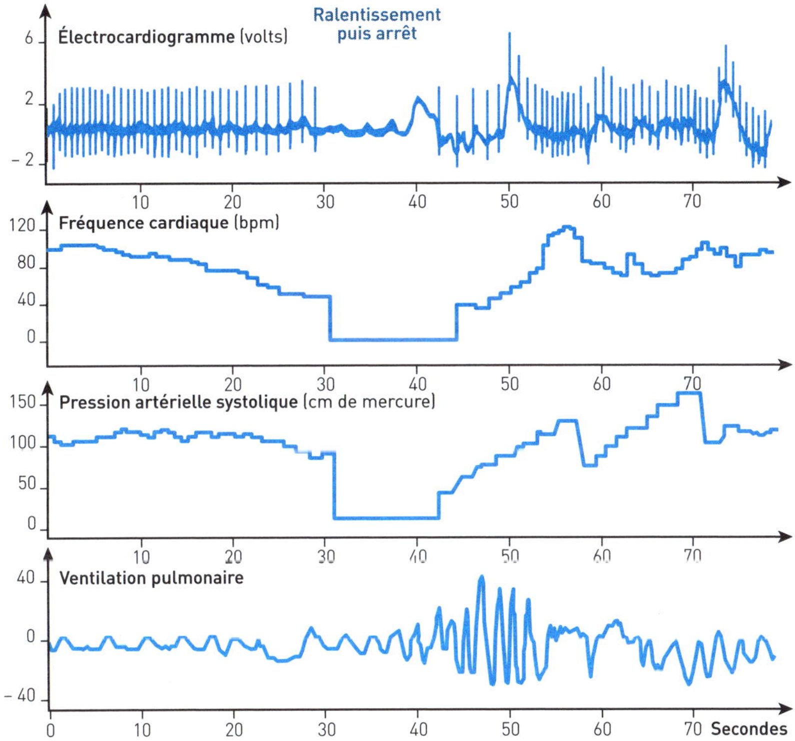

a. Décrire l'évolution de la fréquence cardiaque au cours de cette période.

> Utiliser les tracés d'électrocardiogramme (ECG) qui montrent l'activité électrique du cœur à l'origine de la contraction cardiaque, et les tracés de la fréquence cardiaque. Découper ces tracés complexes en 3 parties, puis décrire chacune d'elle.

b. Décrire les variations de la pression artérielle systolique.

c. Utiliser les informations dégagées dans les questions précédentes pour expliquer cette perte de connaissance passagère, de courte durée.

d. Faites une hypothèse sur la cause de cette syncope.

EXERCICES D'APPROFONDISSEMENT

10 LE CODAGE DE LA PRESSION ARTÉRIELLE PAR LES BARORÉCEPTEURS

★★ | 10 min | ▸ P. 240

Le message nerveux est constitué par une suite de signaux de nature électrique qui peuvent être enregistrés à l'aide d'électrodes placées sur un nerf ou sur une fibre nerveuse. Le **doc. 14** indique le message nerveux enregistré sur une fibre nerveuse du nerf de Hering pour différentes valeurs de la pression artérielle. Chaque signal apparaît sous forme d'un trait vertical.

Doc. 14. Messages nerveux enregistrés pendant 1 seconde

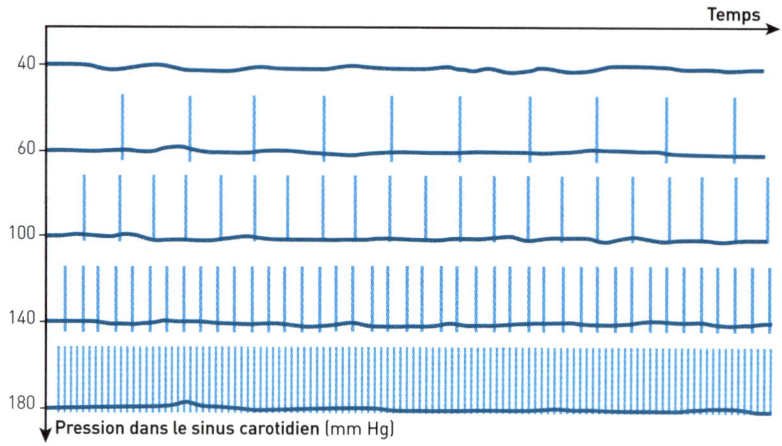

Comment sont codés les messages nerveux produits par les barorécepteurs en réponse aux variations de la pression artérielle dans le sinus carotidien ?

Considérer un codage en amplitude du signal ou en fréquence de signaux (nombre par seconde) et donner des valeurs.

11 QUELLE EST LA FONCTION DU NERF DE CYON ?

★★★ | 30 min | ▸ P. 240

En 1866, Ludwig et Cyon reconnurent que chez le lapin il existait un très petit nerf qui, partant de la crosse de l'artère aorte, remontait vers le nerf vague avec lequel il se confondait pour aller au bulbe rachidien. Ce petit nerf est appelé nerf de Cyon. Deux autres nerfs relient le cœur et les artères aux centres nerveux : le nerf de Hering qui relie le sinus carotidien et le bulbe rachidien et le nerf sympathique qui relie le ventricule à la moelle épinière.

a. Utiliser les informations ci-dessous pour déterminer le nom des 4 nerfs identifiés par des lettres dans le **doc. 15**.

Doc. 15. **Les quatre nerfs qui régulent l'activité cardiaque**

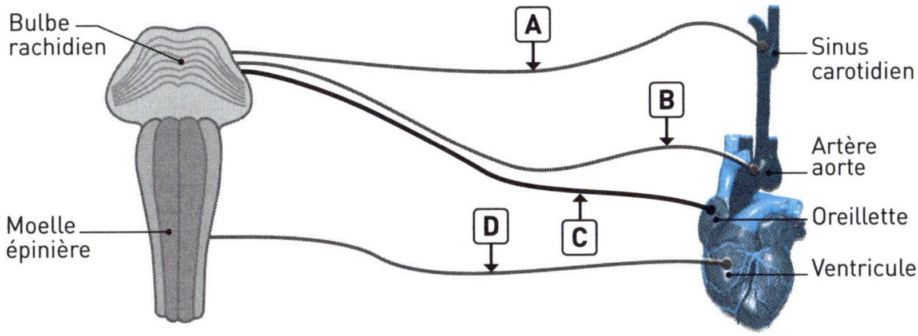

b. À l'aide de vos connaissances, présenter les deux fonctions possibles pour un nerf.

c. Exploiter de manière rigoureuse les résultats expérimentaux du **doc. 16** pour déterminer le rôle du nerf de Cyon. Une réponse structurée est attendue.

L'étude de ces résultats repose sur la comparaison d'expériences qui ne diffèrent que par un seul facteur. Pour chaque comparaison, séparer l'analyse de l'interprétation. Terminer par un bilan.
Voir les savoir-faire page 221 et le chapitre de méthodologie page 269.

Doc. 16. **Protocoles et résultats des expériences réalisées pour connaître le rôle du nerf de Cyon**

Nature de l'expérience réalisée		Rythme cardiaque et variation de la pression artérielle
1	Aucune, tous les nerfs sont intacts	75 bpm
2	Section du nerf de Cyon	120 bpm Augmentation de la pression
3	Stimulation du nerf de Cyon	50 bpm Baisse de la pression
4	Section du nerf de Cyon et stimulation du bout central (qui va au bulbe rachidien)	50 bpm Baisse de la pression
5	Section du nerf de Cyon et stimulation du bout périphérique (qui va au cœur)	120 bpm Augmentation de la pression

12 LE SYSTÈME DE RÉGULATION DE LA PRESSION ARTÉRIELLE

★★★ 40 min ▸ P. 241

Des expériences ont été réalisées pour savoir comment sont codées les variations de pression artérielle dans un message nerveux. Le protocole et les résultats de cette expérience sont présentés par les **doc. 17, 18 et 19**.

Étudier les documents proposés et utiliser vos connaissances pour expliquer :
– les conséquences d'une occlusion carotidienne ;
– les conséquences de l'étirement des barorécepteurs ;
– le retour à une pression artérielle après l'occlusion et après l'étirement des barorécepteurs.

Pour chaque réponse, il faut comparer avant et après.

Doc. 17. Expérience d'occlusion de l'artère carotide et étirement des barorécepteurs

L'expérience réalisée chez un chien repose sur deux actions :

- une occlusion des carotides, c'est-à-dire un arrêt du passage du sang dans les carotides obtenu par la ligature de ces artères avant leur bifurcation ;
- un étirement des barorécepteurs des sinus carotidiens.

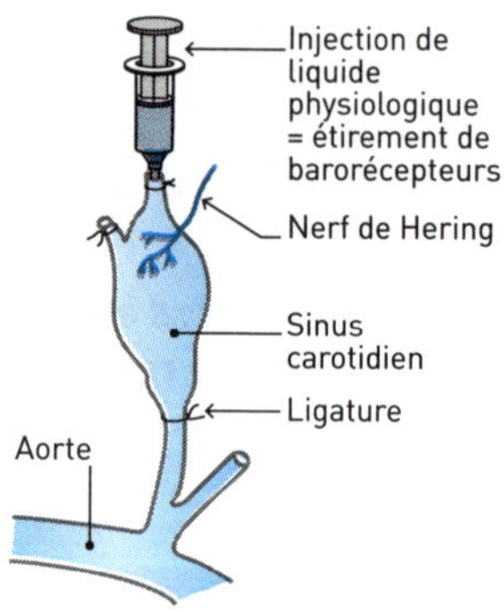

L'occlusion des carotides provoque une baisse localisée de la pression artérielle au niveau des barorécepteurs des carotides. Le **doc. 18** montre les variations de la pression artérielle au niveau de l'artère fémorale.

Doc. 18. Enregistrement de la pression artérielle lors de l'expérience

La pression artérielle a été enregistrée au niveau de l'artère fémorale, artère du membre inférieur, avant, pendant et après ces actions.

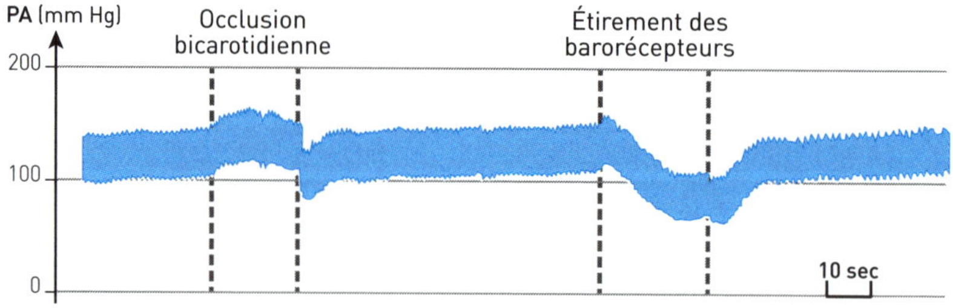

Doc. 19. Organisation anatomique des voies nerveuses et enregistrements. Les messages nerveux sont codés en fréquence de signaux. Lors de cette expérience, les messages nerveux sont véhiculés par une fibre nerveuse du nerf de Hering (nerf afférent), par une fibre nerveuse d'un nerf sympathique et par une fibre d'un nerf vague dans les trois situations.

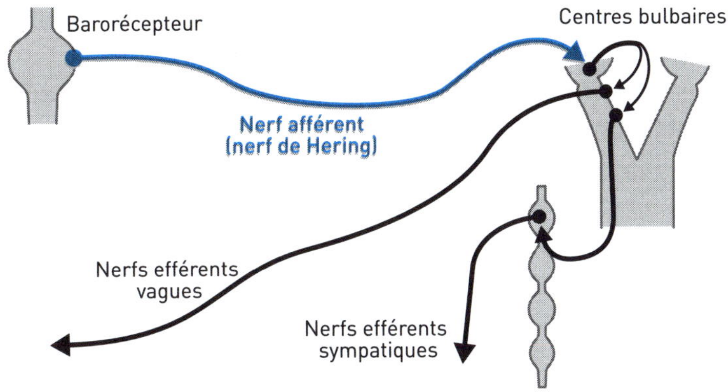

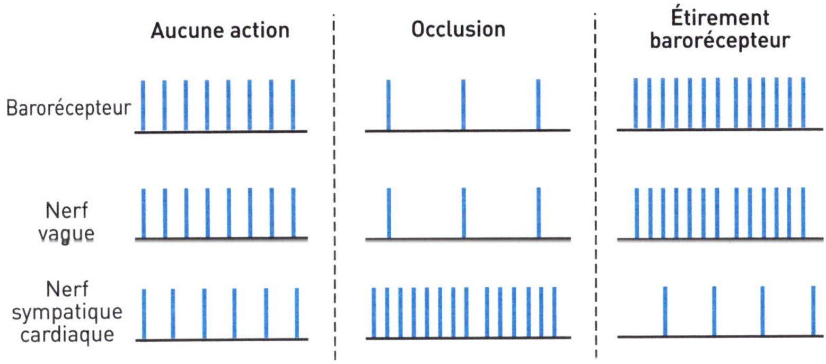

CONTRÔLE

13 LA RÉGULATION NERVEUSE DE LA PRESSION ARTÉRIELLE | ★★ | 10 min | ▸ P. 242

Placer les annotations ci-dessous à la place qui leur correspond dans le doc. 20 puis compléter les deux annotations manquantes.

Récepteur(s) ; nerfs afférents ; centre nerveux ; nerfs efférents ; effecteur(s).

Doc. 20. Régulation nerveuse de la pression artérielle

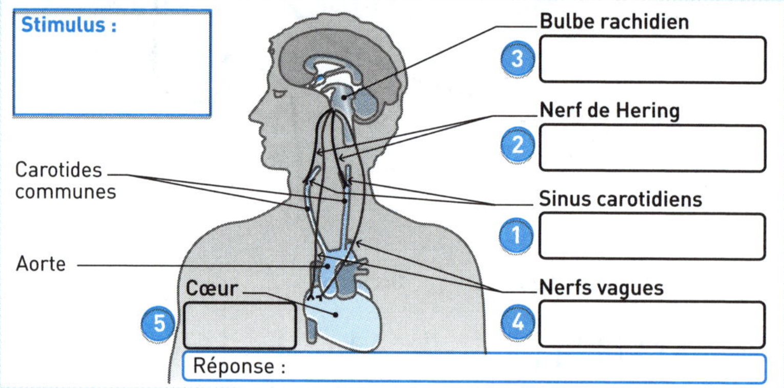

14 LE CONTRÔLE DU DÉBIT CARDIAQUE | ★★ | 20 min | ▸ P. 242

Le doc. 21 présente un enregistrement de l'activité mécanique cardiaque obtenu chez divers animaux vertébrés au cours du 19e siècle.

Quel était le but de cette expérience ? Quelles conclusions peut-on en tirer ?

Doc. 21. Mécanogramme : enregistrement de l'activité mécanique du cœur

Un stylet est relié d'un côté au cœur et de l'autre à du papier défilant. Lors de la contraction du cœur le stylet monte, il descend lors de son relâchement. L'expérimentateur enregistre ainsi la fréquence et la puissance de la contraction cardiaque. Chaque pic correspond à une contraction cardiaque.

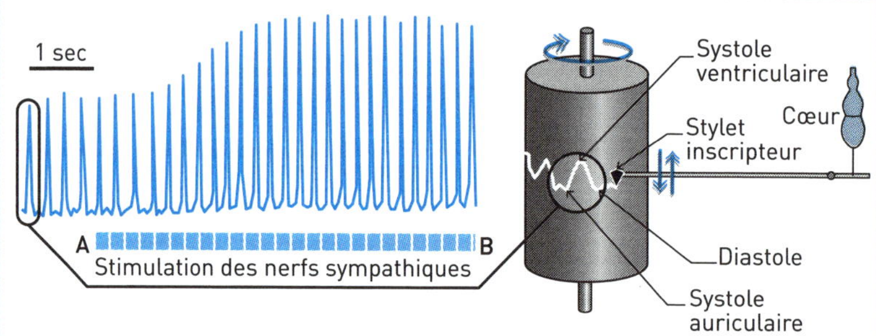

15 LORSQUE LA RÉGULATION NE FONCTIONNE PLUS

★★★ | 30 min | ▸ P. 243

Le test d'inclinaison ou *tilt test* est une procédure couramment utilisée dans la recherche de la cause d'une syncope (brève perte de connaissance). La personne est couchée sur une table horizontale, puis cette table est inclinée de telle sorte que la personne se retrouve en position redressée. Le passage de la position couchée à la position debout abaisse immédiatement la pression artérielle.

a. À partir de quelques données chiffrées extraites du **doc. 22**, dégager les caractéristiques de la pression artérielle de la personne privée de barorécepteurs durant les 16 minutes d'enregistrement.

b. En s'aidant de la comparaison avec les données du témoin du **doc. 23**, montrer en quoi les données sur la fréquence cardiaque de la personne opérée indiquent que la régulation nerveuse ne fonctionne pas.

Doc. 22. *Tilt test* chez une personne opérée. Pour enlever une tumeur, une personne a subi une opération chirurgicale au niveau du cou. Lors de cette opération, les deux nerfs de Hering (nerfs afférents) ont été sectionnés au niveau du sinus carotidien.

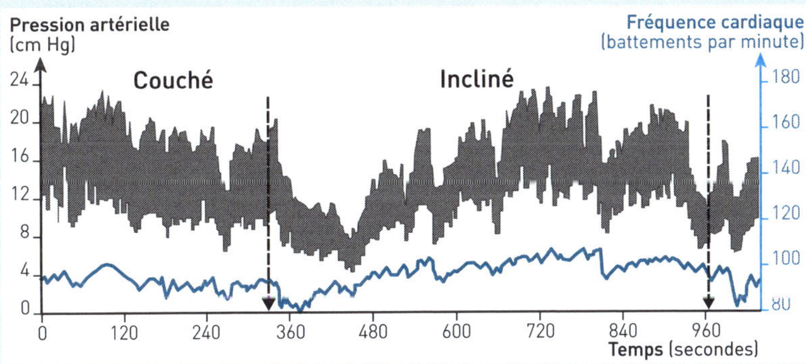

Doc. 23. *Tilt test* chez un témoin. Un enregistrement est réalisé dans les mêmes conditions chez une personne n'ayant pas subi d'opération.

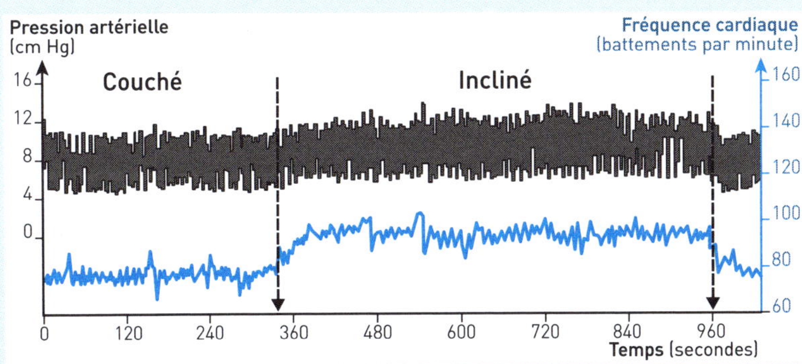

CORRIGÉS

1 QUELQUES MOTS-CLÉS

a. Pression artérielle : pression exercée par le sang sur la paroi des artères.
b. Pression systolique : est atteinte lors de la contraction ventriculaire.
c. Cœur : la pression artérielle dépend de son activité.
d. Pression diastolique : est atteinte à la fin de la période de décontraction ventriculaire.
e. Diastole : qualifie le repos du cœur.
f. Systole : qualifie la contraction cardiaque.

2 LA PRESSION ARTÉRIELLE

La pression systolique correspond à la valeur maximale de la pression artérielle, soit ici 13 cm Hg. C'est la systole (schéma B).
La pression diastolique correspond à la valeur minimale de la pression artérielle, soit ici 8 cm Hg. C'est la diastole (schéma A).
La pression artérielle est donc de 13-8.

3 LA RÉGULATION DE LA PRESSION ARTÉRIELLE

a. Transforme le stimulus en message nerveux afférent : capteur, barorécepteur.
b. Nerf qui conduit les messages nerveux d'un centre nerveux vers un organe : nerf efférent, nerf vague, nerf sympathique.
c. Nerf qui conduit les messages nerveux d'un capteur au centre nerveux : nerf afférent, nerf de Hering.
d. Traite les messages afférents et produit des messages efférents : centre nerveux, bulbe rachidien.
e. Organe qui réagit aux messages nerveux efférents pour produire un effet : effecteur, cœur.

4 LE MÉCANISME DE LA RÉGULATION DE LA PRESSION ARTÉRIELLE

Doc. 24. La boucle de régulation de la pression artérielle

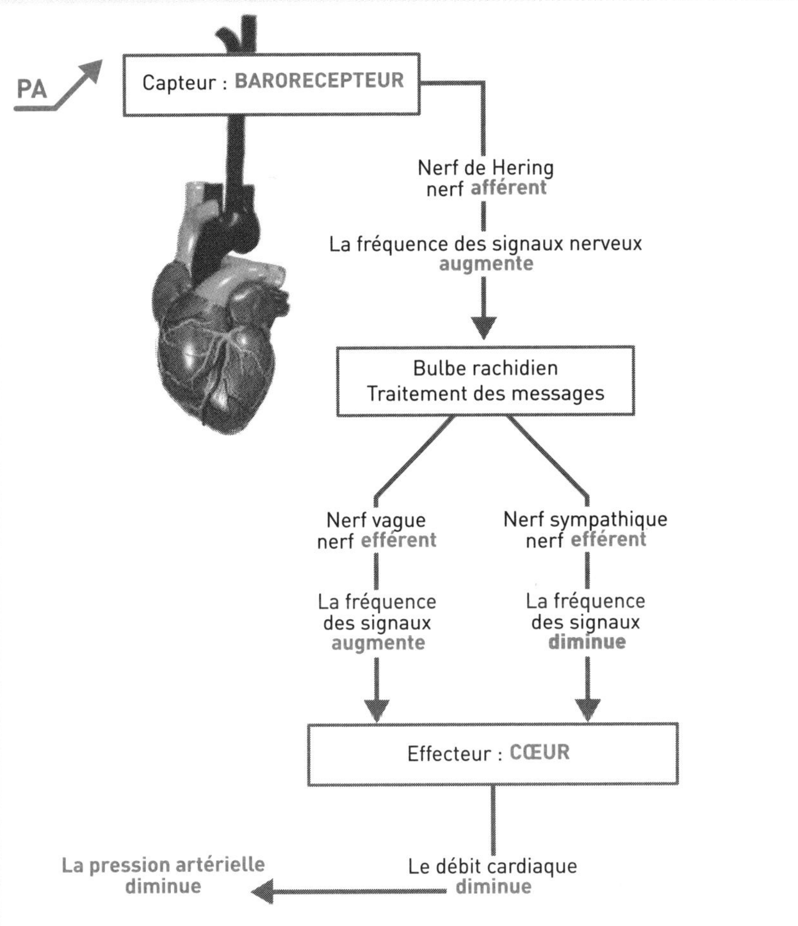

5 FRÉQUENCE CARDIAQUE ET ACTION DES NERFS CARDIAQUES

Comparaison des expériences A et D

Analyse. Au repos, la fréquence cardiaque est de 70 battements par minute. Après blocage des nerfs sympathiques et vagues, elle est d'environ 105 battements par minute. Cette dernière fréquence est celle de l'automatisme cardiaque.

Interprétation. Comme elle est supérieure à la fréquence de repos, on conclut que le système nerveux diminue la fréquence cardiaque au repos.

Comparaison des expériences A et B

Analyse. Après blocage des nerfs vagues seuls, la fréquence cardiaque est d'environ 115 battements par minute, donc supérieure à la fréquence cardiaque initiale.

Interprétation. Cela signifie qu'au repos les messages véhiculés par les nerfs vagues ralentissent en permanence le cœur.

Comparaison des expériences A et C

Analyse. Après blocage des nerfs sympathiques cardiaques, la fréquence des battements cardiaques est d'environ 50 battements par minute, donc inférieure à la fréquence de repos.

Interprétation. Cela indique qu'au repos les messages véhiculés par les nerfs sympathiques cardiaques accélèrent le cœur.

Bilan. Les deux types de nerfs cardiaques véhiculent en permanence des messages au repos mais l'action des nerfs parasympathiques l'emporte sur celle des nerfs sympathiques puisque la fréquence au repos est inférieure à celle de l'automatisme cardiaque.

6 HÉMORRAGIE ET PRESSION ARTÉRIELLE

L'ordre de succession des événements est :

a. Diminution du débit cardiaque.
e. Diminution de la pression artérielle (hypotension).
h. Moindre stimulation des barorécepteurs.
c. Diminution des messages véhiculés par les nerfs de Hering.
f. Diminution de la stimulation du centre bulbaire cardio-modérateur.
i. Moindre inhibition du centre bulbaire cardio-accélérateur.
b. Augmentation des messages véhiculés par les nerfs sympathiques cardiaques.
j. Diminution des messages véhiculés par les nerfs vagues.
d. Augmentation de la fréquence cardiaque.
g. Rétablissement de la pression artérielle.

Voie afférente. La perte de sang entraîne une diminution du retour veineux au cœur. Cela occasionne une diminution du débit cardiaque, cause d'une baisse de la pression artérielle. Les barorécepteurs moins stimulés produisent des messages nerveux moins intenses, véhiculés par les nerfs afférents de Hering au bulbe rachidien.

Centre nerveux. Le centre cardio-modérateur est moins stimulé, les messages véhiculés par les nerfs efférents vagues sont moins intenses. En même temps, le centre cardio-accélérateur est moins inhibé et donc les messages nerveux véhiculés par les nerfs efférents sympathiques sont plus intenses.

Conclusion. L'augmentation de l'activité des nerfs efférents sympathiques et la diminution de celle des nerfs efférents vagues ont pour effet d'augmenter le débit cardiaque, ce qui a pour effet de rétablir la pression artérielle.

7 CHEZ UNE PERSONNE GREFFÉE DU CŒUR

a. La fréquence cardiaque au repos du greffé est supérieure à celle du témoin (100 contre 80 bpm). Le cœur du greffé, dépourvu d'innervation, bat au rythme de son automatisme alors que celui du témoin est ralenti par les messages véhiculés en permanence par les nerfs vagues.

b. Dès le début de l'effort, le cœur du témoin accélère pour atteindre une fréquence de 140 bpm pour un effort dont la puissance est de 90 watts. En revanche, la fréquence cardiaque du greffé n'augmente que lentement et n'est que de 120 bpm pour le même effort de 90 watts.

Contrairement au cœur du témoin, le cœur du greffé n'a pas d'innervation cardiaque. On conclut que le système nerveux cardiaque agit sur le cœur au cours d'un effort en augmentant la fréquence cardiaque et ce d'autant plus que l'effort est intense.

c. Malgré tout, la fréquence cardiaque du greffé augmente au cours de l'effort donc devient supérieure à celle de l'automatisme cardiaque.

Un facteur autre que le système nerveux agit sur le cœur greffé au cours de l'effort. Son action se prolonge même après l'arrêt de l'effort, car la fréquence cardiaque reste supérieure à celle de l'automatisme pendant plus de 10 minutes. On peut penser à l'intervention d'une hormone, c'est-à-dire d'une substance transportée par le sang.

Il s'agit en fait de l'adrénaline, hormone produite par des glandes situées près des reins, et libérée sous l'action du système nerveux.

8 UNE EXPÉRIENCE HISTORIQUE

a. Loewi suppose que les nerfs cardiaques sécrètent une ou plusieurs substances qui agissent sur le cœur : son dispositif permet de recueillir cette ou ces substances et donc de la/les partager avec le deuxième cœur. Si c'est bien le cas, alors il doit observer la même variation de fréquence cardiaque sur le deuxième cœur que sur le premier. Loewi teste donc si les nerfs vagues ont produit ou non une ou plusieurs substances qui ralentissent le cœur.

b. **Analyse**

– Avant la stimulation du premier cœur, les deux cœurs ont un rythme semblable, assez élevé.

– Après la stimulation électrique du nerf vague du premier cœur, son rythme cardiaque diminue, celui du deuxième cœur diminue aussi bien qu'il ne soit pas stimulé.

Interprétation. La stimulation des nerfs vagues du premier cœur a donc entraîné la production d'une molécule (ou plus) agissant sur le cœur en le ralentissant : le liquide physiologique a transmis cette substance (ou ces substances) au deuxième cœur qui a été ralenti à son tour.

Conclusion. Les nerfs agissent sur leur effecteur via la production de molécules.

Ces molécules sont appelées neuromédiateurs ou neurotransmetteurs. Elles sont libérées par les extrémités des cellules nerveuses en contact avec d'autres cellules.

9 DES PERTES DE CONNAISSANCE OU SYNCOPES

a. L'électrocardiogramme renseigne sur la fréquence cardiaque, chaque pointe correspondant à un cycle cardiaque.

– Pendant les 20 premières secondes, le rythme cardiaque est régulier : 23 battements en 20 s, ce qui correspond environ à une fréquence cardiaque de 70 bpm.

– Entre 20 et 45 s, l'espacement des pointes indique que le cœur ralentit puis cesse de battre pendant près de 15 secondes.

– À partir de 45 secondes, le cœur recommence à battre lentement puis à un rythme supérieur, même au rythme initial.

b. – Pendant les 20 premières secondes, la pression artérielle est stable.
– Puis elle diminue et s'effondre pendant la période où le cœur a cessé de battre.
– Ensuite, la pression artérielle remonte, de façon un peu chaotique, et finalement, au-delà de 70 secondes, redevient normale.

c. L'arrêt du cœur a pour effet d'annuler le débit cardiaque ; comme la pression artérielle dépend du débit cardiaque, elle s'annule. La pression artérielle étant la force motrice de la circulation du sang, celle-ci est très ralentie et les organes, en particulier le cerveau, ne sont plus approvisionnés en dioxygène. L'activité cérébrale perturbée est à l'origine de la perte de connaissance. Comme le cœur recommence à battre au bout d'un peu plus de 10 secondes, la pression artérielle remonte, la circulation du sang se rétablit et le cerveau recommence à fonctionner normalement. La personne reprend connaissance.

d. Les nerfs vagues ralentissent le cœur. On peut supposer que c'est une activité exagérément élevée de ces nerfs qui est à l'origine de la perturbation du rythme cardiaque, conformément à l'expression « syncope vagale ».

10 LE CODAGE DE LA PRESSION ARTÉRIELLE PAR LES BARORÉCEPTEURS

On constate que l'amplitude du signal électrique reste la même dans les enregistrements, quelle que soit la valeur de la pression dans le sinus carotidien. L'amplitude du signal ne dépend donc pas de la valeur de la pression artérielle.
En revanche, on constate que la fréquence des signaux, c'est-à-dire le nombre de signaux par seconde, varie en fonction de la pression artérielle. Elle est nulle pour une pression de 40 mm Hg, elle est de 10 pour une pression de 60 mm Hg, de 21 pour une fréquence de 100 mm Hg, de 42 pour une pression de 140 mm Hg. La fréquence des signaux véhiculés par le nerf afférent de Hering, émis par les barorécepteurs, augmente lorsque la pression artérielle s'élève.
Bilan. Le message nerveux afférent renseigne le centre nerveux sur la valeur de la pression artérielle par la fréquence des signaux nerveux. On dit que le message nerveux est « codé en fréquence ».

11 QUELLE EST LA FONCTION DU NERF DE CYON ?

a. A-Nerf de Hering ; B-Nerf de Cyon ; C-Nerf vague ; D-Nerf sympathique.

b. Les nerfs qui relient le système nerveux à un organe peuvent avoir deux fonctions. Un nerf peut transmettre des messages produits par un capteur aux centres nerveux : c'est un nerf afférent ou nerf sensitif. Un nerf peut transmettre des messages produits par un centre nerveux à un organe effecteur : c'est alors un nerf effecteur ou nerf moteur.

c. Comparons les expériences 1 et 2
Analyse. La section du nerf de Cyon se traduit pas une augmentation du rythme cardiaque et de la pression artérielle.
Interprétation. Le nerf de Cyon permet de ralentir le rythme cardiaque.
Comparons les expériences 1 et 3
Analyse. La stimulation du nerf de Cyon se traduit pas un ralentissement du rythme cardiaque et une baisse de la pression artérielle.

Interprétation. Cette expérience confirme la précédente : le nerf de Cyon permet de ralentir le rythme cardiaque.

Comparons les expériences 3 et 4

Analyse. Après section du nerf de Cyon, la stimulation du bout central qui va au bulbe rachidien (expérience 4) provoque les mêmes effets que la stimulation du nerf de Cyon intact (expérience 3).

Interprétation. L'expérience réalisée avec le nerf intact ne permet pas de connaître le sens de propagation des messages nerveux. Ce sont les messages qui se dirigent vers le bulbe rachidien qui provoquent la modification du rythme cardiaque et de la pression artérielle. Le nerf de Cyon est un nerf afférent.

Comparons les expériences 2, 3 et 5

Analyse. Après section du nerf de Cyon, la stimulation du bout périphérique qui va au cœur (expérience 5) provoque les mêmes effets que la seule section du nerf de Cyon (expérience 2) : augmentation du rythme cardiaque.

Interprétation. Le nerf de Cyon ne conduit pas de messages nerveux capables de modifier le rythme cardiaque : ce n'est pas un nerf efférent.

Bilan. Le nerf de Cyon est un nerf afférent, qui conduit des messages nerveux produits par les capteurs de pression logés dans la paroi de l'artère aorte pour informer les centres nerveux bulbaires chargés de la régulation du rythme cardiaque.

12 LE SYSTÈME DE RÉGULATION DE LA PRESSION ARTÉRIELLE

L'occlusion des carotides

Pendant la période d'un peu moins de 20 secondes où l'occlusion carotidienne provoque une baisse de la pression artérielle localisée au niveau des barorécepteurs, on constate une élévation de la pression artérielle, tant systolique que diastolique de 20 mm Hg environ au niveau de l'artère fémorale.

La baisse de la pression artérielle détectée par les barorécepteurs a entraîné une correction inverse par le système de régulation.

Lors de l'occlusion, la fréquence des signaux dans les messages nerveux transmis par le nerf de Hering et le nerf vague diminue, mais elle augmente dans le nerf sympathique cardiaque.

La baisse de la fréquence des messages émis par les barorécepteurs a pour conséquence une augmentation de la fréquence des messages nerveux produits par le centre cardio-accélérateur, transmis au cœur par les nerfs sympathiques efférents. Le débit cardiaque augmente, ce qui provoque une hausse de la pression artérielle.

L'étirement des barorécepteurs

Pendant la période de plus de 20 secondes d'étirement des barorécepteurs qui provoque une hausse de la pression artérielle localisée au niveau des barorécepteurs, la pression artérielle, tant systolique que diastolique diminue de 60 mm Hg environ.

L'augmentation de la pression artérielle détectée par les barorécepteurs a entraîné une correction inverse par le système de régulation.

Lors de l'étirement des barorécepteurs, la fréquence des signaux des messages nerveux transmis par le nerf de Hering et le nerf vaque augmente, mais elle diminue dans le nerf sympathique cardiaque.

L'augmentation de la fréquence des messages émis par les barorécepteurs a pour conséquence une augmentation de la fréquence des messages nerveux produits par le centre cardio-modérateur transmis au cœur par les nerfs vagues efférents. Le débit cardiaque diminue, ce qui provoque une baisse de la pression artérielle.

Le retour rapide (en quelques secondes) de la pression artérielle après l'arrêt des interventions s'explique par le fonctionnement du système de régulation qui repose sur une mesure en temps réel de la pression artérielle par les barorécepteurs et une correction rapide de la pression artérielle par les modifications du débit cardiaque commandés par le centre cardio-accélérateur pour corriger la pression à la hausse, et le centre cardio-modérateur pour une correction de la pression à la baisse.

13 LA RÉGULATION NERVEUSE DE LA PRESSION ARTÉRIELLE

Doc. 25. Régulation nerveuse de la pression artérielle

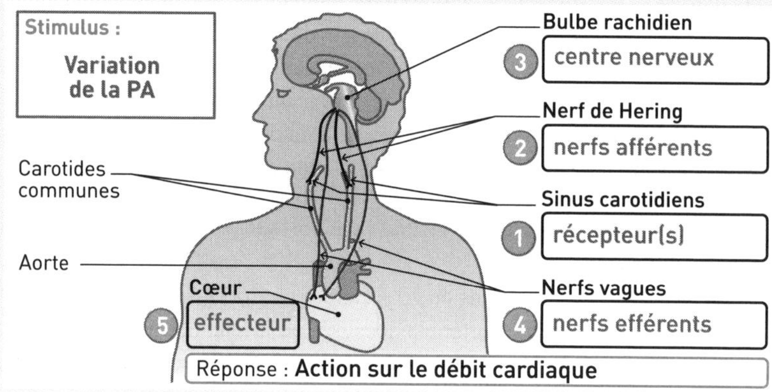

14 LE CONTRÔLE DU DÉBIT CARDIAQUE

Un mécanogramme ne doit pas être confondu avec un électrocardiogramme qui correspond, lui, à un enregistrement des signaux électriques à la surface du cœur. Il s'agit ici d'un système d'enregistrement mécanique.

On observe que lorsque les nerfs sympathiques sont stimulés, la fréquence et la puissance des contractions du cœur augmentent ; donc plus les messages émis par les nerfs sympathiques sont intenses, plus le débit cardiaque augmente.

Les nerfs efférents sympathiques ont pour fonction la stimulation du fonctionnement du cœur.

15 LORSQUE LA RÉGULATION NE FONCTIONNE PLUS

a. Chez une personne opérée en position couchée, on constate que durant les 16 minutes d'enregistrement, la pression artérielle présente des variations importantes. Ainsi, la pression systolique est de 24 cm Hg un peu avant 2 minutes, ce qui est beaucoup trop élevé, alors qu'elle est de 13 cm Hg environ 2 minutes plus tard.

Cette variabilité est encore plus grande en position inclinée puisque les valeurs extrêmes de la pression systolique sont de 24 cm Hg et 8 cm Hg.

b. On observe que chez une personne non opérée, la baisse de la pression artérielle suite au passage en position inclinée est immédiatement détectée par le système de régulation et est immédiatement corrigée : cela se traduit par une hausse de la fréquence cardiaque de 80 à 100 bpm dont on sait qu'elle a pour effet d'augmenter la pression artérielle.

En revanche, chez la personne privée de récepteurs, la variation de la pression artérielle n'est pas détectée et la fréquence cardiaque chute de 90 à 80 bpm, ce qui aggrave la baisse de la pression artérielle. La boucle de régulation de la pression artérielle n'est donc pas fonctionnelle chez une personne privée de barorécepteurs.

Ces enregistrements témoignent que le système de régulation agit en permanence pour maintenir une pression artérielle constante. S'il n'agit plus, comme chez cette personne opérée ou s'il agit moins efficacement, comme chez beaucoup de personnes âgées, cela peut poser des problèmes, notamment lors des changements de position. Ainsi, la chute de pression artérielle non corrigée suite au passage couché/debout peut entraîner des étourdissements plus ou moins prononcés.

11 Pratiquer une activité physique en préservant sa santé

Lors d'une activité physique, les muscles et les articulations sont particulièrement sollicités et certaines pratiques peuvent occasionner des blessures. En comprenant l'anatomie et le fonctionnement des articulations et des muscles, il est possible d'adapter ses pratiques sportives et d'éviter beaucoup de blessures et de récidives.

L'ESSENTIEL

I MOUVEMENTS ET PRINCIPALES LESIONS

■ Les **os** sont les supports des organes.
■ Les os des membres sont des segments rigides du mouvement. Au niveau des **articulations**, les os sont maintenus en contact par les **ligaments**, leurs extrémités sont recouvertes de cartilage. Le liquide synovial assure la lubrification.
■ Les **muscles** sont les moteurs du mouvement, ils sont fixés sur les os par les **tendons**. Un mouvement met en œuvre des muscles antagonistes, fléchisseurs et extenseurs.

II PRESERVER SES MUSCLES ET SES ARTICULATIONS

■ L'**échauffement** permet d'augmenter la température interne des muscles, qui gagnent ainsi en souplesse, ainsi que les ligaments. Par ailleurs, le débit sanguin est accru, ce qui favorise leur oxygénation.
■ La **maîtrise des gestes techniques** permet d'éviter les mouvements de blocage des articulations ou d'exercer des contraintes trop élevées sur les muscles qui conduisent aux déchirures.
■ Les **étirements** permettent le drainage des déchets issus de la contraction des muscles lors de l'effort et le **respect des temps de repos** permet de restructurer les muscles et d'éliminer la fatigue musculaire. Cela préserve les articulations (tendons, ligaments) qui seront moins sollicités lors des séances d'exercice suivantes.

Les mots-clés du lexique
Articulation, cartilage, ligament, muscle, os, tendon.

LE COURS

I MOUVEMENTS ET PRINCIPALES LESIONS

1. Des segments articulés : os et articulations

■ Les os longs des membres forment des segments rigides, dont les extrémités ont des formes complémentaires avec celles des os des autres segments, ce qui permet leur mouvement relatif. Du **cartilage** recouvre les zones de contact osseux de l'**articulation**, ce qui évite leur **usure**. La membrane qui recouvre le **cartilage** produit un liquide lubrifiant facilitant le mouvement. Enfin, les os en contact sont maintenus par des **ligaments** qui permettent leur stabilité lors des mouvements.

■ PATHOLOGIES. Un choc peut provoquer une **fracture** de l'os. Les parties osseuses déplacées sont réassociées, à l'aide de broches métalliques si nécessaire, puis le membre concerné est immobilisé pendant le temps nécessaire à la fabrication de tissu osseux afin de ressouder les parties fracturées. Les **entorses** se forment lorsque les ligaments sont étirés, distendus ou déchirés.

2. Les muscles et la réalisation des mouvements

■ Les **muscles** sont constitués de **fibres** reliées aux os par les tendons. Ce sont des cellules géantes – formées par la fusion de plusieurs cellules – parcourant toute la longueur du muscle. Les protéines contractiles qu'elles contiennent provoquent leur raccourcissement. Les **tendons** sont des structures fibreuses très résistantes qui attachent les muscles aux os, ce qui permet de tirer les os lors de la contraction musculaire (doc. 1).

■ Les mouvements de **flexion** et d'**extension** des segments résultent de l'activité coordonnée des muscles **antagonistes** liés à une articulation : lorsque les uns se contractent, les autres se relâchent (doc. 2).

■ PATHOLOGIES. La gravité des lésions que peut subir un muscle dépend du nombre de fibres rompues (seules quelques fibres sont rompues lors d'un **claquage**, beaucoup plus pour une **déchirure**). Une période de **repos** permet la fabrication de nouvelles fibres musculaires permettant la réparation du muscle. Lorsque les tendons sont lésés, on parle de **tendinite**.

Ce qu'il faut savoir	Exercices
Les différents éléments constitutifs d'une articulation et leurs rôles	1, 2, 5, 8, 11, 12
Décrire l'action de muscles antagonistes sur une articulation	1, 2, 5
Identifier une lésion de l'appareil musculo-articulaire et en expliquer les conséquences	4, 6, 12

Doc. 1. **Une articulation mobile**

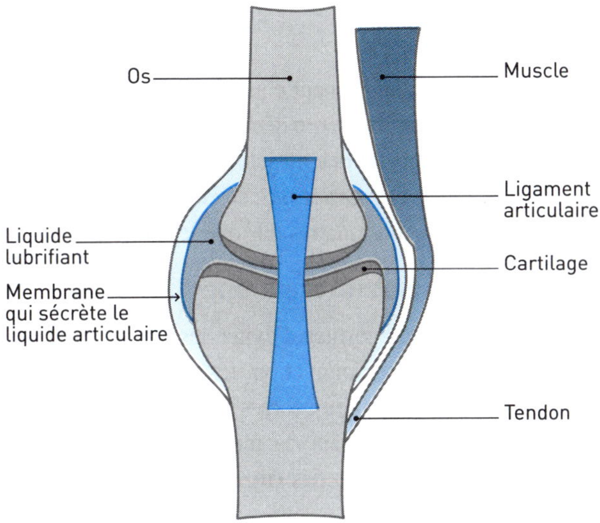

Doc. 2. **La contraction des muscles antagonistes lors de la réalisation de mouvements de flexion et d'extension de l'avant-bras**

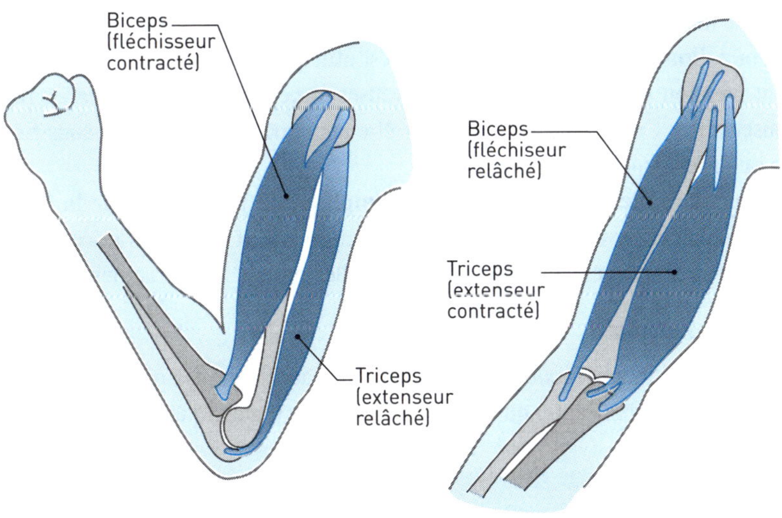

Flexion de l'avant-bras sur le bras

Extension de l'avant-bras

II PRESERVER SES MUSCLES ET SES ARTICULATIONS

1. S'échauffer

Comme son nom l'indique, l'échauffement conduit à augmenter la température des muscles. Il permet aussi d'augmenter le débit cardiaque. Cela favorise l'**oxygénation des muscles**. La **souplesse** des muscles, des tendons et des ligaments est améliorée, ce qui accroît leur **résistance** face aux chocs brusques. Cela permet d'éviter de nombreux accidents musculaires tels que les claquages.

2. Maîtriser la technique associée à une discipline

Maîtriser la technique des gestes permet d'éviter les situations à risque : par exemple, les gestes nécessitant une contraction très puissante au moment où le tendon et le muscle sont étirés. Les deux forces opposées, contraction et étirement, créent des contraintes à l'intérieur du muscle qui peuvent entraîner un **déchirement des fibres musculaires** et des **ruptures de tendons**.

3. Respecter les temps de récupération

- **Pour favoriser l'élimination des déchets** issus du fonctionnement des muscles (tel que l'acide lactique), il est important de boire beaucoup après l'effort et de maintenir les muscles au chaud afin de maintenir la circulation sanguine dans le muscle et faciliter le relâchement des fibres musculaires.
- **Pour diminuer la douleur**, le froid est efficace car il limite les œdèmes qui font pression sur les terminaisons nerveuses et peuvent endommager les fibres musculaires. Cependant, il ne doit pas être appliqué trop longtemps sous risque de raidir les structures musculaires.
- **Court-circuiter les temps de repos implique la persistance de la fatigue musculaire et psychologique**, limite le remplacement des fibres lésées, la production de nouveaux capillaires et de nouvelles protéines contractiles (**doc. 3**).

4. Des pratiques à éviter

Certains sportifs ont recours à des dopants qui accélèrent les processus de prise musculaire (anabolisants) ou masquent la douleur (antalgiques), ce qui peut être très dangereux.

Ce qu'il faut savoir	Exercices
Les fonctions de l'échauffement	3, 7
L'importance du temps de récupération et les risques liés aux dopants visant à le réduire	3, 9, 10

Doc. 3. Les bonnes et mauvaises pratiques associées à l'activité sportive

AVANT L'EFFORT

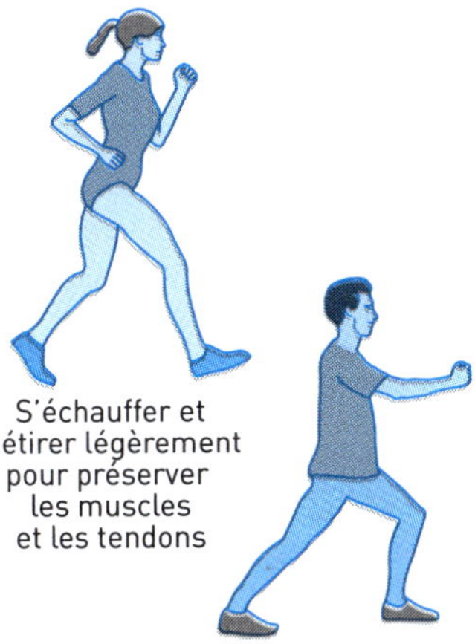

S'échauffer et s'étirer légèrement pour préserver les muscles et les tendons

Les antidouleurs (antalgiques) inhibent un signal d'alarme naturel pendant l'effort

PENDANT L'EFFORT

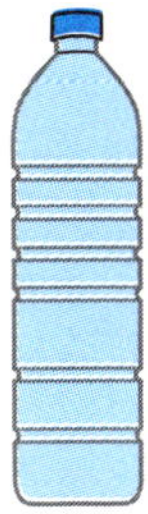

S'hydrater

APRÈS L'EFFORT

S'hydrater pour diluer les déchets musculaires et compenser les pertes d'eau

Se couvrir immédiatement après l'effort

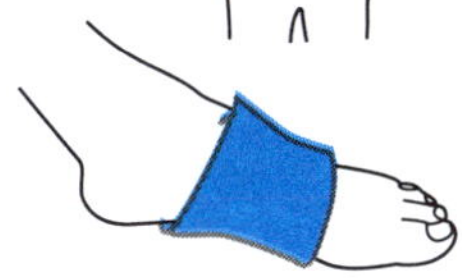

Placer du froid sur les zones douloureuses

Prendre un bain chaud non prolongé (facilite le relâchement musculaire et la vasodilatation pour l'élimination des déchets)

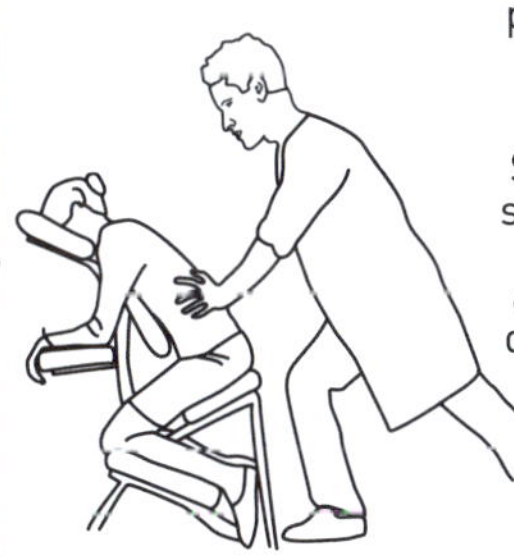

Se faire masser et s'étirer légèrement quelques heures après l'effort pour diminuer la fatigue psychologique

Dormir pour favoriser la récupération

Reprise de l'entraînement trop vite → Fatigue musculaire et articulations fragilisées
Antidouleurs → Fatigue musculaire et articulations fragilisées
Stéroïdes (gain de masse musculaire) → Fatigue musculaire et articulations fragilisées

COURS

BILAN

Doc. 4. Structures nécessaires aux mouvements des membres inférieurs et pathologies associées (en bleu)

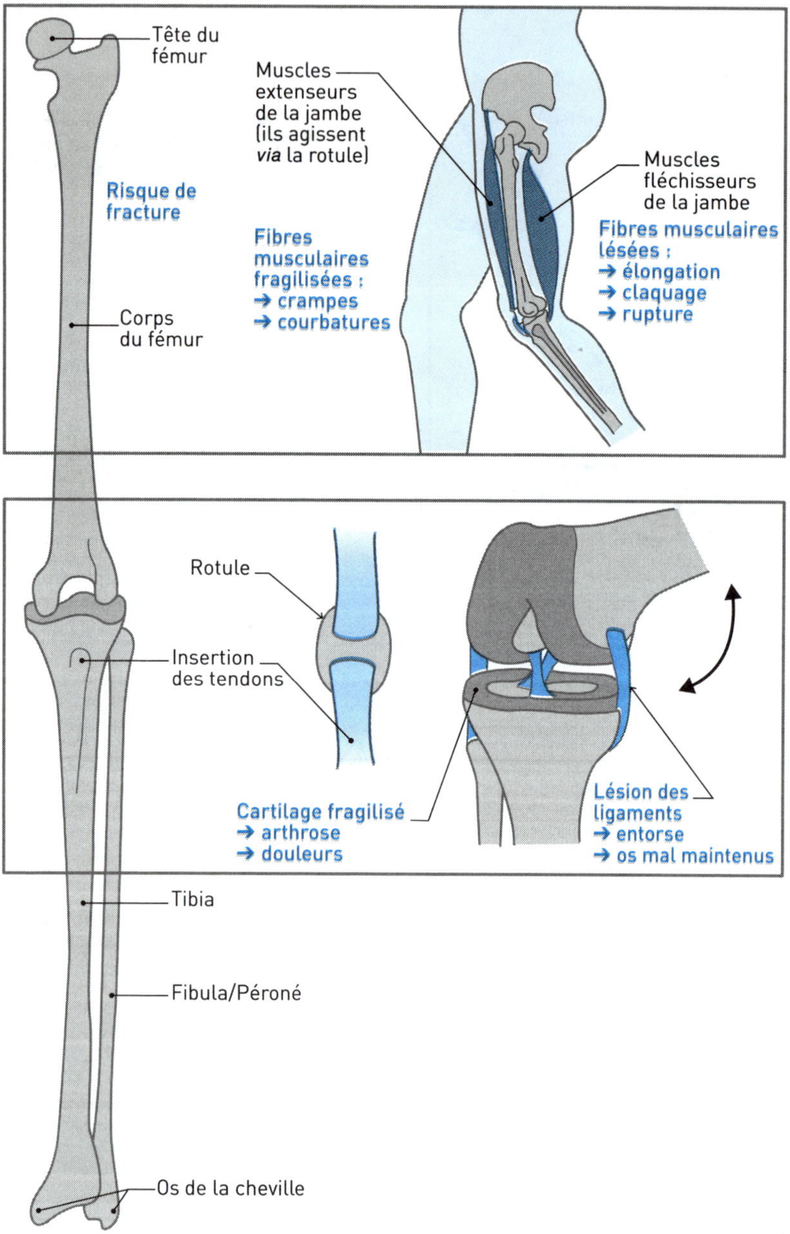

SAVOIR-FAIRE

ARGUMENTER EN SVT

Ce savoir-faire est un exemple de mise en application des conseils présents dans le chapitre « Méthodologie » page 269.

EXEMPLE DE SUJET

La méthode des bains glacés pour l'amélioration de la phase de récupération fait débat chez les sportifs de haut niveau soumis à des efforts répétés.
À l'aide de vos connaissances et des documents proposés, discuter l'intérêt des bains glacés pour la récupération d'un sportif après un effort.

Utiliser les conseils proposés dans la partie consacrée à l'argumentation du chapitre « Méthodologie » page 272 pour construire une introduction, un plan pour l'exposé, trouver des arguments... Identifier dans les trois documents les informations à exploiter pour construire l'argumentation.

Doc. 5. Les tests de méthodes de récupération

Les chercheurs ont testé trois méthodes de récupération après un match chez 24 joueurs professionnels de football américain divisés en trois groupes.

Groupe PAS : les joueurs restent assis, passifs, pendant 14 minutes.

Groupe IEF : les joueurs sont immergés 14 minutes dans l'eau froide à 12 °C.

Groupe HC : les joueurs sont immergés 1 minute dans l'eau chaude à 38 °C puis 1 minute dans l'eau froide à 12 °C. Ce cycle est répété 7 fois.

Les joueurs ont estimé leur douleur sur une échelle de 1 à 10. La méthode IEF est légèrement plus efficace que la méthode HC et bien plus que la méthode PAS.

Doc. 6. Récupérer après un marathon

Après un effort exigeant comme le marathon, les douleurs musculaires apparaissent avec un pic de 24 à 48 heures après l'effort, elles résultent des dommages subis par les fibres musculaires pendant un effort long.

Les études scientifiques qui ont été menées sur les effets d'un bain glacé de 5 min (analyses de sang pour mesurer les marqueurs biologiques des dommages musculaires) n'ont pas démontré l'avantage de cette méthode.

Doc. 7. Extraits d'un blog de coureur devenu entraîneur en athlétisme

Entraînements et compétitions provoquent des foyers d'inflammation à l'origine des douleurs ressenties et des foyers de destruction de fibres musculaires. Après l'effort, la récupération demande 2 à 3 jours, elle débute l'évacuation des déchets, elle se poursuit avec la réparation des structures dégradées et la restauration des réserves énergétiques.

La chaleur favorise la circulation, ce qui permet d'éliminer les toxines accumulées dans les fibres musculaires. Si localement le froid apaise les cellules nerveuses excitées et réduit le gonflement en réduisant localement le débit sanguin, le bain glacé n'est pas sans danger : il peut affecter le cœur, les vaisseaux sanguins, le système respiratoire, élever la pression artérielle et le rythme cardiaque.

1. Rédiger une introduction qui présente le sujet de l'argumentation

Pour cela, il faut lire attentivement l'énoncé du sujet et repérer les mots-clés afin de déterminer s'il s'agit de débattre ou de convaincre : « La méthode des bains glacés… fait débat… discuter l'intérêt … ». Il faut, ici, chercher des arguments et des contre-arguments pour alimenter le débat sur le sujet des bains glacés comme méthode de récupération et prendre position.

EXEMPLE D'INTRODUCTION

La récupération après un effort physique permet de restaurer les réserves énergétiques, réparer les structures musculaires endommagées, éliminer les toxines et tout ce qui provoque la douleur. La pratique de bains glacés peut-elle faciliter la récupération, particulièrement importante chez les sportifs de haut niveau ?

2. Exposer de manière structurée arguments et contre-arguments

■ Repérer les informations qui précisent le débat

Effectuer une première lecture des documents pour repérer les informations qui précisent le débat :
– dans la présentation du sujet : « sportifs de haut niveau », « efforts répétés » ;
– **doc. 7** : « entraînements et compétitions », « durée de récupération : 2 à 3 jours », « foyers d'inflammation à l'origine des douleurs »…

■ Construire le plan de l'exposé

Ici, il s'agit de débattre de l'intérêt des bains glacés ; il faut présenter des arguments (en faveur de cette méthode) et des contre-arguments.

EXEMPLE DE PLAN

I. Les arguments en faveur des bains glacés
II. Les arguments qui permettent de douter de l'efficacité de la méthode
III. Les incertitudes de l'étude

■ Rechercher des arguments et des contre-arguments

Une deuxième lecture des documents va permettre d'identifier les informations qui vont alimenter chaque partie.

Les informations pour les arguments

Doc. 7 : nécessité de trouver une méthode de récupération pour les sportifs qui ont une pratique intense ; rôle du froid dans la réduction des douleurs.
Doc. 5 : les résultats du test avec les joueurs de football.

Les informations pour les contre-arguments

Doc. 7 : ce que ne permet pas le froid ; les effets négatifs du bain glacé.
Doc. 6 : l'absence de marqueurs biologiques dans les analyses.

Les nuances ou critiques

Doc. 5 : l'absence de comparaison avec un groupe ayant réalisé une récupération active (marche au lieu de rester assis par exemple) pour les joueurs de football américain.

Rédiger l'exposé

Il faut présenter les arguments selon le plan choisi. Il faut mettre en évidence le plan et les arguments par la présentation : titres, retour à la ligne, tirets…

EXEMPLE D'EXPOSÉ

I. Les arguments en faveur des bains glacés

– Le froid diminue la stimulation des cellules nerveuses à l'origine de la douleur, il réduit aussi le gonflement des articulations ou muscles lésés **(doc. 7)**. Appliqué localement, le froid montre son utilité.

– Les tests réalisés chez les joueurs de football américain montrent que la pratique d'un bain glacé de 14 minutes dans l'eau froide, ou l'alternance de bain glacé et de bain chaud, est beaucoup plus efficace pour diminuer la douleur que la récupération passive **(doc. 5)**.

II. Les arguments qui permettent de douter de l'efficacité de la méthode

– La chaleur favorise la circulation sanguine et l'élimination des toxines accumulées pendant l'effort alors que le froid réduit la circulation **(doc. 7)**. Le bain froid ne va t-il pas réduire l'élimination des toxines ?

– Un bain glacé n'est pas sans danger : action sur la circulation, la respiration, la pression artérielle. Ces effets négatifs sont à prendre en compte.

Le **doc. 6** signale que les analyses sanguines des sportifs ayant utilisé cette méthode ne montrent aucun marqueur biologique prouvant l'avantage de cette méthode. Les arguments avancés ne reposent donc que sur la perception de la douleur.

III. Les incertitudes de l'étude

Les tests effectués avec les joueurs de football américain et de football sont critiquables **(doc. 5)** : il aurait fallu, dans les deux cas, tester une récupération active (par exemple, la marche à la suite de l'effort), sans immersion, pour déterminer l'avantage de la méthode du bain glacé.

3. Rédiger une conclusion qui présente votre point de vue

La conclusion présente en quelques lignes votre point de vue qui s'appuie sur les parties rédigées, c'est la réponse au sujet présenté dans l'introduction.

EXEMPLE DE CONCLUSION

Les études proposées ne permettent pas de démontrer clairement l'avantage apporté par le bain glacé pratiqué après l'effort. De plus, les résultats des tests, en faveur du bain glacé, reposent sur des protocoles discutables. Mais s'ils ne permettent pas de démontrer l'intérêt de la méthode, ils ne permettent pas non plus d'en démontrer l'inutilité !

EXERCICES D'APPLICATION

1 QUELQUES MOTS-CLÉS | ★ | 5 min | ▸ P. 262

Sélectionner les réponses exactes.

1. Les tendons :
a. attachent les os entre eux ;
b. peuvent être déchirés lors de mouvements brusques ;
c. peuvent se contracter.

2. Les muscles :
a. sont constitués de très longues cellules ;
b. exercent leur action sur les os associés à une articulation ;
c. sont soit fléchisseurs soit extenseurs d'un membre ;
d. sont rattachés aux os grâce à des ligaments.

3. Les os au niveau d'une articulation sont mobiles grâce à :
a. leur complémentarité de forme ;
b. la présence d'un liquide qui facilite leurs mouvements relatifs ;
c. la présence de ligaments.

4. Deux muscles antagonistes :
a. se contractent en même temps pour permettre un mouvement ;
b. agissent sur les os reliés au niveau de la même articulation ;
c. peuvent subir des entorses.

2 BICEPS ET TRICEPS | ★ | 10 min | ▸ P. 262

Doc. 8. Schéma à titrer et compléter

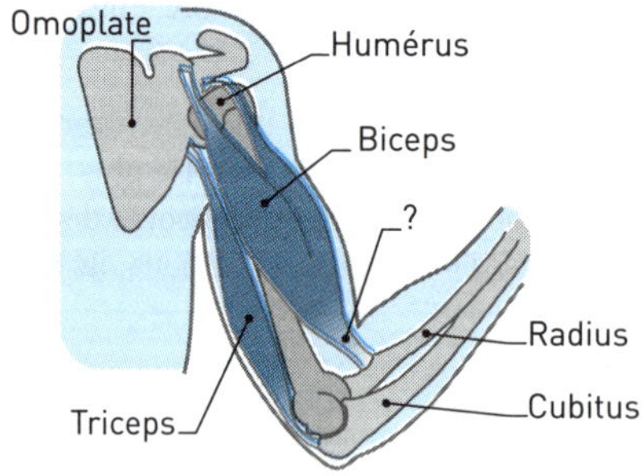

a. Donner un titre au doc. 8.
b. Indiquer le nom de la structure représentée par un point d'interrogation et indiquer son rôle.
c. Le biceps et le triceps sont antagonistes : sur quelle articulation interviennent-ils ? Lequel est fléchisseur, lequel est extenseur ?

3 MASSAGE ET EFFORT PHYSIQUE | ★ | 10 min | ▸ P. 262

On recommande aux sportifs, après un effort soutenu, de se faire masser, notamment en utilisant des pommades qui dilatent les vaisseaux sanguins. Parfois, les sportifs se font masser avant l'effort.

Quels sont les intérêts du massage ? Le but recherché est-il le même avant et après l'effort ?

4 LES ACCIDENTS MUSCULAIRES | ★ | 10 min | ▸ P. 262

Trois accidents musculaires sont assez fréquents : le claquage, la contracture, l'élongation.

Associer chaque accident à une phrase et à un schéma.

a. Allongement des fibres musculaires au-delà de leur seuil d'élasticité qui crée des lésions internes.

b. Déchirure musculaire qui correspond à la destruction de plusieurs fibres musculaires.

c. Plusieurs fibres musculaires se contractent involontairement et de façon prolongée. Il n'y a pas de lésion.

Doc. 9. Lésions musculaires

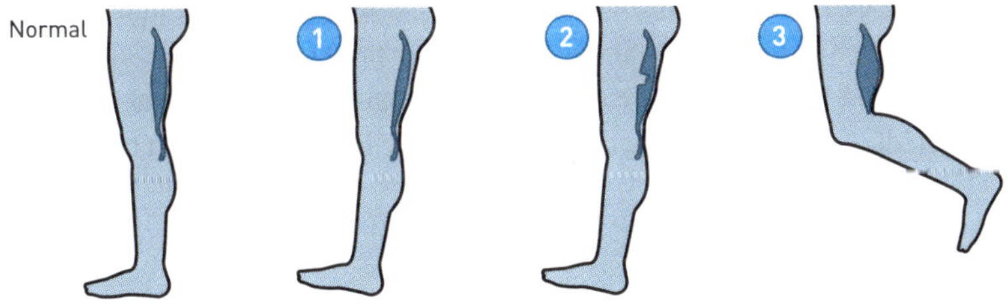

5 STRUCTURES D'UNE ARTICULATION | ★ | 10 min | ▸ P. 262

Associer chaque élément de la liste de gauche à un ou plusieurs éléments de la liste de droite.

1. Le tendon
2. Le ligament
3. Le liquide produit par la membrane articulaire
4. Le cartilage
5. L'articulation
6. Les muscles antagonistes
7. L'os

a. est (sont) constitué(s) de cellules.
b. met en contact des segments osseux différents.
c. limite les mouvements des extrémités osseuses entre elles.
d. attache les muscles aux os.
e. protège les os d'une articulation.
f. lubrifie l'articulation.
g. lorsque l'un se contracte, l'autre se relâche.
h. produit un milieu extracellulaire minéralisé dur.

EXERCICES D'ENTRAÎNEMENT

6 LES LIGAMENTS DU GENOU | ★★ | 20 min | ▸ P. 263

Le 21 décembre 2013, le ligament croisé antérieur du genou droit de Pierre Vaultier lâchait et ses espoirs olympiques s'évanouissaient.
« Le tarif habituel, c'est opération et six mois de rééducation », dixit l'entraîneur tricolore. Mais le Français travaille comme un acharné en rééducation. Moins de deux mois plus tard, il porte une attelle (« elle tient le genou et empêche les hyperflexions ») et s'élance sur la piste de snowboardcross… pour remporter la médaille d'or aux Jeux olympiques d'hiver de Sotchi en 2014.
Situés au centre du genou, les ligaments croisés antérieur et postérieur s'opposent au déplacement vers l'avant ainsi qu'à une rotation interne excessive du tibia par rapport au fémur.
Lorsque le pied est bloqué (par la fixation qui ne saute pas ou par les crampons qui restent plantés dans le sol au football par exemple), le reste du corps pivote et le ligament, soumis à cette torsion, se déchire. Une fois déchiré, il ne cicatrise pas ou au mieux partiellement – ce qui fut le cas pour Pierre Vaultier. La rupture n'empêche pas la reprise normale des activités de la vie courante mais elle entraîne une instabilité du genou dans la pratique des sports.

a. À quel grand type de blessure correspond la rupture d'un ligament croisé ?

b. À l'aide du **doc. 10**, expliquer quels peuvent être les objectifs de la rééducation.

> La rééducation consiste à réaliser des mouvements précis afin de renforcer certains muscles.

c. Pierre Vaultier aurait-il pu concourir sans l'attelle ?

Doc. 10. Place du ligament croisé antérieur dans l'articulation du genou

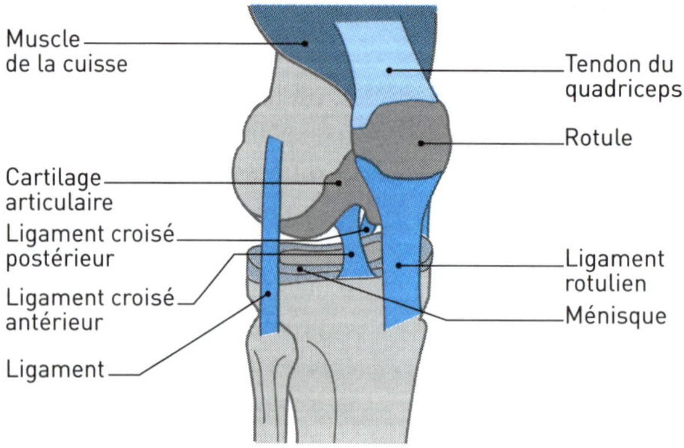

7 ÉCHAUFFEMENT ET PERFORMANCE ★★ 20 min ▸ P. 263

L'échauffement est très important. À froid, le liquide qui lubrifie les articulations, la synovie, est visqueux. Par ailleurs, sa production augmente lorsque la température augmente. Au repos, muscles et tendons sont à une température de 36 °C. Or, il a été observé qu'à 39 °C, les tendons sont plus élastiques et la souplesse musculaire beaucoup plus grande. Quelques exemples d'échauffement :

– 2 à 3 min de course à allure modérée, puis 2 à 5 min de footing entrecoupé de déplacements variés ;
– exercices de musculation des abdominaux, obliques et fessiers ;
– échauffement des muscles des épaules, du cou, des bras et des mains (rotations des poignets, crispations puis ouverture complète des mains…).

Un groupe de coureurs subit, avant de faire un 100 mètres, un échauffement dont la durée varie entre 0 et 50 minutes (doc. 11).

Doc. 11. Échauffement et performance au 100 m

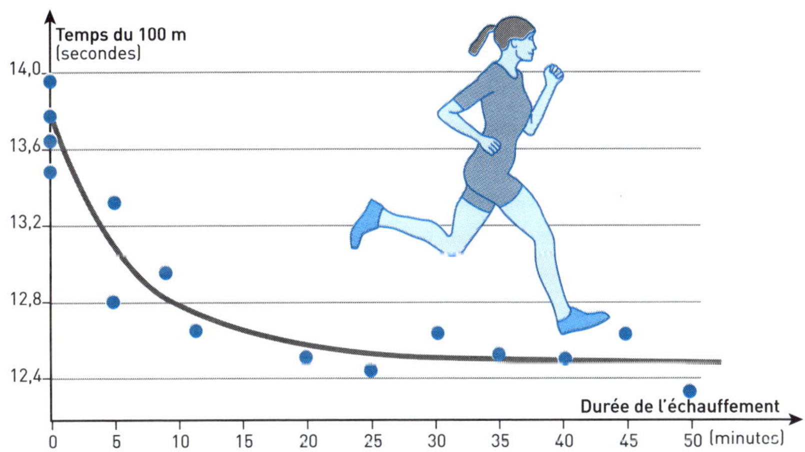

a. D'après vos connaissances et les informations extraites du **doc. 11**, expliquer les différents objectifs de l'échauffement.

b. Quelles conclusions peut-on tirer de l'étude menée sur le groupe de coureurs ? Justifier les réponses à partir d'arguments tirés du **doc. 11**.

Voir le savoir-faire page 251.

EXERCICES D'APPROFONDISSEMENT

8 LES OS, DES STRUCTURES EN PERPÉTUELLE ÉVOLUTION | ★★ | 15 min | ▸ P. 263

Le cartilage est ferme et élastique. Pas un vaisseau sanguin ne l'irrigue. L'os, lui, est calcifié, vascularisé et innervé ; il est à la fois solide grâce aux minéraux, et élastique grâce aux protéines de la matrice extracellulaire comme le collagène. Le squelette adulte se régénère entièrement tous les dix ans par un jeu constant de destruction et de construction osseuses. Les fractures sont consolidées en quelques semaines par un cal de tissu conjonctif puis cartilagineux, remplacé ensuite par du tissu osseux. Les apports en calcium et en vitamines sont donc déterminants pour la santé osseuse. Souvent prisée par les adolescents, une alimentation trop riche en phosphore, de type hamburger et soda, conduit à une augmentation de la teneur en phosphore du tissu osseux, ce qui le fragilise.
Expliquer comment l'hygiène alimentaire peut affecter la santé du squelette.

9 LES ANTIDOULEURS DANS LE FOOTBALL | ★★ | 30 min | ▸ P. 264

La FIFA a constaté un abus de produits antidouleurs par les footballeurs, qui les consomment par peur de devoir déclarer forfait et perdre leur place.
En février 2011, Ronaldo Luis Nazário de Lima, 34 ans, double champion du monde, double Ballon d'or, meilleur buteur de l'histoire de la Coupe du monde, annonce sa retraite : « Je voulais continuer, mais je n'y arrive plus. » « La douleur me rongeait. Je ne pouvais penser à rien d'autre ».
Trois ans plus tôt, le Milan AC joue Livourne. Ronaldo rentre en cours de partie pour s'écrouler, trois minutes plus tard, à la réception d'un saut anodin. Le tendon rotulien du genou gauche a cédé d'un seul coup. C'est la troisième fois de sa carrière qu'il est victime du même accident, pourtant rarissime en sport. Que le tendon, extrêmement solide, se brise à trois reprises, deux fois à droite et une fois à gauche, c'est du jamais vu. Selon J. P. de Mondénard, spécialiste du dopage, cela résulte de choix thérapeutiques aberrants au cours de sa carrière… En 1994, Ronaldo, alors âgé de 17 ans, plutôt frêle, pratique la musculation associée à la prise d'anabolisants ; le jeune joueur acquière rapidement une forte structure musculaire. En 1995, il souffre d'une tendinite chronique du genou gauche, le droit n'allant guère mieux. En 1997, un médecin du sport, inquiet de sa dépendance aux médicaments, préconise sevrage et repos. Mais Ronaldo joue une cinquantaine de matchs... On le suspecte de tenir grâce aux médicaments. Suite à son opération du genou droit en 1999, un communiqué souligne : « une rupture complète du tendon au ras de la rotule, avec des lésions préexistantes ».

Expliquer la succession des choix de Ronaldo qui ont conduit à la détérioration de ses articulations au niveau des genoux.

Pensez aux avantages et inconvénients d'une masse musculaire forte sur un corps dont ce n'est pas forcément la « nature ».

10 LA RÉCUPÉRATION APRÈS DES EXERCICES DE MUSCULATION

★★★ 40 min ▸ P. 264

Les « acides aminés branchés » (BCAA) sont des constituants des muscles. En consommer avant, pendant ou après l'effort permet de diminuer les courbatures. Des chercheurs ont eu l'idée d'examiner si la taurine, une autre molécule musculaire, présente dans les boissons énergisantes, jouait un rôle dans la récupération. 36 jeunes hommes en bonne santé et sédentaires ont été divisés en 4 groupes ayant reçu 3 fois par jour pendant 2 semaines : 3,2 g de BCAA (« BA »), 2 g de taurine (« TAU ») ; 3,2 g de BCAA + 2 g de taurine (« COMB »). Un dernier groupe a reçu un placebo (« PLCB »). Au bout des deux semaines, tous les participants ont fait un exercice de musculation du bras puis ont continué la prise pendant 4 jours. Les sujets ont commenté leur sensations musculaires via l'échelle visuelle « VAS » (plus elle est haute, plus la douleur est forte) **(doc. 12)**, la circonférence de leur bras (CIR) a été mesurée **(doc. 13)** ainsi que le taux de déchets musculaires dans le sang **(doc. 14)**.

À l'aide des documents, montrer que l'étude est concluante mais qu'on ne peut pas proposer ces compléments alimentaires à tous les sportifs.

Doc. 12. Intensité de la douleur

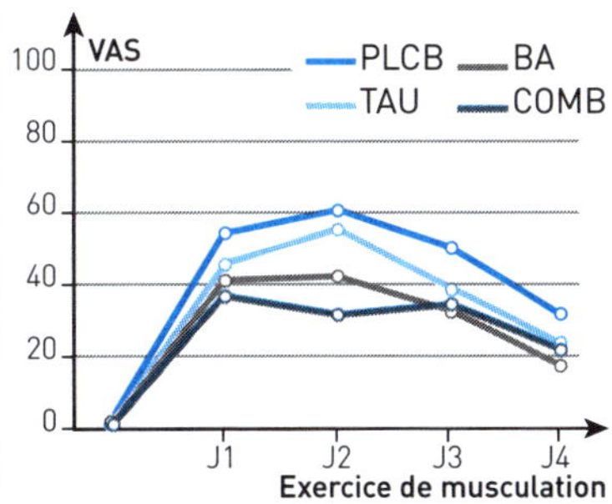

Doc. 13. Circonférence du bras

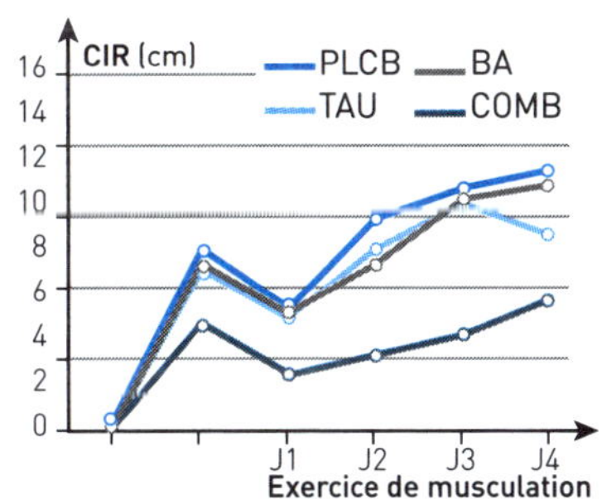

Doc. 14. Concentration en « déchets »

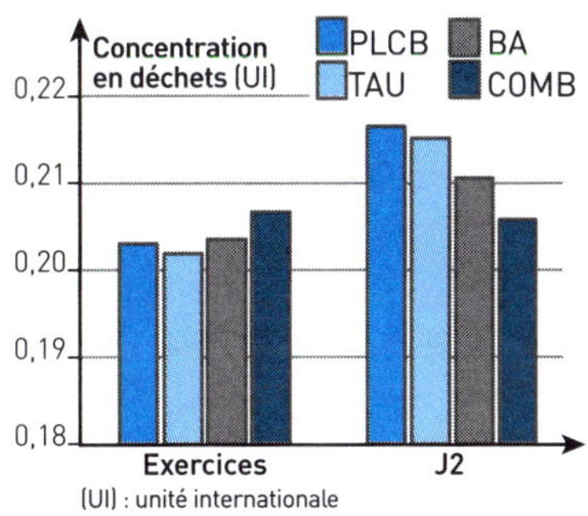

C'est un commentaire argumenté : ne pas oublier de présenter le sujet en commençant par une introduction puis les arguments et les contre-arguments avant de conclure (voir le savoir-faire page 251).

CONTRÔLE

11 TITRER ET LÉGENDER UN SCHÉMA | ★★ | 15 min | ▸ P. 265

Indiquer les structures correspondant aux numéros, leur rôle et nommer une lésion correspondant à chaque structure.

Doc. 15. **Schéma à titrer et légender**

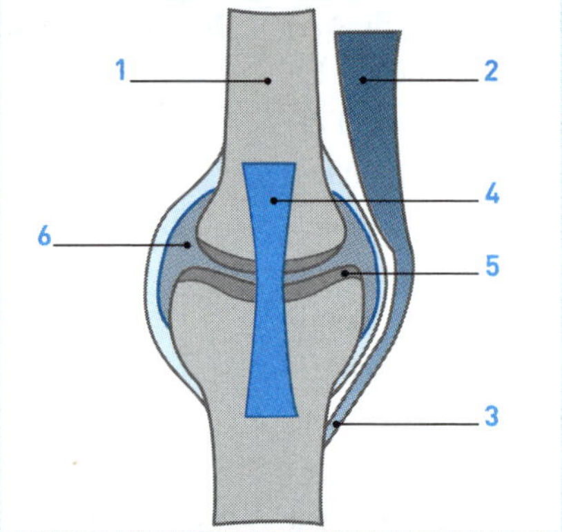

12 LES MAUX DE DOS CHEZ LES JEUNES | ★★ | 45 min | ▸ P. 265

Vous êtes médecin scolaire et vous devez réaliser une action de sensibilisation auprès de collégiens pour les inciter à préserver leur colonne vertébrale. Utilisez les documents suivants pour rédiger votre commentaire argumenté.

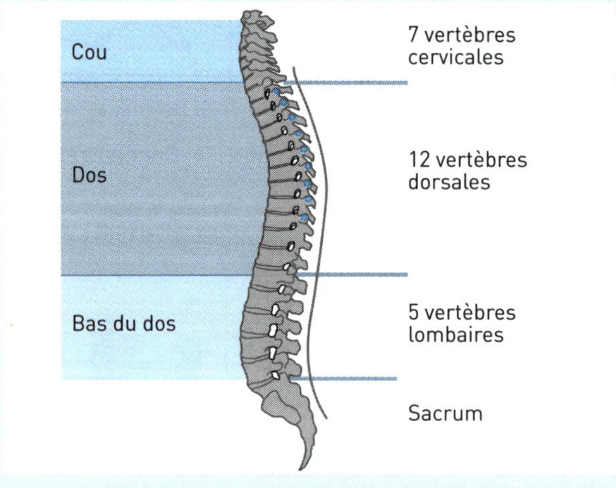

Doc. 16. Courbures de la colonne vertébrale

La colonne vertébrale est la charpente qui supporte l'ensemble de notre squelette. Les vertèbres sont reliées les unes aux autres par une série de ligaments, de tendons provenant des muscles du dos. Entre chaque vertèbre, un disque cartilagineux absorbe les chocs et protège la colonne des traumatismes. Quand tout va bien, la colonne vertébrale apparaît parfaitement droite de face. De profil, on peut voir trois courbures harmonieuses.

La colonne vertébrale des enfants passe par différentes étapes d'ossification avant d'atteindre sa forme adulte. Au départ, les vertèbres contiennent plus de cellules cartilagineuses que de cellules osseuses, la colonne est moins rigide. L'ossification progressive des vertèbres se termine entre 14 et 25 ans. La période de l'adolescence est sensible : les vertèbres de la colonne connaissent leur croissance maximale, sans que les muscles n'aient le temps de se renforcer.

Le bon développement de la colonne vertébrale peut être perturbé lorsque des tensions anormales ne peuvent pas être contrées par les muscles : mauvaise posture, déplacement de charges lourdes… À long terme, cela peut provoquer des douleurs au dos mais aussi des déformations de la colonne.

La fréquence croissante des maux de dos chez les enfants est liée :
- à l'augmentation progressive de la taille moyenne (+10 cm en un siècle) ;
- à l'inadaptation du mobilier scolaire ;
- à la sédentarité due à notre mode de vie, où le temps passé assis domine ;
- au stress.

Doc. 17. Pression sur les disques intervertébraux en fonction de la position

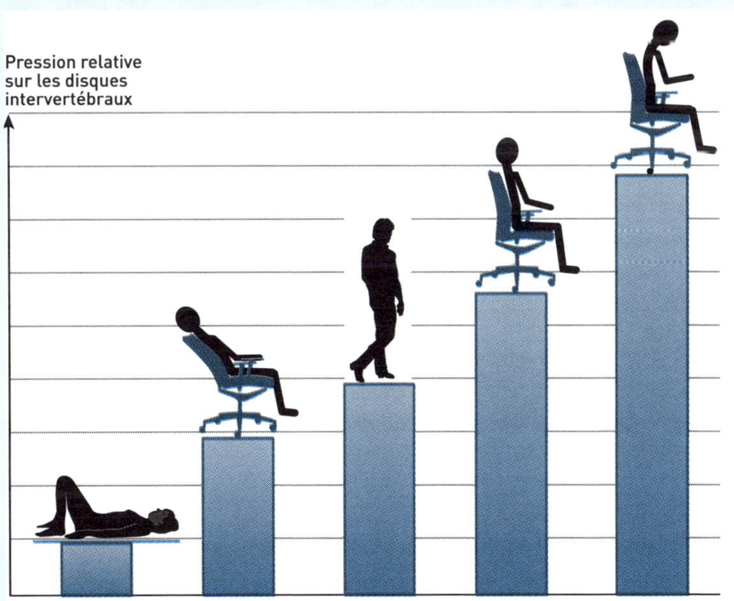

CORRIGÉS

1 QUELQUES MOTS-CLÉS

1. b. Les tendons peuvent être déchirés lors de mouvements brusques.

2. a. b. c. Les muscles sont constitués de très longues cellules, exercent leur action sur les os associés à une articulation, et sont soit fléchisseurs soit extenseurs d'un membre.

3. a. b. Les os au niveau d'une articulation sont mobiles grâce à leur complémentarité de forme et la présence d'un liquide qui facilite leurs mouvements relatifs. La présence de ligaments n'intervient pas dans la mobilité mais dans la stabilité de l'articulation.

4. b. Deux muscles antagonistes agissent sur les os reliés au niveau de la même articulation.

2 LE BICEPS ET LE TRICEPS

a. Titre : Structures anatomiques mises en jeu dans les mouvements du bras.

b. La structure légendée est un tendon, il permet d'attacher le biceps au radius, de sorte que quand le biceps se contracte, le radius est tiré vers l'humérus.

c. Le biceps et le triceps sont antagonistes : ils interviennent sur les os reliés au niveau de l'articulation du coude. Le biceps est le muscle fléchisseur, le triceps est le muscle extenseur du bras.

3 MASSAGE ET EFFORT PHYSIQUE

Le massage permet de détendre et d'échauffer les muscles. Avant l'effort, le but est de favoriser la distribution de sang aux cellules musculaires en augmentant le débit sanguin musculaire. Il permet donc de favoriser les réactions de la respiration qui produisent moins de déchets toxiques pour les muscles que la fermentation lactique qui intervient lorsque les muscles manquent de dioxygène. De plus, cela permet d'assouplir les muscles et leurs tendons pour les préparer aux mouvements à venir. De plus, la chaleur produite par les muscles rend le liquide lubrifiant articulaire moins visqueux et donc plus efficace. Après l'effort, le but du massage est d'augmenter le débit sanguin musculaire afin de favoriser le drainage des déchets produits lors de l'effort. Cela favorise également la récupération psychologique.

4 LES ACCIDENTS MUSCULAIRES

❶ **a.** L'élongation : allongement des fibres musculaires au-delà de leur seuil d'élasticité créant des lésions internes.

❷ **b.** Le claquage : destruction de plusieurs fibres musculaires.

❸ **c.** La contracture : contraction involontaire et prolongée de fibres musculaires, sans lésions.

5 STRUCTURES D'UNE ARTICULATION

1. a. d. Le tendon est constitué de cellules et attache les muscles aux os.

2. a. c. Le ligament est constitué de cellules et limite les mouvements des extrémités osseuses entre elles.

3. f. Le liquide produit par la membrane tapissant le cartilage lubrifie l'articulation.

4. a. e. Le cartilage est constitué de cellules et protège les os d'une articulation.

5. b. L'articulation met en contact des segments osseux différents.

6. a. g. Les muscles antagonistes sont constitués de cellules et lorsque l'un se contracte, l'autre se relâche.

7. a. h. L'os est constitué de cellules et produit un milieu extracellulaire minéralisé dur.

6 LES LIGAMENTS DU GENOU

a. La rupture du ligament croisé est une entorse.

b. L'articulation du genou permet les mouvements relatifs du fémur, de la rotule et des os de la jambe. L'articulation est maintenue stable par plusieurs ligaments mais également par les tendons des muscles qui s'attachent sur les os de l'articulation, comme par exemple le tendon du quadriceps ou les tendons des muscles latéraux. Les exercices de rééducation visent à renforcer ces muscles de manière à stabiliser l'articulation dans les différents mouvements de la jambe (de flexion ou d'extension).

c. Il n'aurait pas pu concourir sans l'attelle, cela aurait été trop dangereux : d'une part, la cicatrisation de son ligament n'était que partielle, donc ce dernier était très fragile, d'autre part, la rééducation n'est pas suffisante pour compenser cette fragilité.

> Cette question faisait appel au bon sens plutôt qu'à des connaissances ou à des arguments issus des documents ; elle permettait de tester la compréhension globale de la situation dans laquelle se trouvait le sportif.

7 ÉCHAUFFEMENT ET PERFORMANCE

a. Les exercices d'échauffement consistent à réaliser des mouvements d'intensité modérée des différents muscles du corps, comme par exemple courir à allure modérée. Cela permet d'augmenter le débit cardiaque progressivement donc de mieux oxygéner les muscles pendant l'effort (surtout au début), mais aussi de faire produire de la chaleur aux muscles : à 39 °C, les muscles et les tendons gagnent en souplesse et la production de liquide articulaire (la synovie) est favorisée ; par ailleurs, celui-ci devient aussi moins visqueux. Ainsi, grâce à des exercices variés, l'échauffement prépare les articulations et les muscles aux efforts plus intenses à venir. Enfin, l'échauffement est également important pour se préparer mentalement à l'effort.

b. On observe qu'entre 0 et 25 minutes d'échauffement, la durée du sprint diminue lorsque la durée d'échauffement augmente : 13,8 s sans échauffement, 12,6 s pour un échauffement de 25 min. Ensuite, après 25 min, la durée de sprint ne change pas, elle reste optimale même si on prolonge l'échauffement au-delà de 25 min. Dépasser une demi-heure d'échauffement n'apporterait donc pas d'intérêt, selon ce **doc. 11**, sauf peut-être pour certains sportifs qui en auraient besoin pour leur préparation mentale.

> Penser à donner des valeurs chiffrées.

8 LES OS, DES STRUCTURES EN PERPÉTUELLE ÉVOLUTION

Le squelette n'est pas une structure formée une fois pour toutes : au contraire, les os sont régénérés entièrement tous les dix ans. Ils sont en permanence détruits et reconstruits.

C'est la première chose à dire : une structure qui serait formée une fois pour toutes serait beaucoup moins sensible aux effets de l'environnement (alimentation).

Or, dans leur constitution, les minéraux jouent un rôle important : le calcium est ainsi indispensable. On sait qu'il se trouve en abondance dans certains aliments et moins dans d'autres. Une carence en calcium fragilise les os, qui en libère pour les autres besoins de l'organisme, tout comme une alimentation de type fast-food, qui favorise le stockage de phosphore dans les os ; le phosphore en excès étant nocif pour leur structuration. Les choix alimentaires déterminent la solidité, donc la santé du squelette.

9 LES ANTIDOULEURS DANS LE FOOTBALL

Deux grandes idées sont à relever dans ce texte : d'une part, l'excès de masse musculaire lié probablement à un dopage aux anabolisants (stéroïdes de type testostérone qui provoquent une forte augmentation de la masse musculaire), d'autre part, une ingestion massive d'antidouleurs.

En 1994, Ronaldo était de constitution naturellement légère. Mais son club le pousse à accroître de manière exagérée sa masse musculaire, notamment via l'utilisation de produits anabolisants (une forme de dopage). On sait que le foot est un sport très exigeant, les joueurs étant sans cesse sur des appuis qui forcent sur les articulations du genou et du pied. Or, augmenter de manière non naturelle la masse musculaire revient à augmenter la charge supportée par les os et à exercer des contraintes beaucoup plus importantes sur les tendons qui rattachent les muscles aux os. C'est probablement ce qui a très vite entraîné des lésions à répétitions des tendons de Ronaldo. Ce qui a aggravé les choses, c'est qu'au lieu de prendre le temps de se reposer physiquement et psychologiquement, il a probablement multiplié les prises d'antidouleurs, ce qui lui permettait de jouer mais empêchait la récupération des muscles et des articulations. Ainsi, il a ignoré les signaux d'alerte naturels de son corps, ce qui a conduit à l'accumulation de blessures graves, à des douleurs permanentes et l'a forcé à mettre un terme à sa carrière, relativement jeune.

10 LA RÉCUPÉRATION APRÈS DES EXERCICES DE MUSCULATION

L'introduction doit situer l'intérêt de cette étude : les sportifs qui pratiquent régulièrement sont soumis à des micro-traumatismes musculaires et articulaires qui font suite à l'effort et sont donc en recherche de méthodes pour les éviter ou les atténuer rapidement.

Les sportifs réalisent des efforts fréquents et intenses nécessitant des phases de récupération longues. Ils sont donc en recherche de méthodes efficaces pour améliorer leur récupération. Des chercheurs ont testé l'effet de compléments alimentaires (acides aminés branchés et taurine, présents naturellement dans les muscles) sur le gain de masse musculaire et la récupération après un exercice de musculation. La récupération se traduit à la fois par la diminution des courbatures après l'effort (moins de douleurs) liée à l'évacuation des déchets issus du fonctionnement des muscles. Ils ont donc testé l'évolution de ces paramètres dans les jours qui ont suivi l'effort. Quel est l'effet des compléments alimentaires testés sur la récupération des sujets ?

On observe que les sujets ayant reçu un placebo sont ceux qui ressentent le plus de douleurs, puis viennent les sujets ayant reçu de la taurine seule, puis ceux ayant reçu des BCAA seuls et enfin ceux qui ressentent le moins de douleurs sont ceux qui ont pris à la fois des BCAA et de la taurine (doc. 12). Or, on observe que la production de déchets est diminuée deux jours après l'effort chez les sujets ayant pris à la fois de la taurine et des BCAA (0,205 mg/L au lieu de 0,215 mg/L pour ceux n'ayant reçu que le placebo) (doc. 14). L'étude semble donc concluante : la prise combinée de taurine et de BCAA a un impact positif sur la récupération.

En revanche, on observe, pour ce qui est du gain de masse musculaire, dans les jours qui suivent l'exercice, qu'il est nettement moindre chez les sujets ayant pris les deux compléments que chez les autres : les sujets ayant la circonférence de bras la plus importante sont ceux qui ont reçu le placébo (doc. 13).

Ainsi, même si la récupération semble être favorisée par ces compléments alimentaires, la création de nouvelles fibres musculaires est étonnamment diminuée. Ces compléments ne sont donc pas conseillés pour les sports de musculation et doivent être réservés à certains sports d'endurance.

11 TITRER ET LÉGENDER UN SCHÉMA

Titre : Anatomie d'une articulation.

1. Os – Support des organes, permet la locomotion – Fracture.
2. Muscle – Tire sur les os pour les déplacer – Élongation.
3. Tendon – Attache les muscles aux os – Tendinite.
4. Ligament – Relie les os d'une articulation entre eux pour les stabiliser lors des mouvements – Entorse.
5. Cartilage – Protège les extrémités osseuses en contact – Arthrose.
6. Liquide lubrifiant – Permet aux extrémités osseuses en contact de glisser facilement les unes part rapport aux autres.

12 LES MAUX DE DOS CHEZ LES JEUNES

C'est un commentaire argumenté où il est demandé de se mettre dans la peau d'un médecin scolaire. Il faut donc respecter la forme. Sur le fond, il ne s'agit pas de débattre pour conclure à la fin en prenant position, mais de démontrer qu'il faut préserver son dos en adoptant un comportement approprié.

Exemple de campagne de sensibilisation à la santé du dos chez les jeunes

Aujourd'hui, j'aimerais vous parler de l'importance de préserver votre dos pour éviter que les maux de dos apparaissent ou deviennent chroniques. La constitution de la colonne vertébrale, bien que solide, est également fragile ; je vais donc vous donner quelques conseils pour en prendre soin.

I. L'importance de la colonne vertébrale

La colonne vertébrale est constituée par des vertèbres reliées les unes aux autres par des ligaments. C'est la charpente qui supporte l'ensemble de notre squelette. Exercer des pressions excessives sur les vertèbres peut fragiliser les ligaments et déplacer les disques vertébraux les uns par rapport aux autres, donc modifier la courbure de la colonne et provoquer des douleurs importantes.

II. L'adolescence, une période critique

Lors de la phase d'ossification et de croissance des vertèbres qui a lieu entre 14 et 25 ans – donc dans laquelle vous vous trouvez – les muscles n'ont pas le temps de se renforcer alors que les vertèbres grandissent très vite. Les vertèbres sont donc plus sensibles aux mouvements qui peuvent les déformer, ceux-ci n'étant pas suffisamment contrés par les muscles dorsaux. Ceux qui grandissent vite et ceux qui font peu de sport, donc qui ont le dos moins musclé, sont encore plus concernés par ces questions. Quelles sont alors les bonnes postures et les pratiques à adopter ainsi que les gestes à éviter ?

III. Préserver son dos

Des déplacements de charges disymétriques peuvent dévier la colonne d'un côté : il vaut mieux porter un cartable sur le dos que sur le côté. Les filles, évitez les sacs à mains dans lesquels vous placez des livres lourds ! Il est important d'éviter de déplacer des charges lourdes seul, et surtout, ne courbez pas le dos !

Ce dernier argument n'est pas donné dans le texte mais peut faire partie de votre culture générale.

Par ailleurs votre position assise est très importante. Par exemple, sur ce **doc. 17**, vous pouvez voir que la pression sur les disques intervertébraux est minimale en position allongée, et maximale lorsque vous courbez le dos en position assise. Faites donc attention à ne pas vous avachir vers l'avant ! Vous aurez une bonne position assise en gardant le dos droit et en soulageant vos douleurs en vous penchant en arrière les fesses vers l'avant (légèrement allongé en arrière de sorte que la colonne et le bassin forment un angle obtus) ; la pression sur les disques intervertébraux est alors réduite. Lorsque vous êtes debout, cette pression reste faible (deux fois moindre que lorsque vous êtes courbé à votre bureau), vous pouvez donc aussi vous lever et faire quelques pas pour soulager votre dos lorsque vous travaillez longtemps assis.

Enfin, dormir suffisamment ou faire des activités extra-scolaires permet d'évacuer le stress qui peut contracter les muscles du dos et fragiliser la colonne. Une alimentation variée permet de préserver votre capital osseux, tandis qu'une pratique régulière d'un sport permet de muscler son dos et limiter les risques liés aux mauvaises postures qu'on ne peut pas toujours éviter… Vous pouvez par exemple faire de la natation, très efficace pour muscler le dos.

Mon intervention se termine ici. J'espère que vous aurez compris qu'à votre âge, votre colonne vertébrale en pleine croissance est fragile, que c'est pour cela que vous devez faire attention à votre alimentation et à vos positions, et à pratiquer des activités physiques. J'espère que ces quelques conseils vous profiteront et vous éviteront des douleurs dans le futur. Avez-vous des questions ?

Annexes

Méthodologie

CONSTRUIRE ET UTILISER UN SAVOIR

I CONSTRUIRE UN SAVOIR

Apprendre une leçon en SVT, c'est construire une base, réduite mais solide, de connaissances hiérarchisées utilisables dans un raisonnement scientifique.

■ **Connaître les mots-clés du lexique**

Apprendre le cours, c'est d'abord **apprendre les définitions** des mots-clés. Cette liste de mots-clés est présentée sur la première page d'un chapitre. Le lexique se trouve à la fin de l'ouvrage.

■ **Connaître l'essentiel**

Apprendre le cours, c'est être capable de **distinguer les notions principales de celles qui sont secondaires**. Présenté au début de chaque chapitre, « L'essentiel » est un résumé des connaissances développées dans le cours.

■ **Maîtriser le cours à l'aide de repères**

Apprendre le cours, c'est **mémoriser** des connaissances précises, listées en bas de chaque page de cours dans la colonne « Ce qu'il faut savoir ».

■ **Réviser avec le bilan**

Le « Bilan » à la fin du cours se présente comme une **carte des idées** qui permet une vision globale, organisée et hiérarchisée des connaissances.

II UTILISER UN SAVOIR DANS UN EXERCICE

Pour évaluer votre aptitude à utiliser les connaissances apprises, les **exercices** proposent un nombre réduit de documents qui présentent une situation plus ou moins complexe. Voir quelques conseils pour réaliser un exercice.

■ **Que me demande-t-on ?**

Le sujet de l'exercice présente une ou plusieurs questions qu'il faut bien identifier pour guider l'exploitation des documents.

■ **Étudier les documents**

L'étude des documents comprend deux étapes : l'analyse et l'interprétation.

■ **Analyser**, c'est présenter de manière structurée les informations extraites des documents. Des exemples sont développés dans les pages qui suivent.

■ **Interpréter**, c'est ce qu'on déduit de l'analyse et qui permet de répondre à la question posée en utilisant ses connaissances.

ANALYSER UN DOCUMENT

I SIMPLIFIER L'ÉTUDE D'UN DOCUMENT COMPLEXE

Plusieurs méthodes permettent de simplifier et de structurer l'analyse d'un document dont l'étude semble au premier abord difficile : texte long, qui aborde des sujets différents, tableau et graphique avec beaucoup de données… Les conseils donnés dans les exercices font souvent appel à ces méthodes.

■ **Diviser**

Cette méthode permet de **diviser** le contenu d'un document en **sujets simples** qui sont alors étudiés séparément. L'étude du document se termine par un bilan qui met en relation les informations dégagées lors des études séparées.

■ **Découper**

Cette méthode s'applique aux graphiques : il s'agit de **découper** l'évolution du ou des paramètres en **phases homogènes** qui sont décrites séparément.

■ **Regrouper**

Pour simplifier l'étude des données présentées dans un tableau ou par un graphique, il est parfois possible de **regrouper les événements semblables**.

II METTRE EN RELATION

En SVT, mettre en relation des informations, c'est souvent se poser la question de la relation de causalité entre des événements.

■ **Relation de causalité**

Pour un phénomène, établir une relation de causalité, c'est **identifier la ou les causes, la ou les conséquences**.

■ **Corrélation**

Parfois, la description de paramètres montre des évolutions semblables sans qu'il soit possible de déterminer avec certitude une relation de causalité : on parle alors de **corrélation entre les paramètres**.

Voir le savoir-faire page 171.

III PRODUIRE DE NOUVELLES CONNAISSANCES

■ **Classer :** Pour de nombreux mécanismes, la chronologie des événements est fondamentale : il faut **classer** les informations présentées par **ordre chronologique**.

■ **Comparer :** Pour dégager des connaissances à partir d'observations ou d'expériences, il faut pouvoir **comparer des informations ou des résultats** qui ne diffèrent que par une seule variable.

Voir le savoir-faire page 104.

ARGUMENTER

I L'ARGUMENTATION EN SVT

En SVT, l'argumentation permet d'apporter des réponses à une question dont la **complexité** ne peut être étudiée par une simple observation ou expérimentation.

1. Pourquoi argumenter ?

De façon très générale, argumenter, c'est chercher à faire admettre une proposition, une idée, qui n'est pas évidente, pour convaincre et/ou pour débattre.

■ Pour **convaincre**, l'argumentation développe ou réfute une affirmation. « Argumenter en faveur de... », « Montrer que... » sont des exemples de questions posées dans un sujet qui demande ce type d'argumentation.

■ Pour **débattre**, l'argumentation examine les aspects souvent opposés d'une question par l'exposé d'arguments et de contre-arguments pour prendre une décision ou faire un choix. « Discuter cette affirmation... » est un exemple de début de question qui demande un débat.

2. Qu'est-ce qu'un argument ?

■ Un argument contient des éléments de preuve et une conclusion.

Voire un exemple d'argument présenté dans le savoir-faire du chapitre 11, page 251.

« Localement, le froid permet de calmer la douleur. Un bain glacé avec immersion du corps a des effets non désirés sur la circulation, la respiration, la pression artérielle. Il ne faut donc pas confondre l'effet local du froid sur une zone pour calmer la douleur et les effets d'un bain glacé qui ne sont pas sans danger. »

■ La dernière phrase : « Il ne faut donc pas confondre... ne sont pas sans danger » est la **conclusion** de l'argument, elle provient d'un **raisonnement** construit à partir des **éléments de preuve** exposés dans les deux premières phrases « Localement, le froid... pression artérielle. »

■ Dans un exercice de SVT qui fait appel à l'argumentation, les éléments de preuve sont principalement dégagés des documents proposés (compte-rendu d'observation, résultats expérimentaux, articles scientifiques). Les conclusions sont construites par un raisonnement qui mobilise des connaissances et met ces informations en relation.

Un **argument** est un raisonnement destiné à prouver ou à réfuter une proposition afin de débattre et/ou convaincre. Il contient des éléments de preuve et une conclusion personnelle.

II CONSEILS POUR CONSTRUIRE UNE REPONSE ARGUMENTÉE

Ce type de sujet est conçu pour évaluer votre **capacité à raisonner**, dans le cadre d'un problème scientifique. Vous devez y répondre par un texte qui comprend trois grandes parties :
– une **introduction** qui présente le sujet de l'argumentation ;
– un **exposé** structuré des arguments et contre-arguments ;
– une **conclusion** qui présente votre point de vue.

1. Rédiger l'introduction

Il s'agit de bien comprendre ce qui est demandé dans le sujet.

■ **Lire** attentivement l'énoncé du sujet et **repérer** les mots-clés. Quel est le sujet scientifique ? S'agit-il de débattre ou de convaincre ?

■ **Rédiger** ensuite en 4 à 5 lignes maximum.

Il faut rédiger cette introduction avant de s'engager dans l'argumentation pour bien préciser ce qui est demandé.

2. Construire et rédiger l'exposé des arguments

Effectuer une première lecture des documents pour prendre connaissance des documents et de leur lien avec le sujet.

■ **Choisir un plan pour l'exposé**

Plusieurs plans sont possibles pour l'**exposé** des arguments :
– adopter le plan suggéré dans le sujet ;
– adopter une démarche en entonnoir : du général au particulier, du moins important au plus important ;
– adopter un plan en trois parties correspondant aux trois aspects d'un débat : thèse, antithèse, synthèse.

■ **Construire l'argumentation**

– Relire les documents pour repérer les éléments de preuve, puis construire les arguments.
– Préciser la place des arguments dans le plan qui a été choisi.
– Rédiger l'exposé et veiller à la présentation (titres, sous-titres, retour à la ligne, saut de ligne) pour mettre le plan en évidence.

3. Rédiger une conclusion qui expose votre point de vue

La conclusion présente en quelques lignes un point de vue qui s'appuie sur les parties rédigées, C'est une réponse à l'introduction.

Rédiger ensuite en 10 lignes maximum.

Le savoir-faire du chapitre 11 page 251 présente une étude détaillée d'un sujet consacré à l'utilisation des bains glacés pour la récupération chez les sportifs de haut niveau.

SAVOIR-FAIRE

I SAVOIR-FAIRE TRANSVERSAUX

Les savoir-faire transversaux présentent des conseils méthodologiques pour l'apprentissage de compétences qui ne sont pas liées au contenu d'un chapitre.

■ **Expérimenter**

– Construire un protocole expérimental : chapitre 5 page 103.

– Étudier les résultats d'une expérience : chapitre 5 page 106.

■ **Réaliser et étudier des graphiques**

– Les différents types de graphique : chapitre 6 page 127.

– Réaliser un graphique : chapitre 6 page 128.

– Identifier une tendance générale et des variations périodiques : chapitre 8 page 172.

– Découper une courbe en unités simples : chapitre 8 page 173.

■ **Lire un diagramme pression-température :** chapitre 1 page 15.

■ **Identifier une corrélation entre deux paramètres :** chapitre 8 page 171.

■ **Argumenter en SVT :** chapitre 11 page 251.

I SAVOIR-FAIRE SPÉCIFIQUES

Ces savoir-faire spécifiques présentent des conseils méthodologiques étroitement associés au contenu du chapitre.

■ **Chapitre 1. La Terre, une planète habitable**

– Comprendre la notion de zone habitable.

■ **Chapitre 2. La nature du vivant**

– Reconnaître une cellule dans un tissu.

– Reconnaitre une cellule végétale, une cellule animale.

– Reconnaître graphiquement les échanges gazeux chez un être vivant.

■ **Chapitre 3. L'ADN, support de l'information génétique**

– Comparer des séquences de nucléotides.

■ **Chapitre 4. La biodiversité**

– Comprendre et lire un arbre phylogénétique.

■ **Chapitre 7. Deux combustibles fossiles : pétrole et charbon**

– Savoir lire et interpréter une coupe géologique.

– Notions de géologie : sédimentation subsidence, tectonique, érosion.

■ **Chapitre 9. L'exercice physique**

– Détermination graphique du VO_2 max.

– Calcul de la consommation d'O_2 pendant un effort.

■ **Chapitre 10. La pression artérielle et sa régulation**

– Comprendre les expériences en physiologie nerveuse.

SE RÉPÉRER

Doc. 1. Le temps : principaux evénéments géologiques et biologiques

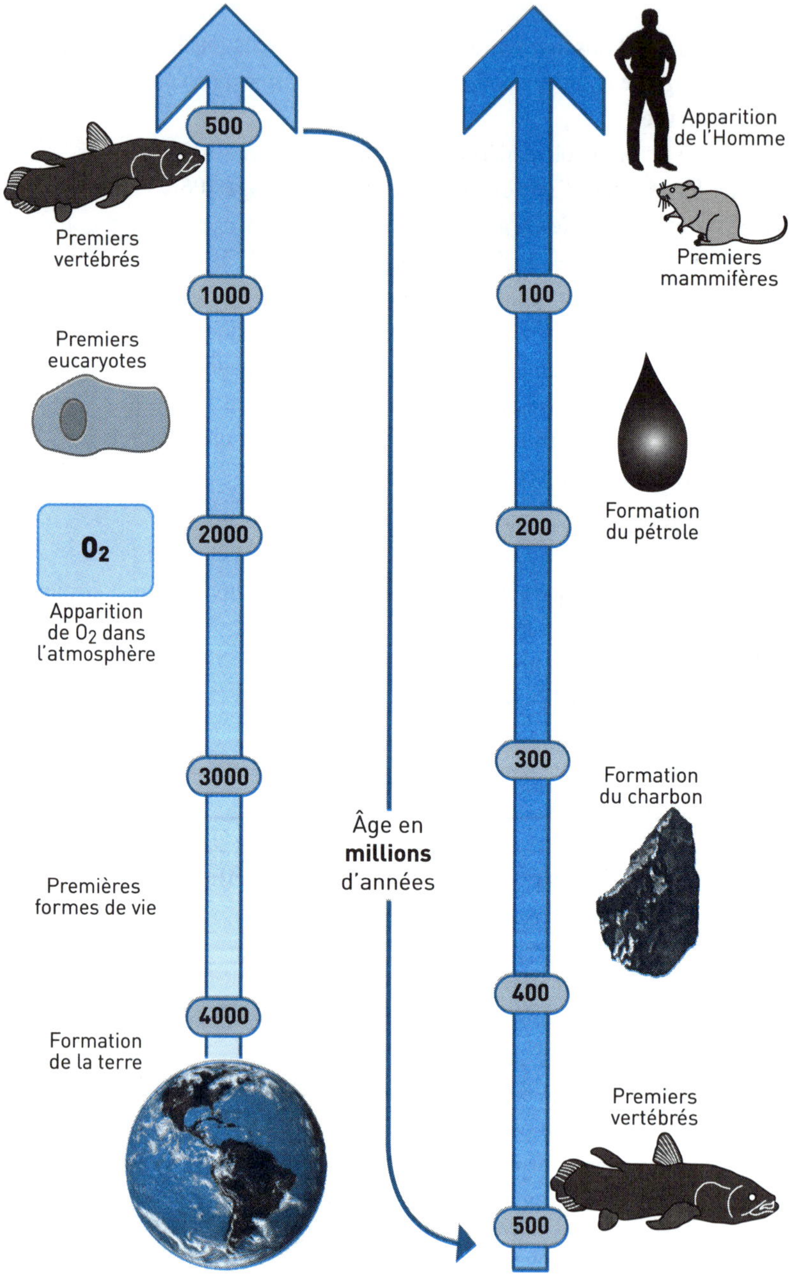

Doc. 2. **L'échelle du vivant**

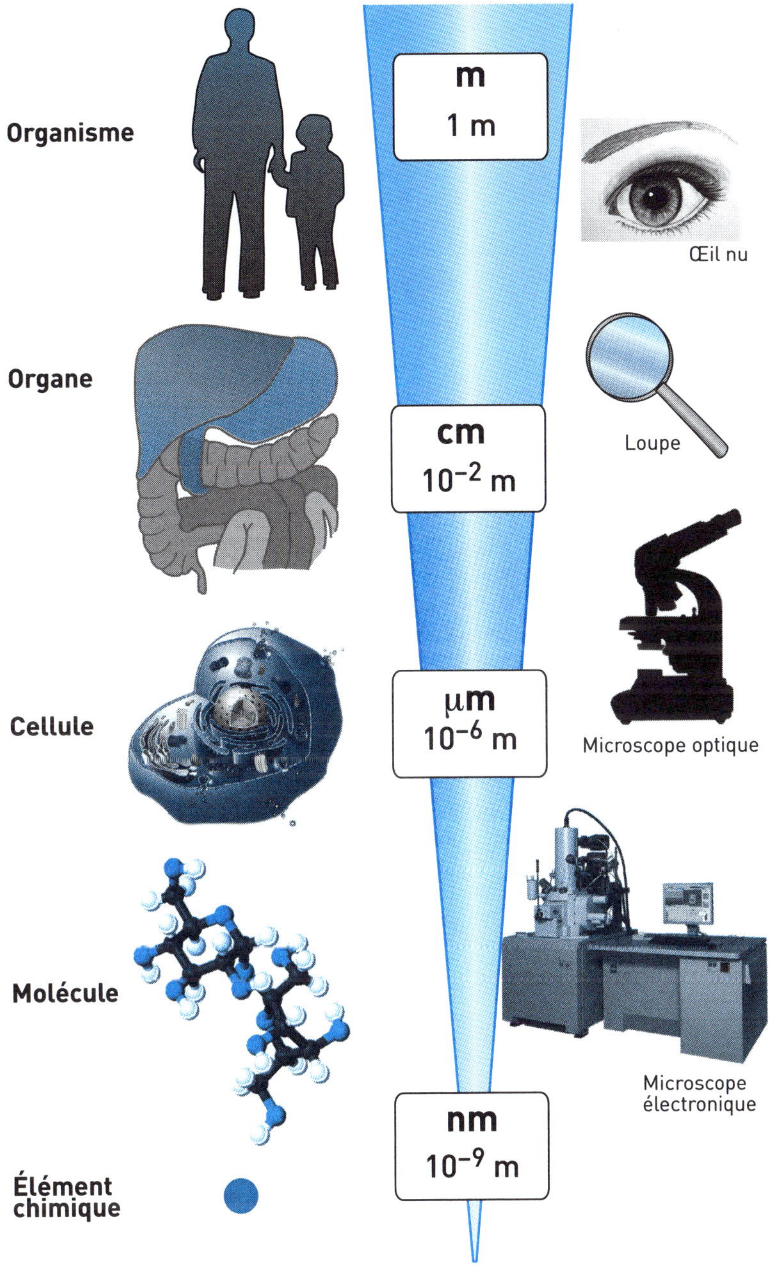

Lexique

ADN
Acide désoxyribonucléique, molécule constituée de deux chaînes de nucléotides et contenant l'information génétique.

Afférent
Qualifie un message nerveux qui va vers un centre nerveux (afférent = sensitif). Qualifie également un nerf qui véhicule ce message.

Agrocarburant
Carburant à base d'éthanol ou de diester obtenu par traitement de la biomasse végétale. Plusieurs générations d'agrocarburants peuvent être distinguées en fonction de l'origine de la biomasse utilisée.

Allèle
Version ou écriture d'un gène déterminée par sa séquence de nucléotides.

Altération
Ensemble des mécanismes physiques ou chimiques qui transforment une roche sous l'action d'agents externes.

Ancêtre commun
Ancêtre d'un groupe d'espèces dont elles descendent toutes, ayant déjà acquis les innovations communes à toutes.

Arbre phylogénétique
Représentation des liens de parenté entre espèces actuelles et anciennes basée sur l'étude de caractères homologues.

Artère
Vaisseau à paroi épaisse et élastique qui conduit le sang du cœur aux autres tissus de l'organisme.

Articulation
Jonction entre deux os. Le cartilage et le liquide secrété par la membrane qui le tapisse permettent de protéger les os et facilitent les mouvements.

Astéroïde
Petit corps céleste composé de roche, de métaux et de glace, de forme irrégulière et de dimension variable.

Atmosphère
Enveloppe de gaz entourant une planète.

Autotrophe
Être vivant qui produit de la matière organique à partir de matière minérale. Exemple : un végétal chlorophyllien.
Barorécepteur
Récepteur sensoriel sensible à la pression artérielle.
Biodiversité
Contraction de biologique et de diversité, elle représente la diversité des êtres vivants et des écosystèmes.
Biomasse
Masse de matière organique produite par une population d'êtres vivants. Exemple : biomasse produite par un hectare de blé.
Biosphère
Ensemble des êtres vivants qui peuplent la Terre.
Boucle de régulation
Ensemble des mécanismes qui permettent de corriger les variations d'un paramètre pour le maintenir autour d'une valeur consigne.
Capillaire
Vaisseau sanguin extrêmement fin, souple et élastique qui permet les échanges de molécules entre le sang et les cellules.
Caractères homologues
Caractères (anatomiques, morphologiques, moléculaires…) ayant la même fonction et liés à l'évolution.
Cartilage
Tissu élastique et résistant recouvrant les extrémités des os au niveau des articulations.
Cellule eucaryote
Cellule possédant des organites dont un noyau contenant le matériel génétique. Exemples : les cellules animales et végétales.
Cellule procaryote
Cellule peu organisée, sans organites, qui ne comprend pas de noyau ; le matériel génétique est dans le cytoplasme. Exemple : les bactéries.
Centre nerveux
Parties du système nerveux qui traitent et analysent les informations qui leur parviennent et émettent en retour des messages dits « efférents ». Le cerveau et la moelle épinière sont des centres nerveux.
Charbon
Roche sédimentaire carbonée issue de la très lente décomposition d'une biomasse végétale terrestre.
Chlorophylle
Pigment présent chez les végétaux verts ayant la propriété de capter l'énergie lumineuse pour permettre la photosynthèse.

Chromosomes homologues
Molécules d'ADN contenant les mêmes gènes et constituant une paire.
Cœur
Organe creux musculaire constitué de deux parties – droite et gauche, séparées par une cloison. Chaque partie du cœur est constituée d'une oreillette qui reçoit le sang et d'un ventricule qui le propulse rythmiquement dans une artère (on parle de « double pompe »).
Combustion
Mécanisme qui permet la production d'énergie par oxydation d'un combustible. Équation chimique : combustible + dioxygène → dioxyde de carbone + eau + énergie.
Comète
Petit corps céleste constitué d'un noyau de glace et de poussière dont l'orbite peut croiser celle d'une planète.
Complexe argilo-humique
Association d'humus et d'argile qui stabilise le sol et permet la rétention d'eau et la fixation des sels minéraux.
Cycle du carbone
Ensemble des échanges entre l'atmosphère, l'hydrosphère, la géosphère et la biosphère dans lequel est impliqué l'élément carbone.
Débit cardiaque
Volume de sang propulsé dans la circulation par unité de temps.
Débit ventilatoire
Volume d'air ventilé (inspiré puis expiré) par unité de temps.
Décomposeur
Être vivant qui se nourrit et transforme la matière organique de cadavres ou de débris végétaux en matières minérales. Exemples : insectes, champignons, bactéries.
Dérive génétique
Modification aléatoire de la fréquence des allèles dans une population. Elle se produit de façon plus marquée lorsque l'effectif de la population est faible. Les allèles peu fréquents peuvent disparaître.
Diastole
Période de repos du muscle cardiaque.
Double circulation
La circulation sanguine est constituée de deux circuits en série : la circulation pulmonaire qui permet l'oxygénation du sang et la circulation générale qui distribue le sang oxygéné aux organes.
Écosystème
Ensemble formé par une association d'êtres vivants et de leur milieu de vie.

Effecteur
Organe qui produit un effet sous l'action d'un message nerveux ou hormonal : muscle qui se contracte, glande qui produit une sécrétion…
Efférent
Qualifie un message nerveux qui va du centre nerveux à l'organe efférent (qui produit un effet). Qualifie également un nerf qui véhicule ce message.
Effet de serre
Phénomène naturel par lequel certains gaz présents dans l'atmosphère provoquent son réchauffement. Les principaux gaz à effet de serre (GES) sont le CO_2, le méthane, l'eau et l'ozone.
Énergie fossile
Source d'énergie qui s'est formée il y a très longtemps (gaz naturel, pétrole, charbon).
Énergies renouvelable et non renouvelable
Une énergie est qualifiée de renouvelable quand son utilisation ne diminue pas la ressource à l'échelle humaine (énergie solaire, éolienne, hydraulique…). À l'inverse, l'utilisation des énergies non renouvelables diminue les réserves disponibles (pétrole, gaz, charbon, uranium).
Espèce
Groupe d'êtres vivants présentant un ensemble de caractères pouvant se reproduire entre eux (interfécondité) et dont la descendance est fertile.
Étoile
Corps céleste de forme sphérique constitué de gaz très denses à haute température émettant un rayonnement de lumière et de particules. Une étoile blanche est de grande taille et émet toutes les radiations lumineuses (lumière blanche). Une étoile rouge de petite taille ne peut émettre que des radiations de moindre énergie dans le rouge.
Évolution
Transformation progressive, sur plusieurs générations, d'une espèce vivante grâce aux innovations créées et conservées, et pouvant aboutir à la création de nouvelles espèces.
Exo-planète
Planète hors du système solaire.
Faille
Cassure dans l'écorce terrestre au niveau de laquelle s'est produit un glissement d'un bloc le long de l'autre.
Fermentation
Mécanisme cellulaire qui permet à une cellule de former de l'énergie par transformation de matière organique en l'absence de dioxygène.
Fréquence cardiaque
Nombre de contractions cardiaques par unité de temps.

Gène
Unité de codage de l'information génétique, portion d'ADN contenant le « plan de fabrication » d'une protéine et déterminant ainsi la présence d'un caractère.

Gisement
Disposition des roches en profondeur.

Glucide
Famille de molécules comprenant les sucres, l'amidon et la cellulose.

Hématie
Cellule du sang, aussi appelée globule rouge, contenant de l'hémoglobine.

Hémoglobine
Molécule présente dans le cytoplasme des hématies. Elle assure le transport du dioxygène des poumons vers les organes.

Hétérotrophe
Être vivant qui produit de la matière organique à partir de la matière organique d'un autre être vivant qu'il mange. Exemple : un carnivore.

Homologues
Se dit d'individus ou d'éléments ayant la même fonction. Voir aussi la définition de *chromosomes homologues* et de *caractères homologues*.

Horizon
Couche identifiable dans le sol par son aspect : couleur, composition chimique…

Humus
Matière organique issue de la décomposition incomplète de débris végétaux par les décomposeurs du sol.

Hydrolyse
Transformation chimique provoquée par l'eau.

Kérogène
Stade intermédiaire de la décomposition de la biomasse en pétrole.

Lien de parenté
Relation entre êtres vivants mise en évidence par le partage de caractères nouveaux présents chez leur ancêtre commun.

Ligament
Tissu très solide et élastique, qui relie et maintient les os entre eux au sein d'une articulation.

Matière minérale
C'est la matière inerte, non vivante. Elle constitue les étoiles et les planètes. Ce sont de petites molécules présentes dans l'atmosphère, l'hydrosphère et la lithosphère.

Matière organique
C'est une matière qui a été produite par un être vivant. Ce sont de grosses molécules contenant obligatoirement les éléments carbone et hydrogène : glucides, protides, lipides, acides organiques des êtres vivants, hydrocarbures…

Métabolisme
Ensemble des réactions chimiques au sein d'une cellule permettant de produire sa propre matière et l'énergie nécessaire à son fonctionnement.
Météorite
Petit corps céleste rocheux pouvant croiser l'orbite des planètes et dont l'entrée dans l'atmosphère provoque une étoile filante.
Mitochondrie
Organite où se déroule la respiration cellulaire.
Muscle
Organe constitué de longues fibres contractiles reliées aux os par des tendons. Sa contraction provoque un mouvement.
Mutation
Modification aléatoire et rare de la séquence de nucléotides dans l'ADN qui crée de nouveaux allèles.
Nappe
Réserve d'eau profonde, formée par l'accumulation d'eau d'infiltration dans les pores et les fissures de la roche.
Nerf
Un nerf est constitué de fibres nerveuses qui transmettent les messages nerveux.
Nucléotide
Constituant élémentaire de l'ADN composé d'un groupement phosphate, d'un sucre et d'une base azotée.
Organite
Compartiment cellulaire clos et spécialisé dans une fonction. Par exemple, les mitochondries permettent la respiration cellulaire et la libération d'énergie.
Os
Pièce rigide du squelette constitué de cellules dispersées dans une matrice extracellulaire dure contenant du calcium et du phosphate.
Ozone
Molécule de l'atmosphère constituée de trois atomes d'oxygène qui absorbe une partie des ultra-violets solaires.
Patrimoine
Ce qui est considéré comme une richesse transmise par nos ancêtres.
Pétrole. Huile composée d'hydrocarbures issus de la très lente décomposition d'une biomasse marine.
Photosynthèse
Mécanisme des végétaux chlorophylliens qui permet la synthèse d'un glucide à partir de matières minérales. Elle utilise la lumière captée par la chlorophylle. Équation chimique : dioxyde de carbone + eau → glucide + dioxygène.
Planète
Corps céleste subissant l'attraction et qui est en orbite autour d'une étoile.

Pression artérielle
C'est la force exercée par le sang sur la paroi des artères. Elle varie entre deux valeurs : la pression artérielle maximale et la pression artérielle minimale.
Producteur primaire
Être vivant qui produit de la matière organique à partir de matière minérale. Exemple : végétal chlorophyllien.
Producteur secondaire, tertiaire
Être vivant qui produit de la matière organique à partir de la matière organique d'un autre être vivant. Exemples : herbivore (secondaire), carnivore (tertiaire).
Ravinement
Forme d'érosion provoquée par les eaux de pluie qui creusent des sillons et des ravins, particulièrement importante sur les sols en pente non recouverts de végétation.
Réseau trophique
Ensemble des relations alimentaires au sein d'un écosystème.
Respiration
Mécanisme cellulaire qui permet de fournir de l'énergie à une cellule. Équation chimique : glucide + dioxygène → dioxyde de carbone + eau + énergie.
Respiration cellulaire
Ensemble de réactions chimiques au sein des mitochondries qui permet l'oxydation de la matière organique et la libération d'énergie utilisable par la cellule. La présence de dioxygène et de mitochondries est indispensable.
Roche couverture
Roche imperméable au pétrole, elle stoppe sa migration vers la surface.
Roche mère
Roche du sous-sol à partir de laquelle s'est formé le sol.
Roche réservoir
Roche dans laquelle se déplace le pétrole lors de sa migration vers la surface.
Roche sédimentaire
Roche issue de la solidification de sédiments le plus souvent marins.
Satellite
Corps céleste en orbite autour d'une planète.
Sélection naturelle
Sélection au fil des générations de certains allèles et donc de caractères donnant des avantages aux individus qui les portent.
Subsidence
Enfoncement progressif du plancher océanique sous le poids des sédiments accumulés.
Système solaire
Ensemble comprenant une étoile : le Soleil et tous les corps célestes subissant son attraction.

Systole
Contraction du muscle cardiaque. La systole auriculaire chasse le sang dans les ventricules, la systole ventriculaire expulse le sang dans les artères.
Tendon
Cordon constitué par des faisceaux de fibres blanches très résistantes, qui fixe un muscle à un os, lui offrant ainsi une prise sur le squelette.
Transgénèse
Technique de génie génétique consistant à transférer un gène d'un organisme donneur à un organisme receveur pour lui conférer de nouvelles capacités. L'organisme receveur est qualifié de génétiquement modifié, c'est un OGM.
Veine
Vaisseau sanguin de paroi souple, qui conduit le sang vers le cœur.
VO_2 max
Débit de dioxygène maximal envoyé par le cœur aux organes, il correspond à la consommation maximale de dioxygène par l'organisme par unité de temps. Chez l'humain, le VO_2 max s'exprime habituellement en L/min.
Volume d'éjection systolique
Volume de sang éjecté par chaque ventricule au cours d'une contraction cardiaque (systole).
Zone d'habitabilité
Zone théorique autour d'une étoile, où la distance avec celle-ci permet une température entre 0 °C et 100 °C et donc la présence potentielle d'eau liquide et de la vie.

Index

Les numéros en noir renvoient aux pages de cours, les numéros en bleu aux pages d'exercices.

Table des illustrations

Page 23 h ph © Nasa / Novapix
Page 23 b ph © Nasa / JPL / MSSS / Novapix
Page 67 ph © Pascal Goetgheluck /Biosphoto

PAPIER À BASE DE FIBRES CERTIFIÉES

Hatier s'engage pour l'environnement en réduisant l'empreinte carbone de ses livres. Celle de cet exemplaire est de :
1.3 kg éq. CO_2
Rendez-vous sur www.hatier-durable.fr

Achevé d'imprimer par Normandie Roto Impression s.a.s., à Lonrai (Orne) – France
N° d'impression : 1402381 – Dépôt légal : 98156-2/01 – juin 2014